钟泰 著

钟泰著作集

庄子发微

下

3

上海古籍出版社

至乐第十八

此篇除"名止于实,义设于适",及"万物皆出于机,皆入于机"数语外,无甚深义,当是庄子门下之文。

天下有至乐无有哉?有可以活身者无有哉?今奚为奚据?奚避奚处?奚就奚去?奚乐奚恶?

夫天下之所尊者,富、贵、寿、善也;所乐者,身安、厚味、美服、好色、音声也;所下者,贫贱、夭恶也;所苦者,身不得安逸,口不得厚味,形不得美服,目不得好色,耳不得音声。若不得者,则大忧以惧。其为形也亦愚哉!夫富者,苦身疾作,多积财而不得尽用,其为形也亦外矣。夫贵者,夜以继日,思虑善否。其为形也亦疏矣。人之生也,与忧俱生,寿者惛惛,久忧不死,何之苦也!其为形也亦远矣。

烈士为天下见善矣,未足以活身。吾未知善之诚善邪?诚不善邪?若以为善矣,不足活身;以为不善矣,足以活人。故曰:"忠谏不听,蹲循勿争。"故夫子胥争之,以残其形;不争，名亦不成。诚有善无有哉？

今俗之所为，与其所乐，吾又未知乐之果乐邪？果不乐邪？吾观夫俗之所乐，举群趣者，诬诬然如将不得已，而皆曰乐者，吾未之乐也，亦未之不乐也。果有乐无有哉？

吾以无为诚乐矣，又俗之所大苦也。故曰："至乐无乐，至誉无誉。"天下是非果未可定也。虽然，无为可以定是非。至乐活身，唯无为几存。请尝试言之。天无为以之清，地无为以之宁，故两无为相合，万物皆化。芒乎芴乎，而无从出乎！芴乎芒乎，而无有象乎！万物职职，皆从无为殖。故曰："天地无为也，而无不为也。"人也孰能得无为哉！

"活身"，谓全生保身也。避处，就去，乐恶，皆以相反成文，而以"奚为"、"奚据"总之，"为"以动言，"据"以静言，"据"犹言所安也。

"尊"，尚也。"下"，贱也。"好色"之"好"读上声。"大忧以惧"，"忧"者，不乐；"惧"者，惧无以活身也。以此谋身而实以伤其身，故曰"其为形也亦愚哉"。"形"即指身言，"为"读去声，下言"为形"皆同。

"苦身疾作"，言其劳也。"多积财而不得尽用"，言其吝也，此富者之愚也。"夜以继日，思虑善否"，言其贪位保禄、患得患失，此贵者之愚也。"寿者惛惛，久忧不死"，言其贪生恋世、忘其所归，此寿者之愚也。"惛惛"，神识不清貌。"何之苦"，犹言何其苦。曰外、曰疏、曰远，皆言失其本也。

"为天下见善"，言为天下所见称也。"烈"一作列，字通。言"烈士"者，所谓烈士殉名者也。"未足以活身"，言杀其身也。"吾未知善之诚善邪？诚不善邪？"又曰"诚有善无有哉？"是非模棱之语也。推作者之意，盖必活人、活身两全而后得谓之善；若天下所尊之善，则不免有刻意矫行以成其亢直者，故不之然也。"忠谏不听，蹲循勿争"，盖引

314

古训。"蹲循"即逡巡,谓却退也。子胥事见《胠箧篇》,死而投尸江中,故曰"残其形"。"残"犹毁也。

"吾观夫俗之所乐"以下,当读至"而皆曰乐者"为句。"举群趣者","举",皆也,谓群皆趋之。"誙誙"同硁硁,坚定而不移也。"不得已"犹不可已,谓止之不得也。言"吾未之乐",又言"亦未之不乐"者,未之乐,乃排俗之辞,未之不乐,则即理之论。盖若但言未乐,则乐与未乐犹成相对,与后言无为无乐之旨不免违连,故必兼带而举之也。

"吾以无为诚乐"者,无为则平易,平易则恬惔,无为之乐实恬惔之乐也。恬惔之乐,则无乐之乐,故曰"至乐无乐"。言"至乐无乐",又言"至誉无誉"者,应上"烈士为天下见善"而言,以见有誉则非善之至也。"无为可以定是非"者,无是非之执,则得是非之权,此本《齐物论》以为言,故曰"至乐活身,唯无为几存",言唯无为庶几有至乐,唯无为庶几可以活身也。"两无为相合",天地相合也。"万物皆化",万物化生也。"芒",《释文》云:"李音荒,又呼晃反。"则芒芴即老子云"道之为物,惟恍惟惚"之恍惚也。芴芒即老子云"无物之象,是谓惚恍"之惚恍也。"无从出"者,"无"谓无为,言无为从此出也。"无有象"者,言无为则有象也。或以"无从"、"无有"连读者,非是。"万物职职",万物各受其职,是为职职。"皆从无为殖",皆从天地之无为而生长蕃息也。故曰"天地无为也,而无不为也"。"人也孰能得无为"者,欲人之法乎天地也。

庄子妻死,惠子吊之。庄子则方箕踞,鼓盆而歌。惠子曰:"与人居,长子老身,死不哭亦足矣,又鼓盆而歌,不亦甚乎!"庄子曰:"不然。是其始死也,我独何能无概然!察其始而本无生,非徒无生也而本无形,非徒无形也而本无气。杂乎芒芴之间,变而有气,气变而有形,形变而有生,今又变而之死,是相与为春秋冬夏四时行也。人且偃然寝于巨室,而我嗷嗷然随而哭之,自以为不通乎命,故止也。"

此以下三节,皆言生死之一致,盖《大宗师》之绪余也。"箕踞",今所谓盘膝而坐,因两膝张开如箕然,故谓之箕踞。古坐屈两膝,以臀著于足跟之上,今日本之坐正如此,若箕踞则非礼也。著此二字,见庄子欲借放恣以解忧戚,非言其傲也。"盆",瓦缶。"鼓"犹叩也。叩盆,所以为歌声之节。

"与人居","居"谓居室,孟子云"男女居室,人之大伦",是也。"长子",子已长。"老身",身已老也。皆言其夫妇相处之久,故曰"死不哭已足矣,又鼓盆而歌,不亦甚乎!""甚"谓太过也。

"始死",谓初丧妻时。"概"借作慨,故司马彪注云"感也"。"察其始而本无生",此始言人生之始,与上"始死"之始不同。《易·系辞传》云"原始反终,故知生死之说"。此自无生而推至无形,自无形而推至无气,又由气而形,由形而生,由生而死,即"原始反终"四字足以尽之。故曰"是相与为春秋冬夏四时行也",言生死亦如四时之代谢,是乃天命之流行,其来不能却,其去不能止。故又曰"人且偃然寝于巨室,而我嗷嗷然随而哭之,自以为不通乎命,故止也"。"偃然"犹安然。"巨室",谓天地之间。"嗷"同叫。"嗷嗷然",哭声也。"止"者,止而不哭。

支离叔与滑介叔观于冥伯之丘、昆仑之虚、黄帝之所休。俄而柳生其左肘,其意蘧蘧然恶之。支离叔曰:"子恶之乎?"滑介叔曰:"亡,予何恶!生者,假借也;假之而生,生者尘垢也。死生为昼夜。且吾与子观化,而化及我,我又何恶焉!"

"支离",注已见《人间世篇》。"滑介",成疏云"犹滑稽也",是也。"冥伯之丘","冥"者冥漠,喻死者丘墓所在,故曰丘也。又云"昆仑之虚"者,人死返于混沦,故谓之昆仑之虚。《天地篇》曰"黄帝游乎赤水之北,登乎昆仑之丘",此言"黄帝之所休",亦谓黄帝亦休息乎此,非必据《天地篇》而言也。

“柳”通瘤，言瘤生其左肘者，即《大宗师》“生为附赘县疣”之旨，以启下生者假借尘垢之言也。“蹷”音愦，“蹷蹷然”，惊而意动也。“恶”，嫌恶也。“亡”读若无，犹否也。始者蹷蹷然恶之，而今云“予何恶”者，犹上节言始死不能无慨然，察之而通乎命，则止而不哭。盖惟有情而后待于理遣，若本无情，则同于木石，即理命之说皆无所用之，而人道亦几乎息矣！“生者假借”，《大宗师》所谓“假于异物，托于同体”也，故曰“假之而生，生者尘垢”，此指柳生而言。“假借”之上而复有此，即与微尘点污何异，故曰“尘垢”也。“死生昼夜”，即死生夜旦之说。“观化”，“化”谓造化，与上云“通乎命”之命，名异而实则同，故曰“而化及我，我又何恶焉！”

庄子之楚，见空髑髅，髐然有形，撽以马捶，因而问之，曰：“夫子贪生失理，而为此乎？将子有亡国之事，斧钺之诛，而为此乎？将子有不善之行，愧遗父母妻子之丑，而为此乎？将子有冻馁之患，而为此乎？将子之春秋故及此乎？”于是语卒，援髑髅，枕而卧。

夜半，髑髅见梦，曰：“子之谈者似辩士。诸子所言，皆生人之累也，死则无此矣。子欲闻死之说乎？”庄子曰：“然”。髑髅曰：“死，无君于上，无臣于下；亦无四时之事，从然与天地为春秋。虽南面王乐，不能过也。”庄子不信，曰：“吾使司命复生子形，为子骨肉肌肤，反子父母、妻子、闾里、知识，子欲之乎？”髑髅深矉蹙额曰：“吾安能弃南面王乐，而复为人间之劳乎！”

《大宗师》有云“大块载我以形，劳我以生，佚我以老，息我以死”，此文即从彼化出，观末句“吾安能弃南面王乐，而复为人间之劳乎”一语可见也。然彼则接云"故善吾生者乃所以善吾死也"。善生善死并提，意仍重在生上，故下语圆而无弊。此则以死比之南面王乐不能过，而视生人之累避之唯恐不及，不独意偏，揆之内篇《人间世》安命正身之大义，亦矛盾甚矣，吾所以疑其非庄子自作也。

"髑髅"音独楼，头颅骨也。"髐然"，空骨貌。"有形"，谓有似生人之形也，与《秋水篇》蛇谓风曰"予动吾脊胁而行，则有似也""有似"之云，同一取义。旧解作有枯形，非也。下文"因而问之"，以及髑髅见梦，皆从"有形"二字生发，若作枯形看，则成无意义语矣。"撽"读敲，去声，义同。"马捶"，马杖也，读垂，去声。"贪生"谓纵欲。"失理"，失其生之常理也。"亡国之事"，谓遭丧乱。"斧钺之诛"，则犯罪而受刑也。"遗"，贻也。"有不善之行，愧遗父母妻子之丑而为此"，谓羞愤自杀者。"冻馁之患"，冻饿以死也。"春秋故及此"，"故"与固同。"春秋"谓年寿也。寿尽而死，人之常然，故曰固及。以上数者，皆不当死而死，故曰"为此"。"为"之为言，非其自然也。"援"，引也。

"见梦"，现梦也。"诸"犹凡也。举死之说，独曰"无君于上、无臣于下"者，对上亡国之事、斧钺之诛而发。有君臣，则有争战刑戮；无君臣，则无此矣。"四时之事"，兼包疾病、冻馁而言。"从"读若纵。纵然谓自放也。"与天地为春秋"，即与天地同老之意。"与"，各本皆作"以"，惟成玄英疏云："与二仪同其年寿。"是成本作"与"，《艺文类聚》卷一七、《事文类聚》后集卷二十引此亦作"与"，案"以"、"与"义本通，而作"与"较显，故兹从"与"。"南面王"者，古王者朝则南面也。"司命"，主人生死之神，《周官·大宗伯》云："以槱燎祀司命"，《小戴礼记·祭法》云："王为群姓立七祀，第一曰司命。"《楚辞·九歌》亦有大司命、少司命，皆谓此。"反子父母、妻子、闾里、知识"，"反"犹还也。"闾里"即乡里。"知识"，谓素相知识之人。"子欲之乎"，询其愿否也。"矉"，皱眉，已见《天运篇》注。"深矉"者，矉之甚也。言"深矉"，又言"蹙额"者，极写其不愿之状也。

颜渊东之齐,孔子有忧色,子贡下席而问曰:"小子敢问:回东之齐,夫子有忧色,何邪?"孔子曰:"善哉女问!昔者管子有言,丘甚善之。曰:'褚小者不可以怀大,绠短者不可以汲深。'夫若是者,以为命有所成,而形有所适也,夫不可损益。吾恐回与齐侯言黄帝、尧、舜之道,而重以燧人、神农之言。彼将内求于己而不得,不得则惑,人惑则死。且女独不闻邪? 昔者海鸟止于鲁郊,鲁侯御而觞之于庙,奏九韶以为乐,具太牢以为膳。鸟乃眩视忧悲,不敢食一脔,不敢饮一杯,三日而死。此以己养养鸟也,非以鸟养养鸟也。夫以鸟养养鸟者,宜栖之深林,游之坛陆,浮之江湖,食之鳅鲦,随行列而止,委蛇而处。彼唯人言之恶闻,奚以夫谗谗为乎! 咸池九韶之乐,张之洞庭之野,鸟闻之而飞,兽闻之而走,鱼闻之而下入,人卒闻之,相与还而观之。鱼处水而生,人处水而死,彼必相与异其好恶,故异也。故先圣不一其能,不同其事。名止于实,义设于适,是之谓条达而福持。"

此节要义,只在"命有所成"、"形有所适",与"名止于实,义设于适"两言。其谓颜渊之齐,将与齐侯言黄帝、尧、舜之道,重以燧人、神农之言,盖托为是说,借以畅其旨趣,犹之援引鲁侯觞海鸟于庙,仅用作文字波澜,意初不在是也。首节末云"人也孰能得无为哉","义设于适",惟无为者得以知之,得以用之,此与前文照应处。而下节自"种有几"以下,亦即根"命有所成形有所适"以为说,故以此节置之是间,以通上下之脉。若执定回见齐侯之事,以为是言说人之法,则与此篇全旨更无关涉,而于两与髑髅语之中插此一段文字,亦为不类矣。

齐在鲁北而地偏东,故曰"东之齐"。"下席",降席也。"管子",管仲。"褚",盛衣之囊也。成三年《左传》:"荀罃之在楚也,郑贾人有将置诸褚中以出。"中可以置人,此褚之大者,故曰"褚小者不可以怀大"。

"怀"犹藏也。"绠",汲井绳也。此二语不见今《管子》书,盖逸之矣。
"命有所成","成"者一成不变之谓。"形有所适","适"者宜也。"夫不
可损益",谓是不可损益也。前《骈拇篇》云"凫胫虽短,续之则忧;鹤胫
虽长,断之则悲。故性长非所断,性短非所续",此不可损益之例也。
"重"犹益也、加也。"内求于己而不得",即《孟子》齐宣王云"反而求之
不得吾心"者。见《梁惠王篇》"不得则惑","惑",惶惑也。"人惑则死",谓
惶惑不解,人且以此致死,此自是指齐侯言,观下引海鸟为喻,言眩视
忧悲三日而死可见。成疏乃云:"心生疑惑,于是忿其胜己,必杀颜
子。"宣颖《经解》从之,亦云将加人以刑,皆大谬也。

　　"海鸟"谓爰居也。爰居亦作鶢鶋。《国语·鲁语》曰:"海鸟曰爰
居,止于鲁东门之外,三日,臧文仲使国人祭之。"事虽发自文仲,必请
于鲁侯而行之,故此云鲁侯,义不相触也。"御"读如迓,迎也。"觞
之",谓飨之。"庙",宗庙也。"韶",舜乐,乐有九章,《尚书·皋陶谟》
云"箫韶九成"是也,故谓之九韶。"太牢",牛羊豕三牲具也。"眩",视
之惑也。"脔",块切肉。"以己养养鸟",谓鲁侯以其自养者养鸟,喻颜
渊以其自学者教齐侯,必格格不入也。

　　"坛"之为言坦也,如今言广场。"陆",平陆也。"鰌",泥鰌,今亦
作鳅。"鳅"即鳛也。"食"读饲。"委蛇",随顺也。"唯人言之恶闻",
"唯"读如虽,"恶"去声,谓虽人言亦恶闻之。"奚以夫谯谯为","以"犹
用也,谓何用此谯谯乎。"谯谯",声喧杂也,指九韶之乐言。

　　"咸池"、"洞庭",已见前《天运篇》。"下入",沈入也。"人卒",见
前《天地篇》。"还"同环。"还而观之",谓环绕而观之。"相与异其好
恶,故异也",下"异"谓生死之异,言以好恶之异,故一生一死。好恶之
异,即适之与否。适则好,否则恶也。

　　"先圣不一其能,不同其事",谓能之不一,则圣人用之亦不同。
"事"犹使也。"名止于实",承"不一其能"言,谓有何等之实则与以何
等之名,如孔子称"由也果、赐也达、求也艺"之类,见《论语·雍也篇》名不

过其能也。"义设于适",承"不同其事"言,如孔子称"孟公绰为赵、魏老则优,不可以为滕、薛大夫"之类,见《论语·宪问篇》惟适乃能尽其用也。"义设于适"者,义存乎适也。"是之谓条达而福持","条达"者,通乎条贯。"福"有备义,《小戴礼记·祭统篇》云"福者备也"是也。"福持"者,握其备要。合之,即《秋水篇》知道、达理、明权之义。"条达"所谓达理明权,"福持"所谓知道也。

列子行食于道,从见百岁髑髅,攓蓬而指之曰:"唯予与女,知而未尝死、未尝生也。若果养乎? 予果欢乎?"种有幾,得水则为䍿;得水土之际,则为蛙蠙之衣;生于陵屯则为陵舄。陵舄得郁栖则为乌足。乌足之根为蛴螬,其叶为胡蝶,胡蝶胥也。化而为虫,生于灶下,其状若脱,其名为鸲掇。鸲掇千日为鸟,其名为乾馀骨。乾馀骨之沫为斯弥,斯弥为食醯。颐辂生乎食醯,黄軦生乎九猷,瞀芮生乎腐蠸。羊奚比乎不箰久竹生青宁,青宁生程,程生马,马生人,人又反入于机。万物皆出于机,皆入于机。

列子已见《消摇游篇》。"行"谓旅行。"食于道",中涂造饭而食也。"从"犹因也。髑髅而曰"百岁"者,言其久也。"攓"同搴,拔取之也。"女"、"若"皆谓髑髅。"而"犹乃也。"知而未尝死、未尝生"者,予生而未生,女死而未死,故云而也。"养"如《在宥篇》"心养"之养,与"欢"对文,谓忧而心不定也。知生死之一致,则死而何忧! 生而何乐! 故曰"若果养乎? 予果欢乎?"此以下推言物类变化,实即《大宗师篇》鼠肝虫臂、尻轮神马之旨,故结之以"万物皆出于机,皆入于机"。"机"即《天运篇》所云"机缄"之机。机缄犹言机括,动者为机,止者为缄。云机者,专就动而不止者言之也。

"种有幾","幾"者,微也。《说文解字》云:"幾,微也,故从丝。"此幾字之本训。即上庄子云"杂乎芒芴之间,变而有气"者,是物之种不同,而其始于芒芴之间则无不同,故特提出"种有幾"三字。《寓言篇》云:"万物皆种也,以不同形相禅。"意亦与此相似。但彼言种,此则于种之中又别为幾,则义更密矣。郭注读作幾何之幾,曰"变化种数不可胜计",固误。其有解"幾"为即"机"字者,亦非也。

"得水则为䰷","䰷",今所谓水绵也,断之则复长如故,故曰"䰷"。"䰷"者,继也。"得水土之际,则为蛙蠙之衣","蠙",蚌属。蛙蚌隐藏其下,故名"蛙蠙之衣",盖浮萍蕴藻之类。"生于陵屯则为陵舄","陵屯",高地。"陵舄",旧注云"车前",当是也。然此谓同一幾也,而所遭之地不同,故为䰷、为蛙蠙之衣、为陵舄亦随之不同,即上节所云"命有所成而形有所适"者。故变者幾,而非种之变也。旧解谓䰷变为蛙蠙之衣,蛙蠙之衣变为陵舄,又如胡适之徒以此视同生物进化之论,皆非庄书之意也。是故下文所云皆当准此意释之。

"陵舄得郁栖则为乌足"者,"郁栖",李颐云"粪壤"是也。"乌足"亦草名。言即此陵舄之幾,其得粪壤而生之,则为不同种之乌足。其根或为蛴螬所寄,因又曰"乌足之根为蛴螬"。"蛴螬",今所谓地蚕也。其叶为胡蝶之蛹所栖,则化为胡蝶,因又曰"其叶为胡蝶"。"胡蝶胥也",《释文》云:"蝶一名胥。胥者疏也。"蝶又名胥者,言其翅文采疏疏然也。

"化而为虫",不承胡蝶言,直承上"种有幾"言。盖自䰷至乌足,皆所谓植物,即蛴螬与胡蝶,亦乌足根叶所为,不以虫视之也,故此特云"化而为虫",以见与上者异。不然,蛴螬、胡蝶皆虫也,胡为至此始言化而为虫耶?"生于灶下,其状若脱,其名为鸲掇",此盖乾馀骨之幼虫。"脱"者,孵化而出,若剥脱然也。

"鸲掇千日为鸟,其名为乾馀骨",鸟者蠫虫之异名。《夏小正》之书曰:"丹鸟羞白鸟。"丹鸟谓萤也,白鸟谓蚊蚋也,是古蠫虫亦称鸟也。"乾"读干。以"乾馀骨"之义推之,其虫殆地鳖之类、甲虫之属,然而不可考矣。"沫"如《天运篇》"鱼傅沫"之沫。虫之生子,有以黏液包裹之者,如桑螵蛸,即螳螂子也,是之谓沫。旧注以为鸟口中汁,误之甚也。

"乾馀骨之沫为斯弥,斯弥为食醯","食醯",醋也。意斯弥经久变而味酸,故云"颐辂生乎食醯"。"颐辂"则所谓醯鸡也,亦曰蠛蠓。"黄軦生乎九猷","猷"通作酋,《说文》云:"酋,绎酒也。""九"之为言久也。"九猷"盖绎酒之过时者,故黄軦生焉。"瞀芮"当是螬蜹之借。"蠸"同蠸。古虫傍、豕傍可通用。《说文》曰:"蠸,豕也。"豕肉之腐者,则螬蜹生之。黄軦螬蜹,皆蠛蠓之类,而一生于醯,一生于酒,一生于腐肉,故三者并言之。

"羊奚比乎不箰久竹生青宁"十一字为句。"不箰久竹",竹老而不生箰者也。"箰"同笋。"羊奚"疑即竹蓐,一名竹菇。《本草》云:"竹蓐生朽竹根节上,似木耳而色赤,可作食用及药用。"故此云"比乎不箰久竹","比"者,比合而生也。此蕈类,司马彪以为草名,殆未详也。"青宁",旧云竹根虫。盖竹朽而蕈蚀之,因之虫复生焉。"青宁生程",成玄英疏云"亦虫名",宋道士陈碧虚《南华经解》则引《尸子》之文,谓越人呼豹曰程,皆为难信。窃疑"程"字从禾,应是野生禾类,故青宁化后程得生之。"程生马"者,马食程而生也。"马生人"者,人食马乳以生也。要之,此"生"字非生产之生。注家或据《搜神记》"秦孝公时有马生人",以及京房《易传》云"上无天子,诸侯相伐,厥妖马生人",以为此文之证,不知此文所言,皆道物类变化之常,若秦孝公时事、京房《易传》之言,皆怪异一类,岂可以之并论! 马而产人,特其形与人略似,其生必不久,安得接云"人又反入于机"耶? 此通观上下文,可以知其必不然者,而奈何不之察也。

至《列子》后出之书,其《天瑞篇》于《庄子》文外又多附益,大率袭自他书,如鹞之为鹯,田鼠为鹑,并见于《月令》,亶爰之兽自孕而生,见于《山经》,班班可考。注家或欲据《列子》之文为《庄》书校补,尤可不必已。

达生第十九

"生"兼两义：一生死之生，一"生之谓性"之生。生之谓性，本告子语，见《孟子·告子篇》。此自古训，不可废也。前于《养生主篇》已发之，此篇"生"字亦当如是分别理会，或义取在性，或义取在生，各有偏重，不得一视之也，与《养生主篇》合看，自明。

达生之情者，不务生之所无以为；达命之情者，不务知之所无奈何。养形必先之以物，物有余而形不养者，有之矣；有生必先无离形，形不离而生亡者，有之矣。生之来不能却，其去不能止。悲夫！世之人，以为养形足以存生；而养形果不足以存生，则世奚足为哉！虽不足为，而不可不为者，其为不免矣。夫欲免为形者，莫如弃世。弃世则无累，无累则正平，正平则与彼更生，更生则几矣。事奚足弃，而生奚足遗？弃事则形不劳，遗生则精不亏。夫形全精复，与天为一。天地者，万物之父母也，合则成体，散则成始。形精不亏，是谓能移；精而又精，反以相天。

"达"如《秋水篇》"知道者必达于理"之达,谓通彻也。"情"者,实际理地。"生之情、命之情",即生之所以为生、命之所以为命也。"生之所无以为",性分以外之事。"知之所无奈何",知力不及之地。"不务"者,不役心于是也。"养形必先之以物","物"谓饮食衣服、一切资生之具皆是。"物有余而形不养者",如《至乐篇》所云:"富者苦身疾作,多积财而不得尽用;贵者夜以继日,思虑善否。"是岂不足于物,而形固未尝能养也。"有生必先无离形",谓生不能离形而独存。"离"者脱离,读去声。"形不离而生亡者",如《田子方篇》所云:"哀莫大于心死,而人死次之。"人在而心先死,是非形未尝离而生已亡者乎?"生之来不能却,其去不能止",此言命也。赋命有厚薄,故颜子短折而荣生寿考,荣,启期也。非荣生之养优于颜子也。由是推之,知存生不关乎养形,而世人乃汲汲以养形为事,所以可悲也。"则世奚足为"者,言世之所为不足为也。

然"虽不足为,而不可不为",何也?人禀形以生,即形亦有当养之道,特不可过于求厚耳,故曰"其为不免矣"。孟子曰:"饮食之人,则人贱之矣,为其养小以失大也。饮食之人无有失也,则口腹岂适为尺寸之肤哉!"此文之意正与《孟子》相同,故不可免者,养形之事;而不可存者,为形之心。为读去声一有为形之心,即不免养小而失大,是以继之曰:"夫欲免为形者,莫如弃世。"弃世非绝世也,弃夫世俗之见,即上文"以为养形足以存生"者,故曰"弃世则无累"。"无累"者,不为一切衣食资生之事所累也。"无累则正平","正平"者,《刻意篇》所谓"平易恬惔"也。平易恬惔,则忧患不能入,邪气不能袭,故曰"正平则与彼更生"。"彼"指形言。世人以形为主而生为客,今则以生为主而形为客,生养而形亦随之而养,是之谓"更生"。郭注曰:"更生者,日新之谓也。"以"日新"释"更生",其义虽精,而辞则不切,吾故无取焉。"更生则几矣"者,"几"谓近于道也。

"事奚足弃而生奚足遗?"复设为问端以启下文。弃事即弃世。又更言遗生者,人之不能弃世,实为生死一念所中,疑惧缠绕,不得洒然,故内篇如《养生主》、《大宗师》于生死之际皆不惜反复陈说,破人迷惘,而此篇亦以生命并提,以见知不能与命争。然则惟遗生乃可以存生,其理昭然甚显。老子曰:"后其身而身先,外其身而身存。"盖此之谓矣。"弃事则形不劳","形不劳"者,五官百骸得其理,非不劳动之谓也。"遗生则精不亏","精不亏"者,精神心性安其所,非不发用之谓。"形全精复,与天为一"者,形神并受之天,还其本然,自与天合德也。

"天地者,万物之父母",言天复言地者,乾以资始,坤以资生,见《易》乾、坤两卦象辞坤统乎乾,地承乎天,分言合言,义无有二也。"合则成体","体"谓万物。"散则成始","始"谓天地。得之于天地,复还之于天地也。"形精不亏,是谓能移","移"犹化也。化而曰能者,柄操自我,化而有不化者在也,故曰"精而又精,反以相天"。此"精"如《易·乾文言》"纯粹精也"之精,谓不亏之极至,与上"精"字指精神言者有别。"相"者助也。"相天",《中庸》所谓"赞天地之化育"也。由"与天为一",而至"反以相天",则天即我,我即天,于此而言存生,已嫌其隘,而况养形乎哉!此一篇之总冒,后文皆由此引申,举例以为之证耳。

子列子问关尹曰:"至人潜行不窒,蹈火不热,行乎万物之上而不栗。请问何以至于此?"关尹曰:"是纯气之守也,非知巧果敢之列。居,吾语女!凡有貌象声色者,皆物也。物何以相远?夫奚足以至乎先?是色而已。则物之造乎不形,而止乎无所化,夫得是而穷之者,物焉得而止焉!彼将处乎不淫之度,而藏乎无端之纪,游乎万物之所终始。壹其性,养其气,合其德,以通乎物之所造。夫若是者,其天守全,其神无郤,物奚自入焉!夫醉者之坠车,虽疾不死。骨节与人同,而犯患与人异,其神全也。乘亦不知也,坠亦不知也,死生惊惧，不入乎其胸中，是故遻物而不慑。彼得全于酒，而犹若是，而况得全于天乎！圣人藏于天，故莫之能伤也。复仇者不折镆干，虽有忮心者不怨飘瓦，是以天下平均，故无攻战之乱，无杀戮之刑者，由此道也。不开人之天，而开天之天，开天者德生，开人者贼生。不厌其天，不忽于人，民几乎以其真！"

本书于列子或称子，或称名，其称子者，如内篇《消摇游》、《应帝王》是，其称名者，如外篇《田子方》、杂篇《列御寇》是，惟此则称"子列子"，《让王篇》亦然。依《春秋》公羊家说，凡以子冠于氏上而称子某子者，乃弟子所以称其本师。庄子于御寇，无授受之谊，其作此称甚可异。考此节文见于《列子》书《黄帝篇》，《让王篇》文则见《说符篇》，皆称"子列子"。今《列子》书虽晚出，要当有所据依，非尽伪撰，其称"子列子"者，自是其门下记述师说，故有此称。意此节与《让王篇》所引，皆原《列子》书之旧，袭其本文，未加改易，故亦云"子列子"，无他意也。"关尹"者，关令尹喜也，详见后《天下篇》注。

"潜行不窒"，喻言虚也。"不窒"，犹不碍。"蹈火不热"，喻言清也。"行乎万物之上而不栗"，喻言静定也。

"是纯气之守"，犹言是守气之纯。"纯"者专一也。孟子曰："孟施舍之守气又不如曾子之守约也。"见《公孙丑篇》守气盖当时通语。成疏以纯气连读，谓乃保守纯和之气，失之矣。老子曰："专气致柔。"此于"守气"上加"纯"字，正与"专气"一义。不窒不热，疑有知巧。不栗，疑于果敢。故又曰"非知巧果敢之列"。"知"读同智。"列"犹数也，读如字，《释文音例》云"本或作例"，并非也。

"貌象"犹形象。"物"有两义：一者外物，一者耳目鼻舌以至手足形体，亦皆物也。故孟子曰："耳目之官不思而蔽于物。物交物，则引之而已矣。"见《告子篇》此言物盖与孟子同。故曰"物何以相远"，谓形体耳目与外物既同为物，中间岂复有所县异！一本作"物与物何以相远"，则意尤明。"夫奚足以至乎先"，"先"者，未始有物之际，故曰"先"也。"是色而已"，"色"者，貌象声色之略文。谓充其所至，亦不能出乎声色形象之外也。"物之造乎不形而止乎无所化"，此"物"谓气，与上"物"字义迥别，不可不知。气本非物，然无以名之，不得不借用物字以相指，犹老子云："道之为物。"道岂物之类乎！"造乎不形"，则非貌象声色之物也。"止乎无所化"，则非与物俱化者也，是所谓"先"也。"得是而穷之"，"穷"者极也，即谓守之之纯。"物焉得而止焉"，言一切外物于此皆将无所托足，气之与物相远者，盖在乎是。

"彼将处乎不淫之度"，"彼"，彼至人也。"不淫"，不过也。以不过故曰"度"。"藏乎无端之纪"，"无端"，无首也。以无首故曰"纪"。"游乎万物之所终始"，与万物相终始，故曰"游"。曰处曰藏言其静，曰游言其动。静则其体，动则其用也。"壹其性"，所以守也。"养其气"，守之之不懈。"合其德"，守之之专一，是所谓纯也。"以通乎物之所造"，"造"犹至也。以是而通乎物之所造，则至乎先矣，故曰"夫若是者，其天守全，其神无郤，物奚自入焉"。"郤"同隙。无隙，以见其守之全。守曰天守，气与天合也。"物奚自入"，物不入于其神也，是所以不窒、不热、不栗之故也。

"醉者坠车"以下，则设事以明之。"虽疾不死"，言坠虽急而不至死。成疏云："虽复困疾，必当不死。"以疾解作伤损之义，误也。此要在"死生惊惧不入乎其胸中"一句。盖神不伤者则身亦可不伤，故接云"是故遻物而不慴"。"遻"同遌，《尔雅》云："忤也。""遻物"，谓与物相触忤。"慴"之为言震也。"不慴"，言不受其震骇。不受其震骇，所谓得全于酒也。旧注训慴为惧。上云惊惧不入其胸，兹复云不惧，岂独意复，亦甚不辞矣。"得全于天"，即天守全。守者守气，故藏于天亦谓纯气之守，守气所以致虚。老子曰："致虚极，守静笃。"以致虚、守静并言，知守气即所以致虚矣。虚者无心，故复举"复仇者不折镆干，虽有忮心者不怨飘瓦"二事，以申前义。"镆干"者，莫邪、干将二剑也。镆干杀人，而复仇者报其人不报其器。人有心,器无心也。飘瓦伤人,人虽有忮心,怨不及瓦。瓦之飘起于风,亦非有心也。故无心则争不起。争不起,则刑兵可以不用。"天下平均"者,天下无争心也,故曰"无攻战之乱,无杀戮之刑者,由此道也"。

"不开人之天,而开天之天",复由是而推言之。"人之天",《大宗师》所谓"知之所知"也。"天之天",《大宗师》所谓"知之所不知"。曰气曰神,皆知之所不知也;知之所知,则心与知巧。是故"开天者德生,开人者贼生",贼夫人者,皆心与知巧为之也。"不厌其天",不塞其德也。"厌"读如掩。掩之,压之也。"不忽于人",谨防其贼也。"民几乎以其真",言不必至人,即凡民而能若是,亦将任夫真宰而行。云"几"者,无不可以几及之也。首节言"精",此节言"气"言"神",后之道家以精、气、神为三宝,殆昉于此矣。

仲尼适楚,出于林中,见痀偻者承蜩,犹掇之也。仲尼曰:"子巧乎!有道邪?"曰:"我有道也。五六月,累丸二而不坠,则失者锱铢;累三而不坠,则失者十一;累五而不坠,犹掇之也。吾处身也,若厥株拘;吾执臂也,若槁木之枝;虽天地之大,万物之多,而唯蜩翼之知。吾不反不侧,不以万物易蜩之翼,何为而不得!"孔子顾谓弟子曰:"用志不分,乃疑于神,其痀偻丈人之谓乎!"

此孔子应楚昭王聘而适楚时所见也。"林中"当是地名,以其地有林,故称之林中,非谓通常之林野也。"痀"之为言句也,读钩、读劬,皆可。"偻",屈也。"痀偻",盖因病而背脊句屈者,如是而承蜩犹掇之,极见其难能也。"承蜩",竿头著胶以黏蜩也。不曰黏而曰承者,承者自下而接上之辞。"掇",俯拾之也。"巧乎",叹其巧。"有道邪",问其所以至此之术也。

"累"同纍，读上声。"累丸"，累之于竿头也。"锱铢"皆重量名，一两三分之为锱，一锱八分之为铢，用此喻言其少也。"十一"，十分之一。累丸自二而三而五而不坠，平时习之之术也。"株"谓树身。"拘"者止而不动。"厥"犹其也，即指当下蜩所栖之树言。处身若株，执臂若枝，斯其取蜩于林，如此枝移之彼枝，蜩所以不觉也。《列子·黄帝篇》改"厥"作"橛"，注者依而释之，非也。"唯蜩翼之知"，言专注意于蜩翼也。于蜩独言翼者，黐则黐其翼也。"不反不侧"，不翻覆也。已言"唯蜩翼之知"，又言"不以万物易蜩之翼"，以见承蜩时审慎谨密，未尝以其能而稍怠恣，孔子所以称其"用志不分"也。"乃疑于神"者，"疑"与儗通，谓比于神也。下节云"津人操舟若神"，又"梓庆削木为镰"节"见者惊犹鬼神"，皆与此同意。今《列子》文亦作"疑"，不知者乃或改"疑"为"凝"，失之甚矣。

　　颜渊问仲尼曰："吾尝济乎觞深之渊，津人操舟若神。吾问焉，曰：'操舟可学邪？'曰：'可。善游者数能。若乃夫没人，则未尝见舟而便操之也。'吾问焉而不吾告，敢问何谓也？"仲尼曰："善游者数能，忘水也。若乃夫没人之未尝见舟而便操之也，彼视渊若陵，视舟之覆犹其车却也。覆却万方陈乎前而不得入其舍，恶往而不暇。以瓦注者巧，以钩注者惮，以黄金注者殙。其巧一也，而有所矜，则重外也。凡外重者内拙。"

水流之有漩洑者称"渊"，著其难济也。渊深而形似觞，故曰"觞深之渊"。成疏云"渊在宋国"，当有所据。"津人"，津济之人。"操舟若神"者，出入渊中而无碍也。"数"，疾也，见《尔雅·释诂》读入声。"善游者数能"，言其能之速也。注云"数习则能"，非是。数习则未有不能者，何待善游者乎！"没人"，能久没水中者，不独善游而已，故"未尝见舟而便操之"。"未尝见舟",与《养生主》言庖丁"未尝见牛"一样笔法,谓视舟若无然。或解作向未见舟,见舟便能操之,失其意矣。颜子未会津人之旨,疑其未答,故曰"吾问焉而不吾告",以此复问于夫子也。

"忘水",言与水习也,习则相忘矣。"陵",陵陆。"视渊若陵",则视江河犹平地也。"视舟之覆犹其车却","却"者退也。车遇陵而却,车无伤也,视舟之覆似之,则舟亦无伤可知,故曰"覆却万方陈乎前而不得入其舍"。"舍"者,神明之舍。"万方"犹万端也。覆却言万端者,变故无穷,覆却不足以尽之也。"恶往而不暇","暇",暇豫从容也。一以从容处之,此所以学之易能也。

"以瓦注"以下,设譬以明之。"注",赌博所下注也。"以瓦注",今小儿戏尚有之。"钩",带钩。瓦注胜负无所惜,故其博常巧,言多中也。钩注则希胜而畏负,故其博常惮。惮者气馁,气馁者易负也。若以黄金注者,则可胜不可负,是念隐主于中,于是震悚失措,即鲜有不负者,故谓之曰"殙"。"其巧一"者,言惮者、殙者其巧与瓦注者本无异也。"矜"者,杨雄《方言》云:"秦晋或言矜,或言遽。"是矜、遽一义,谓恩遽惑乱也,即指"惮"与"殙"言,故曰"而有所矜,则重外也"。"重外"者,重夫钩与黄金也。"凡外重者内拙",回应上文"无往而不暇"。所以暇,为其忘水忘舟。忘水忘舟,是外轻也。外轻而内恶有不巧者乎!旧解"矜"作矜惜、矜持,与"重"字义混,未敢苟同也。

田开之见周威公。威公曰:"吾闻祝肾学生,吾子与祝肾游,亦何闻焉?"田开之曰:"开之操拔篲以侍门庭,亦何闻于夫子!"威公曰:"田子无让,寡人愿闻之。"开之曰:"闻之夫子曰:'善养生者,若牧羊然,视其后者而鞭之。'"威公曰:"何谓也?"田开之曰:"鲁有单豹者,岩居而水饮,不与民共利,行年七十而犹有婴儿之色,不幸遇饿虎,饿虎杀而食之。有张毅者,高门县薄,无不走也,行年四十而有内热之病以死。豹养其内,而虎食其外;毅养其外,而病攻其内。此二子者,皆不鞭其后者也。仲尼曰:'无入而藏,无出而阳,柴立其中央。三者若得,其名必极。'夫畏涂者,十杀一人,则父子兄弟相戒也,必盛卒徒而后敢出焉,不亦知乎!人之所取畏者,衽席之上、饮食之间,而不知为之戒者,过也。"

"田",姓,"开之",名。"周威公",西周桓公之子,《史记·周本纪》云:"考王封其弟于河南,是为桓公,以续周公之官职。桓公卒,子威公代立。"是也。《释文》谓崔本作周威公灶,然则威公名灶欤?"祝肾",当是以官为氏,如祝鮀之比,"肾"其名也。"学生"者,以养生为学也。"与祝肾游",犹云从祝肾游。威公欲知祝肾养生之说,故问于开之,询其何闻。"拔"读如拂。"篲",帚也。拂与帚二物皆所以去尘。"操拔篲以侍门庭",言供扫除之役而已,不足与闻道,故曰"亦何闻于夫子!"

"田子无让",请其无辞也。善养生若牧羊然,取譬于牧羊者,羊之性柔而狠,柔则易退,狠则轻进,故于卦巽为羊,又为进退,意可知也。郭注云:"鞭其后者,去其不及也。"不知不及于此者,实由过于彼。如单豹不知防虎,其不及也,而根在离群而独处,故"不与民共利",则其过也。张毅不知慎疾,其不及也,而根在媚世而卑损,故"高门县薄",过无不趋,则其过也。是故"视其后者而鞭之",去其不及者,正所以救其过也。当合二义观之始全,下引仲尼之言尤显。"入而藏"者,一意于退者也。"出而阳"者,一意于进者也。"阳"如《人间世》云"以阳为充"之阳,谓发露也。"入而藏",单豹似之。"出而阳",张毅似之。"柴立其中央",则无过不及而守中之谓也。云"柴立"者,立如槁木,《中庸》之所谓中立而不倚也。"三者若得",得于入、得于出、复能得其中也。"其名必极",谓必得大名也。

"夫畏涂者"以下,则开之针对威公之病而言之者。"衽席之上",

谓男女也。当时，侯王君公纵欲败度，非厚味腊毒，即女蛊丧志，故举饮食男女二者以戒之，而比之畏涂，言其足以杀人，其可畏不减伏戎于莽也。注家多断"仲尼曰"以下别为一节。如是则开之对威公之言为未尽，而衽席饮食云云，更不知意何所指，兹故并而释之。

单豹言"鲁"而张毅不言者，从上可知，不待言也。"单"音善。"岩居水饮"，言其淡泊也。"不与民共利"，言其绝世也。行年七十而有婴儿之色，亦可谓有得于养矣，而遇饿虎杀而食之，故著"不幸"字，所以惜之也。"高门"谓大家。"县"同悬。"薄"同箔，席也。挂席以蔽门，谓贫户也。"无不走"者，过之必趋，言其于贵贱贫富无有不恭，故《吕览·必己篇》《淮南子·人间训》皆云："张毅好恭，_{好读去声}门闾帷薄聚居众无不趋，以定其身。"_{高注："定，安也。"}注家或以走为往，谓毅奉贵富无不至门，大误也。"内热"，见《人间世篇》所谓阴阳贼之者也。"行年四十而有内热之病以死"，盖又逊于豹矣。

"畏涂"一作畏途，指道路不安靖言。"卒徒"犹徒众。"盛卒徒而后敢出"，谓聚众而行。"出"者，出于其涂也。"不亦知乎"，"知"读同智。"取畏"，犹言取患。谓畏在自取，非自外至也。"为之戒"，"为"读去声。"过"者失也。

祝宗人玄端以临牢策，说彘曰："女奚恶死？吾将三月㹖女，十日戒，三日齐，藉白茅，加女肩尻乎雕俎之上，则女为之乎？"为彘谋，曰："不如食以糠糟，而错之牢策之中。"自为谋，则："苟生有轩冕之尊，死得于腞楯之上、聚偻之中，则为之。"为彘谋则去之，自为谋则取之，所异彘者何也？

上节为周威公辈为君者言，此节则泛为当时为臣者言也。"祝"，大祝、小祝。"宗人"，都宗人、家宗人也。并见于《周官书·春官》下，皆掌祭祀祷祠之官。"玄端"，斋服也，其色玄，端正而无杀，_{杀谓杀缝}故曰"玄端"。"牢",豕牢。"策"通作栅,牢栏也。"豷"本亦作豕,豷、豕一也。"说"音税。"说豷"云云,特设为之辞以起下文,所谓卮言者也。"恶"读去声。"豢"同豢,谓饲之以谷类也。"齐"同斋,注见内篇《人间世》。斋必有所戒,如不饮酒、不茹荤之类,故先言戒后言齐也。"藉白茅",以白茅为藉,示洁净也。"俎"载牲之器。曰"雕俎"者,俎有雕绘之饰,见其贵也。曰"加女肩尻"者,肩前而尻后,举肩尻以表其全体也。"则女为之乎?"意其甘之也。

"为豷谋",为豷计也。"为"读去声。"食"读若饲。"糠",米糠。"糟",酒糟。"错"亦作措,谓置而舍之也。"轩冕之尊",乘轩而戴冕,谓卿大夫之位也。死而曰得,得其尸也。"腞"读如篆,画也。"楯"同盾。画盾,即《诗·秦风》所云"蒙伐有苑"者。<small>宋罗勉道《庄子循本》说即如此</small>此盖因争战而死,故以画盾载其尸也。"聚"读如骤。<small>"丛"字之或体</small>"偻"读如褴褛之褛。"聚偻之中",犹后世所云藁葬,盖死于刑戮者也。生慕其尊,而死受其酷,如是而为之,故曰"所异豷者何也"。讥其智乃同于豷之蠢然也。庄子宁为泥中曳尾之龟,而不受楚大夫之聘,意正若此。

王念孙读腞为辁,读楯如辒,以为载柩之车,而以聚偻为柩车之饰,且引《曲礼》等书以实之。若然,则生荣而死哀,其自为谋正得也,何为讥之乎!故诸注家多用王说,而予独不然,非故立异也,以为考文详理,必如上解,乃与书旨无悖。何去何从,是在读者。

桓公田于泽,管仲御,见鬼焉。公抚管仲之手曰:"仲父何见?"对曰:"臣无所见。"公反,诶诒为病,数日不出。齐士有皇子告敖者,曰:"公则自伤,鬼恶能伤公!夫忿滀之气,散而不反,则为不足;上而不下,则使人善怒;下而不上,则使人善忘;不上不下,中身当心,则为病。"桓公曰:"然则有鬼乎?"

曰:"有。沈有履,灶有髻。户内之烦壤,雷霆处之;东北方之下者倍阿,鲑蠪跃之;西北方之下者,则泆阳处之。水有罔象,丘有莘,山有夔,野有彷徨,泽有委蛇。"公曰:"请问委蛇之状何如?"皇子曰:"委蛇,其大如毂,其长如辕,紫衣而朱冠,其为物也恶,闻雷车之声,则捧其首而立。见之者殆乎霸。"桓公辴然而笑曰:"此寡人之所见者也。"于是正衣冠与之坐,不终日,而不知病之去也。

"桓公",齐桓公小白也。"田",田猎。"泽",薮泽。《吕览·有始篇》及《淮南子·墜形训》墜即地字举九薮,皆言齐之海隅,当即其地。海隅者,沿海之地。中多异物,未之经见,故以为"见鬼焉"。"御",御车。"仲父",桓公称管仲也。"反"同返。"诶诒"音骇呆,失魂魄貌。"皇子告敖","皇"姓,"告敖"字。称"子",尊其贤也。言"公则自伤"者,病生于疑惧,伤其神也。"鬼恶能伤公!""恶"读若乌,言病非鬼之为也。"忿"通作愤,发动之义,非谓忿怨也。"滀"与蓄同,积聚也。忿滀之气,人所当有,故云"散而不反,则为不足"。旧以阴阳逆气解之,非也。"善怒",恒怒也。"善忘",恒忘也。"中身当心则为病"者,欲发动则不得,积聚而无所容,心受其害,是以病也。

公问有鬼,直应曰有,而不破之者,欲祛其疑惧,当巧言以释之,不在直折也。"沈",污水所积也。"烦壤",尘壤所积也。"倍"同培。"倍阿",培塿之阿也。"东北方之下者倍阿",八字作一气读。下"西北方之下者",亦指倍阿言,以见于上文,故不重复,观下一"则"字,即意可知也。旧以倍阿亦为鬼物之名者,误。"莘"亦从山作峷。自"履"、"髻"以下,皆造为鬼物之名,不必实有也。

公独问委蛇者,以云"泽有委蛇",公所见正在泽也。大如毂,长如辕,以公见之在车中,故就车以形容之。"其为物也恶","恶"者丑也。"恶"字句绝。旧连下读,误。"闻雷车之声,则捧其首而立",曰"雷车"

者,车声如雷骇也。上云"紫衣而朱冠"者,特以身紫而首赤,故为是说,以神其为鬼物耳,不得直认作有衣有冠也。"见之者殆乎霸",此语盖深窥桓公之隐而中之,故公闻之而笑,正衣冠与坐,不终日而不觉病之去也。盖急于求霸者公之心,以有是心遂生忿滀之气,见鬼而疑其不成,惧其将死,气为壅滞,所以病也。皇子惟神于知人,故能方便权巧,以起桓公之病。若徒执于其辞,以为是乃博物君子,善言鬼神之情状,未为真知皇子者也。

　　纪渻子为王养斗鸡。十日,而问:"鸡已乎?"曰:"未也。方虚憍而恃气。"十日又问。曰:"未也。犹应向景。"十日又问。曰:"未也。犹疾视而盛气。"十日又问。曰:"几矣。鸡,虽有鸣者,已无变矣,望之似木鸡矣,其德全矣,异鸡无敢应者,反走矣。"

　　"王",司马彪注云"齐王",是也。"纪渻子",盖纪国之后。据《春秋》,纪为齐灭,故纪渻得为王养斗鸡。"养"犹驯也,谓养而教之。《列子·黄帝篇》作为周宣王养斗鸡,周当是齐字之误。"斗鸡"者,以鸡相斗也,其事始见于《春秋左传》,在昭公二十五年,曰:"季、郈之鸡斗,季氏介其鸡,郈氏为之金距。"至战国,而斗鸡走狗成习矣。故以史迹证之,"王"为齐王无疑也。

　　"已乎",犹言"成乎"。《列子》"已"上有"可斗"二字,或以此疑《庄子》文有脱误,未必然也。"方虚憍而恃气","憍"即骄字。"虚憍"者,无实而自骄满也。无实而自骄满,则不免挟气以胁敌,故曰"恃气"也。"犹应向景"者,"向"同响,"景"同影。言有影响之来触,犹不能不为之动也。"疾视",与孟子言"抚剑疾视"之疾视同。<small>"抚剑疾视"见《梁惠王篇》下。</small>赵岐注:"恶视瞋目。"是也。"疾视盛气"者,心虽不动,而气犹未敛也。"几",庶几也。"鸡",即下所云"异鸡"。"鸣"者,所以挑敌。"无变"者,不为动也,故云"望之似木鸡矣"。"德全"者,气专而神全也。故"异鸡无敢应者,反走矣"。"无敢应",无敢敌也。

此言养鸡,以喻养德。养德,所以应世,故内篇《养生主》后继之以《人间世》。养生不离人事,可知矣。王阳明将之南赣,其友王司舆语其门人曰:"阳明此行,必立事功。"问其故,曰:"吾触之不动矣。"见黄宗羲《明儒学案·姚江学案·王阳明传》附。其言不动,盖即木鸡之意乎?

孔子观于吕梁,县水三十仞,流沫四十里,鼋鼍鱼鳖之所不能游也。见一丈夫游之。以为有苦而欲死也,使弟子并流而拯之。数百步而出,被发行歌,而游于塘下。孔子从而问焉,曰:"吾以子为鬼,察子则人也。请问蹈水有道乎?"曰:"亡。吾无道。吾始乎故,长乎性,成乎命。与齐俱入,与汩偕出,从水之道,而不为私焉。此吾所以蹈之也。"孔子曰:"何谓始乎故,长乎性,成乎命?"曰:"吾生于陵而安于陵,故也;长于水而安于水,性也;不知吾所以然而然,命也。"

"吕梁",在今江苏铜山县东南,所谓吕梁洪者是也。郦道元《水经注》云:"泗水过吕县南,吕县,汉置隋废,在铜山县北。水上有石梁,谓之吕梁。"案:泗水发源于陪尾山而入于淮。孔子生于曲阜,泗水所经,与吕梁正在一水之上。吕梁地当时属宋,孔子尝过宋,故得观焉。《列子·说符篇》言:"孔子自卫反鲁,息驾乎河梁而观焉,有县水三十仞,圜流九十里,鱼鳖弗能游,鼋鼍弗能居。有一丈夫方将厉之。"其事与此相类,故注家往往以吕梁为河梁,司马彪注云:"河水有石绝处也。今西河离石西有此县绝。"其误殆由于此。《列子》书系后人纂辑而成,不能不有错乱。《黄帝篇》载此文与《庄子》同,亦云观于吕梁,可知《说符篇》所记乃一事,而传闻有讹,因吕梁误作河梁,遂附益之以自卫反鲁之说。据误文以为注释,自不可从也。

"县"同悬。七尺曰仞。"三十仞",盖高二十余丈也。"沫",泡沫也,字从末不从未。"流沫四十里",言甚远而流急犹不能定也。"鼋",似鳖而大者。"鼍"则鳄类也。"苦",忧苦。"有苦而欲死",疑其欲自杀也。"并流",夹流也。"拯",救也。"数百步而出","出"者,此丈夫自出也。"被发",披发。"行歌",行且歌也。"游于塘下",此"游"与上"游"字异,上"游",游泳,此"游"同遊,谓遊遨也。"塘",堤岸也。

"从而问焉",就之而问也。言"以子为鬼"者,见出入急流之中,非人之所能也。"察",详察。"蹈",践也,踏也。"蹈水"即谓游水。"有道乎?"问其何术也。"亡"读若无,犹言否也。"故"者素习。"始乎故"者,起于习也。"长"读去声。"长乎性"者,习久则若生性然也。"成乎命"者,"命"如谚言命根子。由性而入于命,斯其习之成也。"齐"同脐,谓石磨之脐也。水漩入处,有似于磨脐,故亦谓之脐。"汩",水冒出也。"从水之道"者,从水之性也。"俱入偕出",不以己意加于其间,是之谓"不为私",《应帝王篇》曰:"顺物自然而无容私焉。"正此意也。"此吾所以蹈之",言蹈水之道特在于此。夫惟从水之道,是故曰"吾无道"也。

"生于陵而安于陵","陵",陵陆。此以陆喻水。"生于陵而安于陵",则生于水而安于水可知。不言水而言陵者,人本陆居,且以避下文之复也。宣氏颖《南华经解》以陵为指吕梁峻处。吕梁峻处,岂生人之所!此不得其意而强为之辞也。"不知吾所以然而然,命也。"言自然而然,孔子所谓"安而行之",孟子所谓"行所无事"也。此语于此文中为最精,而亦最要。一切学问,不至此境地,皆不得谓之成,《易传》所以言"尽性必以至于命"也。此篇首两节言精、言气、言神,此节言故、言性、言命,皆《大易》之精蕴,而养生之要诀,读者特宜加意焉。

梓庆削木为镰,镰成,见者惊犹鬼神。鲁侯见而问焉,曰:"子何术以为焉?"对曰:"臣工人,何术之有!虽然,有一焉。臣，将为镰，未尝敢以耗气也。必齐以静心。齐三日，而不敢怀庆赏爵禄；齐五日，不敢怀非誉巧拙；齐七日，辄然忘吾有四枝形体也。当是时也，无公朝，其巧专而外骨消；然后入山林，观天性；形躯至矣，然后成；见镰，然后加手焉；不然则已。则以天合天，器之所以疑神者，其是与！"

"梓庆"，梓人名庆也，俞樾《诸子平议》谓《春秋左传》襄四年匠庆即此人。梓匠虽异官，而同为木工，俞氏说或然也。"镰"同簴，簴亦作虡簨簴也，所以县钟鼓者，以木为之，故曰"削木为镰"。《考工记》曰："梓人为笋虡。"旧注以镰为乐器，云似夹钟。若然，则金工之事，非梓人所得为也。《史记·始皇本纪》云："收天下兵，聚以为钟镰。"镰与钟一类，故曰钟镰，销兵以为之，其非木制明矣。"镰成，见者惊犹鬼神"者，簴有种种花纹，惊其刻镂之巧也。

"何术以为焉"，犹言何术以为之。"有一"者，有一术也。"耗气"，谓虚耗之气。"耗气"与"静心"对文。心静则气充，故不以耗气，则必齐以静心也。"齐"读如斋，斋之为言齐也。见《小戴礼记·祭统篇》下。齐读如字。故斋以静心，亦言齐以静心尔已。"三日而不敢怀庆赏爵禄"，无庆赏爵禄之心也。"五日不敢怀非誉巧拙"，"非"同诽。无诽誉巧拙之心也。"七日辄然忘吾有四枝形体"，"辄然"即辄也。辄然之为辄，犹犹然之为犹。见《逍遥游》"宋荣子犹然笑之"注下成疏以辄然为不敢动貌，王念孙以辄与吶读捻声近义同，云"静也"，皆穿凿之说，不可从也。"忘有四枝形体"，心静之至，遗其身也。

"无公朝"，因斋而不公朝也。"无公朝"与"入山林"同，皆言实事，郭注云"视公朝若无，则跂慕之心绝矣"，亦非本书之意也。"骨"借为滑，故本亦作"滑"。"其巧专而外骨消"，承上而结言之。庆赏爵禄、非誉巧拙，皆所以扰乱其心，是皆外滑也。"入山林，观天性"，观木之性也。"形躯至矣，然后成"，此"形躯"者，木之形躯。"至"者，至其度。

"成"者，成其材也。"见镰然后加手焉"，见有足称为镰者然后为之。言"加手"者，因其本材而加之雕镂，不强作也，故曰"不然则已"。旧读"见"为现，而以"然后成见镰"为句，非也。

心静专而气不耗，是己之天也。形躯至而材足为，是镰之天也。若是而为镰，是之谓"以天合天"。"以天合天"，即《养生主》所谓"依乎天理，因其固然"者也。"器之所以疑神者，其是与"，"与"读欤，言神盖在是也。

东野稷以御见庄公，进退中绳，左右旋中规。庄公以为文弗过也，使之钩百而反。颜阖遇之，入见曰："稷之马将败。"公密而不应。少焉果败而反。公曰："子何以知之？"曰："其马力竭矣，而犹求焉，故曰败。"

"东野稷"，姓东野，名稷也。《荀子·哀公篇》、《韩诗外传》二、刘向《新序·杂事篇》及《孔子家语·颜回篇》并作东野毕，毕、稷一音之转，而庄公作鲁定公，颜阖作颜渊，惟《吕氏春秋·适威篇》与此同。考《论语》孔子称颜子"一箪食，一瓢饮，在陋巷"，又曰"屡空"，孔子摄行相事在定公十四年，不数月而鲁受齐女乐，孔子去鲁。明年，定公亦薨矣。似颜子不得有见鲁定公之事，则此篇与《吕览》作颜阖者是也。《人间世篇》有"颜阖将傅卫灵公太子"语。灵公太子蒯聩，后得国，谥庄公，此云"见庄公"，盖先为之傅，后遂臣之，故《释文》亦引或云"当是卫庄公也"。

"御"同驭，使马行车也。"中"读去声。"中绳"者，与绳合，言其直。"中规"者，与规合，言其圆。"左右旋"者，或左旋，或右旋也。"以为文弗过"，谓组织之文不能过也。《吕览》作"以为造父弗过也"。吴汝纶据此，谓"文"字当是"父"字之误，又脱"造"字，所言颇近理，然于他书无征，未敢率改。"造父"，周穆王之御也。"钩百而反"，百周而反也。"反"与返同。《马蹄篇》:"匠人曰:我善治木,曲者中钩,直者应绳。"言中钩犹言中规,故钩百犹旋百。旋百,百周也。章炳麟《庄子解故》以百为阡陌之陌,凿矣。"败",败驾,谓马僵而车坏也。"密"与默通。默而不应,不然其言也。"马力竭",马力尽也。"而犹求焉",驰之骤之,责进而不已也。力尽而责进不已,未有不偾事者,故曰"败",言简而意则深矣。牧羊视其后者而鞭之,为不知进者言也。东野稷之马败,为不知止者言也。不知止,犹不知进也。斯理也,非明道者其孰知之!

　　工倕旋而盖规矩,指与物化,而不以心稽,故其灵台一而不桎。忘足,履之适也;忘要,带之适也;知忘是非,心之适也;不内变,不外从,事会之适也;始乎适而未尝不适者,忘适之适也。

　　"倕"与垂同,《尚书·尧典》伪《古文尚书》则《舜典》。"舜曰:垂汝共工",即其人也,故谓之工倕。"旋而盖规矩",谓以指旋转自能中规。"盖"者掩盖之义,犹言合也。言规又言矩者,特连类而及之,无他深义也。《释文》无"规"字,盖误脱。郭注云:"虽工倕之巧,犹任规矩,此言因物之易也。"则原有"规"字甚明。"指与物化","物"即指规矩言。"而不以心稽","稽"者度也。谓虽指可为规而终用规矩,不恃心为之计度,故下一"而"字为转语。郭注以因物为说,实得庄旨。因物者,即《齐物论》之"因是"、《天道篇》之"因任"也。

　　惟因物而不任心,"故其灵台一而不桎",此正反证东野稷之任心而竭马力,所以至于败驾也。"桎"与窒通,谓塞也,滞也。一则易滞,一而不滞,虚而任物之效也。故下举"忘足,履之适;忘要,带之适",以陪起"知忘是非,心之适"。"知忘是非"者,知亡是非也。惟亡是非而后可以用是非,《人间世篇》云"虚而待物"者,盖谓是也。

人心原以应物，故《庄子》一书言心未尝离事，此文亦然，言"知忘是非，心之适也"，即接曰"不内变，不外从，事会之适也"。"事会"二字连文，与"心"字对。或读"不外从事"为句，误也。"不内变"，不变于内，承上文"不桎"言。"不外从"，不从乎外，承上文之"一"言。或疑"不外从"与因物之义矛盾不相容，不知因物者，我用物；外从者，我为物用。此中界限，如鸿沟之不可逾越。《知北游篇》曰"与物化者，一不化者"也。以与物化言，则曰因物；以一不化言，则曰不外从，其义正相待而成，非相反也。"始乎适而未尝不适者，忘适之适也"，又进一步言，盖必忘适而始真虚，亦必真虚而始真适也。

有孙休者，踵门而诧子扁庆子曰："休居乡不见谓不修，临难不见谓不勇；然而田原不遇岁，事君不遇世，宾于乡里，逐于州部，则胡罪乎天哉？休恶遇此命也？"扁子曰："子独不闻夫至人之自行邪？忘其肝胆，遗其耳目，芒然彷徨乎尘垢之外，消摇乎无事之业，是谓为而不恃，长而不宰。今女饰知以惊愚，修身以明污，昭昭乎若揭日月而行也。女得全而形躯，具而九窍，无中道夭于聋盲跛蹇而比于人数，亦幸矣。又何暇乎天之怨哉！子往矣！"孙子出。扁子入。坐有间，仰天而叹。弟子问曰："先生何为叹乎？"扁子曰："向者休来，吾告之以至人之德，吾恐其惊而遂至于惑也。"弟子曰："不然。孙子之所言是邪？先生之所言非邪？非固不能惑是。孙子所言非邪？先生所言是邪？彼固惑而来矣，又奚罪焉！"扁子曰："不然。昔者有鸟止于鲁郊，鲁君说之，为具大牢以飨之，奏九韶以乐之，鸟乃始忧悲眩视，不敢饮食。此之谓以己养养鸟也。若夫以鸟养养鸟者，宜栖之深林，浮之江湖，食之以委蛇,则平陆而已矣。今休款启寡闻之民也,吾告以至人之德,譬之若载鼷以车马,乐鴳以钟鼓也。彼又恶能无惊乎哉!"

此文与篇首"达命之情"义相应,盖惟忘命而后能安命,若知其为命而犹有所未忘,则是未能达命,即宜其不安,如孙休者是也。"踵门",足至门也。古人之相见也必以介,不介而亲叩见,是为踵门。故《孟子·滕文公篇》亦言"许行自楚之滕,踵门而告文公"也。"诧",怪而问之也。称"子扁庆子"者,犹前称子列子之比,盖记者尊其本师之辞。"扁庆"为复姓,而下云"扁子"者,犹南宫亦称南,墨胎亦称墨,从其省略也。"休",自斥其名也。"田原"谓耕稼。"事君"谓仕宦。"不遇世",不遇时也。"宾"同摈,谓见摈弃也。"逐",放逐。"州部",州邑也。韩非有"宰相起于州部"语,由是可以推知当时称州邑亦曰州部也。"胡罪乎天",何罪于天也。"恶"读乌。乌遇此命,何以遭此命也。

"至人之自行",言"自行"者,尽其在我,不问其所遭云何也。"忘肝胆,遗耳目"四句,并见前注。"无事"犹无为也。"为而不恃,长而不宰",语本老子,"长"读上声,言为民长上也。"不恃"者,不恃其能。"不宰"者,不主其功。皆言因人事之自然,而无容心乎其间也。"知"读智。"饰智以惊愚",矜其智也。"修身以明污",炫其修也,故曰"昭昭乎若揭日月而行",则是其行皆以为人,非所谓自行者也。夫惊愚则愚者畏之,明污则污者忌之,非所以自全养生之道也,故曰"汝得全而形躯,具而九窍,无中道夭于聋盲跛蹇而比于人数,亦幸矣"。"幸",徼幸也。"而"同尔。"跛",足偏废。"蹇",艰于行也。"比于人数",谓列于人之数也。"天之怨",倒文,言怨天也。"往矣"者,止其毋再言也。

"有鸟止于鲁郊",已见上《至乐篇》。"食之以委蛇"句,有缺误,俞樾《诸子平议》曰:"当如《至乐篇》云:'食之以鰌鲦,委蛇而处'。如此,方与下句'则平陆而已矣'文义相属。无'相处'二字,下文便不贯矣。"案俞说似矣,而未尽是也。"平陆而已矣"句,"平陆"下接"而已"字,实不可通,疑此文本作"食之以鳅鲦,则委蛇平陆而已矣",传写者脱"鳅鲦"字,后人因移"委蛇"字于上以补之,于是上下句皆成费解,必如是校正,乃始妥善耳。"欯"与窍通。"启",开也。"欯启",谓开一隙,所见小也。小见,正与寡闻对。"鼷","鼷鼠。"鸮"即《消摇游》所云"斥鴳",字亦作"鷃"。"恶能无惊",言其不足承受也。

山 木 第 二 十

此内篇《人间世》之羽翼也。文中称庄子为夫子,则是漆园弟子所记。

庄子行于山中,见大木枝叶盛茂,伐木者止其旁而不取也。问其故,曰:"无所可用。"庄子曰:"此木以不材得终其天年。"夫子出于山,舍于故人之家。故人喜,命竖子杀雁而亨之。竖子请曰:"其一能鸣,其一不能鸣,请奚杀?"主人曰:"杀不能鸣者。"

明日,弟子问于庄子曰:"昨日山中之木,以不材得终其天年;今主人之雁,以不材死;先生将何处?"庄子笑曰:"周将处夫材与不材之间。材与不材之间,似之,而非也,故未免乎累。若夫乘道德而浮游则不然。无誉无訾,一龙一蛇,与时俱化,而无肯专为;一下一上,以和为量,浮游乎万物之祖;物物而不物于物,则胡可得而累邪!此神农、黄帝之法则也。若夫万物之情,人伦之传,则不然。合则离,成则毁,廉则挫,

345

尊则议,有为则亏,贤则谋,不肖则欺,胡可得而必乎哉! 悲
夫,弟子志之! 其惟道德之乡乎!"

　　向读《人间世》"匠石之齐"与"南伯子綦游乎商之丘"两段文字,极
赞不材之用,窃用疑之,以为粮莠因害稼而见锄,桑苎以益人而广植,
即安见材之必残而不材之必存耶! 后见此篇,疑乃冰释,盖材与不材
因时为用,故《人间世》卒云"天下有道,圣人成焉",此取乎材者也;又
曰"天下无道,圣人生焉",此取乎不材者也。然则言者有言,当通其
意,不材之说为遭乱世而发,若仅执其辞以求之,则必有失乎作者之用
心者矣。抑此篇末引阳子之言云:"行贤而去自贤之行,安往而不爱
哉!"以是又知所言不材者非真不材之谓,特有材而不自见,以是同于
不材耳。不然,其真不材也,则值天下无道,将何以生! 而又何以与天
下有道成其治理者同称之为圣人哉! 是故读《人间世》必取《山木篇》
合读之,而后其义足,其旨亦明。外篇之所以为内篇羽翼者,盖坐
是也。

　　"夫子"者,弟子称庄子之辞。"舍",宿也。"竖子"谓童仆。"雁",
鹅也,野生者雁,人饲者鹅,称鹅为雁,从其本名也。"亨"读同享,享者
飨也,王念孙以《释文》读烹为误,是也。今各本俱刻作"烹",则因《释
文》而改。《释文》虽读烹,字固作亨也。

　　"先生将何处",询其所以自处之道也。始言"周将处夫材与不材
之间",继又言"材与不材之间似之而非"者,"材与不材之间",孟子所
谓"子莫执中"者也。夫执中无权,犹执一也,故曰"似之而非"也。"未
免乎累"者,或以材累,或以不材累,其为累一也。

　　"乘道德而浮游","浮"者不陷,"游"者不滞也。"无誉无訾",即
《坤卦》六四之"无咎无誉"也。"一龙一蛇",用之则为龙,不用则为蛇
也。"与时俱化",随时而变。"无肯专为",不主于一也。"一下一上",
原作"一上一下",姚鼐曰:"上字与量字为韵,上下字当互易。"俞樾说
同,因据正。"以和为量","量"犹期也,期于中节而止,故上下无常也。

《中庸》曰:"发而皆中节谓之和。"中节则和,和必中节,故此以中节释和。"万物之祖",未始有物之先也。"物物而不物于物",以我役物而非役于物也。役物而不役于物,是非超乎万物之先者不能,故先言"浮游乎万物之祖"也。"胡可得而累"者,言无足以累之也。曰"神农、黄帝之法则"者,犹《人间世》"心斋"之下言"禹、舜之所纽,伏羲、几蘧之所行终",一以见其事有征,一以见其造匪易,所以坚学者之信而防其慢也。

"传"读如转,转者转变。"人伦之传",谓人事之变也。"合则离",有合即有离。"成则毁",有成即有毁。此二者就万物之情言之也。"廉则挫,尊则议",廉与尊对,谓穷约也。《阴符经》云"至乐性余,至静性廉",以廉对余言,即廉有不足之义,故知为穷约也。穷者上之所抑,故曰"廉则挫";尊者下之所诽,故曰"尊则议"。廉、尊相对,犹贤、不肖之相对也。贤则人忌而谋之,故曰"贤则谋";不肖者人狎而欺之,故曰"不肖则欺"。此四者就人伦之变言之也。"有为则亏",则合万物之情、人伦之变而兼言之。"有为"者,无为之反;"亏"者,全之反。见非无为无得全之道也,故曰"胡可得而必乎哉"。"胡可得而必",无之而可必其免夫累也。

"志之"者,欲其识之而勿忘也。"乡"读如向。"其惟道德之乡"者,言惟趋向于道德,是可必之道。上云"乘道德而浮游",此改言"道德之乡"者,乘而浮游,非弟子之所骤能,示以入门之径,故曰"乡"也。

市南宜僚见鲁侯,鲁侯有忧色。市南子曰:"君有忧色,何也?"鲁侯曰:"吾学先王之道,修先君之业,吾敬鬼尊贤,亲而行之,无须臾离,居然不免于患。吾是以忧。"市南子曰:"君之除患之术浅矣。夫丰狐文豹,栖于山林,伏于岩穴,静也;夜行昼居,戒也;虽饥渴隐约,犹且胥疏于江湖之上而求食焉,定也;然且不免于罔罗机辟之患。是何罪之有哉?其皮为之灾也。今鲁国独非君之皮邪？吾愿君刳形去皮，洒心去欲，而游于无人之野。南越有邑焉，名为建德之国。其民愚而朴，少私而寡欲；知作，而不知藏，与，而不求其报；不知义之所适，不知礼之所将；猖狂妄行，乃蹈乎大方；其生可乐，其死可葬。吾愿君去国捐俗，与道相辅而行。"

君曰："彼其道远而险，又有江山，我无舟车，奈何？"市南子曰："君无形倨，无留居，以为君车。"君曰："彼其道幽远而无人，吾谁与为邻？吾无粮，我无食，安得而至焉？"市南子曰："少君之费，寡君之欲，虽无粮而乃足。君其涉于江而浮于海，望之而不见其崖，愈往而不知其所穷。送君者皆自崖而反，君自此远矣！故有人者累，见有于人者忧。故尧非有人，非见有于人也。吾愿去君之累，除君之忧，而独与道游于大莫之国。方舟而济于河，有虚船来触舟，虽有偏心之人不怒；有一人在其上，则呼张歙之；一呼而不闻，再呼而不闻，于是三呼邪，则必以恶声随之。向也不怒，而今也怒；向也虚，而今也实。人能虚己以游世，其孰能害之！"

"宜僚"姓熊，其曰"市南宜僚"者，举其所居以为号，犹《论语》称东里子产也。哀十六年《左传》记楚白公之乱，曰："市南有熊宜僚者，若得之，可以当五百人矣。"即其人也。"鲁侯"，鲁哀公蒋。知其为哀公者，以时言，则宜僚与哀公同时；以事言，则哀公畏三桓之逼，欲借越人之力以伐之。三桓亦患公作难，二十七年乃合而攻公，公遂奔卫，如邹如越。此云鲁侯有忧色，正指君臣交恶事也。又孔子自卫返鲁，哀公颇尊事之，观《礼记·哀公问》诸篇可见也。故此云"学先王之道，修先君之业"，"敬鬼尊贤，亲而行之"，实于哀公为合。宜僚与之极言道德之奥，欲其"去国捐俗"，而"虚己以游世"，傥亦为其质美而可以言欤！

"亲而行之",即亲行之也。"无须臾离"句,"居然"连文,属下"不免于患"为句,与《大雅·生民》之诗言"居然生子"者同。应免于患而竟不能免,故曰"居然"也。《释文》:崔本无"离"字,以"居"字连上读。盖崔本偶脱,不足据也。

"丰狐","狐之厚毛者。"文豹",俗所谓金钱豹也。"静也"者,言其不妄动也。"隐约"谓穷困。昭二十五年《左传》"隐民皆取食焉",杜注曰"隐约,穷困",是也。注家或以隐藏敛约释之,误矣。"胥疏"犹趑趄也,盖有所瞻顾,行而不进之义,故曰"定也"。定之为言止也,慎之至也。胥疏本叠韵谜语,义存乎声,不得析而释之。故旧注训胥为须、为相,训疏为菜、为草,固非。而如郭嵩焘说训作疏远,以为"江湖之上乃舟车之所辖,廛闬闉之所都。故丰狐文豹未尝求食江湖之上,言足迹所不经也",则求其解而不得而强为之辞,谬尤甚矣。夫本文明言"胥疏于江湖之上而求食",而谓未尝求食江湖之上,可乎?且狐、豹不求食江湖之上,又将焉所求食?其事甚显,其理甚浅,而缴绕字句之间,以为创解,说者或尊而信之,不亦可笑乎哉!

"罔"与网同。"机辟"即机括,见《消摇游》注。"其皮为之灾"者,其皮为之害也。"刳",剖也。"刳形去皮",欲公之不有其国也。"洒"同洗。"洒心去欲",欲公之不有其身也。"游于无人之野",离人而合于天也。

"南越有邑焉"以下,设为是说,犹《消摇游》之言藐姑射之神人也。曰"建德之国"者,归本于德也。"知作而不知藏",不欲货之藏诸己也。"与而不求其报",一切同之乎人也。"不知义之所适",适乎义而忘其为义。"不知礼之所将",行乎礼而忘其为礼也。"猖狂妄行",所谓从心所欲也。"蹈乎大方",所谓不逾矩也。从心所欲不逾矩",孔子之言,见《论语·为政篇》。古注有解"从"作"纵"者,纵心所欲,于猖狂义尤近。"生可乐,死可葬",言生于是、死于是,无往而不自得也。"去国"之"去"与"去皮"之"去"同读上声,谓舍去之,非曰离去也。"捐俗",遗世也。"与道相辅而行"，道不可须臾离也。

公不悟宜僚之意，谓南越实有其国也，故以其道远险而无舟车辞。"有江山"者，言有江山之阻隔也。宜僚答之曰"无形倨"，无以形而自骄。"无留居"，无自安于所处。"形"谓势。"居"谓位也。"以为君车"者，不恋恋于势位，则固游行而无碍，是所谓车者也。

公又以无粮无食辞。言无粮又言无食者，"粮"以所携言。孟子云"行者有裹粮"。见《梁惠王(下)篇》本书云："适百里者宿舂粮，适千里者三月聚粮。"是也。"食"则谓取之当地，承其"道幽远无人，谁与为邻"言，故曰"无食"。"无食"者，无食之者也。

"少费"，费者物。"寡欲"，欲者心。费少根于欲寡，故言"少费"，复言"寡欲"，即上文"洒心去欲"意也。"无粮乃足"者，德备于己，本不资乎外物也。"涉江浮海"，根上南越言，亦设辞。"不见其崖"，"崖"，涯也。"愈往而不知其所穷"，愈进而德愈远，无有尽境也。"送君者皆自崖而反"，此"崖"训岸。常人不能捐俗忘身，故及岸而止。"反"与返同。郭注云："民各反守其分。"非也。"君自此远矣"者，孤诣独造，人欲从而莫由，故曰"远"也。

"有人者累"，"有"者，私之以为己有也。"人"谓人民。私其人民，亦即私其国。上文云"鲁国独非君之皮"者是也，故曰"累"。既私民以为己有，则民自亦责望于其上。责望之而不得，小之则怨，大之则叛，于是而忧危以生，故又曰"见有于人者忧"。"见有于人"者，为人所有，而己不得自遂其志也。"尧非有人，非见有于人"者，尧公天下而不私，是"非有人"也；天下各安其俗，各乐其业，而忘乎尧之为治，如《击壤》之歌所云"帝力何有于我"者，是"非见有于人"也。《击壤》之歌，出晋皇甫谧《帝王世纪》，其全文曰："日出而作，日入而息，凿井而饮，耕田而食，帝力何有于我哉！"于此而引尧以为言，则知欲公之去国捐俗者，非真谓让国委民而逊遁于荒野也，特以国公之国人，而己以无为治之而已。如是，则何累何忧之有！

"独与道游于大莫之国","莫"同漠。"大莫",犹广莫也。"广莫之野"，见《消摇游篇》。变前文"无人之野"而曰"大莫之国"者，见道之广大，以形鲁之狭小，则舍彼取此，公当知所择焉。下文特提倡一"虚"字。虚者无己，无己则无为，无为则无累，无累则亦无患、无害矣，所以总括上文也。

"方舟"，并两舟也。济河而并两舟者，河水急难济，并两舟所以保安全也。"虚船"，船空无人也。"㤪"同褊，谓褊急也。"呼张歙之"，呼来船或张或歙也。"张"，今俗所谓撑开。"歙"，今俗所谓合拢也。"于是三呼邪"，于是而三呼也。邪、也本一声，轻之则读"也"，重之则读"邪"，故"也"、"邪"有时而用同也。实对虚言，谓有人也。"向也不怒而今也怒，向也虚而今也实"，谓向不怒而今怒者，以向虚而今实也。此以上，喻人能"虚己以游世"，"其孰能害之"，出本意。"游世"，谓游于世也。

北宫奢为卫灵公赋敛以为钟，为坛乎郭门之外，三月而成高下之县。王子庆忌见而问焉，曰："子何术之设？"奢曰："一之间，无敢设也。奢闻之：'既雕既琢，复归于朴。'侗乎其无识，傥乎其怠疑；萃乎芒乎，其送往而迎来；来者勿禁，往者勿止；从其强梁，随其曲傅，因其自穷，故朝夕赋敛，而毫毛不挫，而况有大涂者乎！"

"北宫氏"，出自卫成公，以所居为号，盖卫之世大夫，"奢"其名也。"灵公"已见前《人间世篇》。"为之赋敛以为钟"，赋敛钟材，非赋敛财也。昭二十九年《左传》云："晋赵鞅、荀寅帅师城汝滨，遂赋晋国一鼓铁，以铸刑鼎。"鼓，量名，当一斛。彼铸鼎赋铁，此为钟，自是敛铜。注家有以赋敛为即后世之募捐比者，非也。"坛"者，鼓铸之所。《释文》引李颐说"为坛以祭祷"，亦非也。"县"，悬之本字。云"上下之县"者，盖钟有十二,按十二律以为之,悬之于虡,则上下各六,是即所谓编钟者也。"三月而成",言其速也。

"王子庆忌",王族而名庆忌也,或周大夫来使于卫,或即仕于卫者,无得而考已。"子何术之设",问奢赋敛之方。"设"有驱迫义,设字从言从殳,徐锴《说文系传》解之曰:"殳,所以驱遣使人也。"故曰设有驱迫义。盖疑其有所强勉也,故答曰"无敢设"。后文云"送往迎来","因其自穷"。"自穷"者,自尽也。自尽正表其非强勉,针对"设"字而发。注家率于"设"字忽略过去,故特为点明。"一之间",犹云一心之间,谓舍此更无他也。"雕琢复朴",语本老子,故云"奢闻之"。"朴"者诚也。根"一之间""一"字说。惟诚故一,亦惟一故诚也。诚者不以知见,故曰"侗乎其无识"。诚者不以气魄,故曰"傥乎其怠疑"。"侗"者,视物一同,不知分别也。"傥",道藏《义海纂微》本、《循本》本并作"倘",实与惝、悄字同,即惝恍义也。"怠疑"同佁儗。《集韵》:"佁儗,固滞貌。"盖即今俗云呆、獃字,于其声可以知之。疑、儗皆读碍(礙)之平声。"萃",聚也。"萃乎"形其众。"芒"同汒。"芒乎"形其广。对下"送往而迎来"说,皆言其人之多也。"强梁",谓倔强不服从者。"曲傅",谓委曲傅近己者。"从"、"随",皆谓听任之。"毫毛不挫",略无所损伤也。"大涂",承上"郭门之外"言。郭门当往来之冲,经行者众,其赋敛也尤易,故下"而况"字。此仍就本事说,非别有指。注家率以"大涂"为大道释之,则反支矣。

孔子围于陈、蔡之间,七日不火食。大公任往吊之,曰:"子几死乎?"曰:"然。""子恶死乎?"曰:"然"。任曰:"予尝言不死之道。东海有鸟焉,其名曰意怠。其为鸟也,翂翂翐翐而似无能;引援而飞,迫胁而栖;进不敢为前,退不敢为后;食不敢先尝,必取其绪。是故其行列不斥,而外人卒不得害,是以免于患。直木先伐,甘井先竭。子其意者饰知以惊愚,修身以明污，昭昭乎若揭日月而行，故不免也。昔吾闻之大成之人曰：'自伐者无功'，'功成者堕，名成者亏，孰能去功与名，而还与众人！'道流而不明居，得行而不名处；纯纯常常，乃比于狂；削迹捐势，不为功名。是故无责于人，人亦无责焉。至人不闻，子何喜哉？"孔子曰："善哉！"辞其交游，去其弟子，逃于大泽；衣裘褐，食杼栗；入兽不乱群，入鸟不乱行。鸟兽不恶，而况人乎！

围于陈、蔡之间，已见上《天运篇》。"不火食"，谓不举火也。"大公"，长者之称，与吕望之号太公望同。"任"取放任自在之意，盖托名，非实有其人也。"吊"，慰问之也。"几死"，殆死也。"恶死"，以死为嫌也。

"尝言不死之道"，试言免死之道也。"意怠"与下文鹢鸸皆谓海燕也。燕又得名意怠、鹢鸸者，古谓燕谓乙，或作鳦。意怠、鹢鸸，即乙、鳦之音而变者也。怠从台声。台一读怡。试以乙声缓读之，则为意怠矣。然此名意怠，亦兼取上怠疑义，故曰"其为鸟也，翂翂翐翐而似无能"。"翂翂"犹纷纷。"翐翐"犹秩秩。"引援而飞"，言其能群，所谓纷纷也。"迫胁而栖"，言其有序，所谓秩秩也。"迫胁"者，互相偎倚，非如《释文》引李颐所云"迫胁在众鸟中，才足容身而宿"之谓。李氏以"迫胁"解作胁迫，宜其误也。"进不敢为前"，慎于进也。"退不敢为后"，勇于退也。"食不敢先尝，必取其绪"，"绪"谓残余，互相让也。"行列不斥"，"斥"如斥候之斥。"不斥"，谓不伺望以为备也。虽不备，人亦莫害之，故曰"而外人卒不得害"。王先谦《庄子集解》用苏舆之说，以斥为排斥，言为众鸟所容，此其误与李颐同。燕与燕为群，"行列"即燕之行列，安得以为他鸟耶！"是以免于患"，是总上"而似无能"以下，言要之不争不炫而已。"饰知以惊愚"三句，已见上《达生篇》。

"大成之人"，谓成德之人，犹下云"至人"也。"自伐者无功"，语见

353

老子。"功成者堕"四句,语见《管子·白心篇》,盖皆十口相传,古之遗训。成玄英疏谓"大成之人"即老子,拘矣。"堕"与隳同。隳、亏为韵。"还与众人",谓还同众人也。人、名为韵。"道流而不明居"为句。旧读"明"字句绝,失之。此文与下"得行而不名处"正相对。"得"即德也。"流"、"行"皆变动不拘之义。故曰"不明居"、"不名处"。"不明"谓不可见,"不名"谓无以称之,居、处则流、行之反。见且不可得,安得而居之!名且不可有,安得而处之!非如一般注家所云"不显居之"与"不处其名"也。"纯纯",言不杂也。"常常",言不异也。"乃比于狂",犹上宜僚言"猖狂妄行,乃蹈乎大方",世人视以为狂,非其真狂也。"削迹",不见迹。"捐势",不作势。"不为功名",即《消摇游》所谓"圣人无名,神人无功"也。是则道德之至,而人自化之,故曰"无责于人,人亦无责焉"。"至人不闻","闻"者,名闻之闻,谓世不传闻其名也,与《秋水篇》言"道人不闻"义异。注家或举彼以明此,非也。"子何喜哉?""喜"承上"闻"字说,谓何为以闻为喜。"直木先伐,甘井先竭",名闻乃招祸之端,则何足喜也。

　　辞交游,去弟子,逃于大泽,孔子宁有此事! 其为寓言不待说。"褐",毛布。"衣"读去声。"杼"与《齐物论》"狙公赋芧"之芧同,从木从草,一也。"不乱群、不辞行",与鸟兽狎而鸟兽不惊也。"恶"去声。"不恶",不嫌也。

　　孔子问子桑虖曰:"吾再逐于鲁,伐树于宋,削迹于卫,穷于商、周,围于陈、蔡之间。吾犯此数患,亲交益疏,徒友益散,何与?"子桑虖曰:"子独不闻殷人之亡与? 林回弃千金之璧,负赤子而趋。或曰:'为其布与? 赤子之布寡矣。为其累与? 赤子之累多矣。弃千金之璧,负赤子而趋,何也?'林回曰:'彼以利合,此以天属也。'夫以利合者,迫穷祸患害相弃也;以天属者,迫穷祸患害相收也。夫相收之与相弃,亦远矣。且君子之交淡若水,小人之交甘若醴;君子淡以亲,小人甘以绝。彼无故以合者,则无故以离。"孔子曰:"敬闻命矣。"徐行翔佯而归,绝学捐书,弟子无挹于前,其爱益加进。异日,桑虖又曰:"舜之将死,其命禹曰:'汝戒之哉!形莫若缘,情莫若率。'缘则不离,率则不劳;不离不劳,则不求文以待形;不求文以待形,固不待物。"

"子桑虖",即《大宗师篇》之子桑户也。"户"、"虖"一音之转,《释文》音户,是也。桑户一作桑虖,犹宋钘一作宋荣,南郭子綦一作南伯子綦。当时人之名字,口口相传,声近之字皆得通用,不足异也。《释文》云:"虖本又作雽。"雽即"礼大雩""雩"字之别体。古吁、呼音亦相近,则作雩、作虖一也。惟刻本有作"雽"者,"雽"乃"虖"之形误,字书无此字,唐写本、宋刻本并作"虖",可案也。

"再逐于鲁"者,孔子初为鲁委吏乘田,当昭公时。昭公欲去季氏不得,出奔,鲁乱,孔子去之齐。此一事也。后相定公,齐人馈女乐,季桓子受之,不朝,孔子去之卫。此又一事也。故曰"再逐"。其下数事,已见《天运篇》注。

"犯"犹冒也。"徒友"谓门弟子。"散",离散也。《论语》子曰:"从我于陈、蔡者,皆不及门也。"下章汇记颜渊、闵子骞、冉伯牛、仲弓等十人,分为四科。意当时从者必不止此十人,则此云"益疏"、"益散",亦当是寓言非实事,读者若信以为真,则误矣。

"殷人"本作"假人",而司马彪注下林回曰:"林回,殷之逃民姓名。"吴汝纶据之以为"假"乃"殷"字之讹。案:殷、假形极相近,他书又未有以假为国名者,吴氏之说是也,兹故从以改正。"亡",逃亡。"趋",急行也。"布"者泉布之布。言布犹言货也。"或曰"以下,或人问林回之言。"彼"指璧,"此"指赤子。"天"谓天德、天性。"以天属",

谓以性情相连系也。注家多解天为天伦、为天亲,此以说林回之父子则可,以说孔子师弟之间则有不通,决非桑户之意,故知当以天德、天性之训为正也。"迫",逼近也。"穷祸患害"四字连文。"穷",窘困也。

林回答辞只二句。"夫以利合者"以下,为桑户之言。"相收之与相弃亦远矣","远"谓二者相距之甚也。"君子之交淡若水"四句,亦见《小戴礼记·表记》。彼文曰:"君子之接如水,小人之接如醴。君子淡以成,小人甘以坏。"曰交曰接,一也。"醴",甜酒之带糟者。"绝"谓离绝也。"彼"者,外之之辞。"无故"犹言无因、无谓。相交无性情道义之契,泛泛然而合,亦泛泛然而离,是所谓"无故"也。此正答孔子"亲交益疏、徒友益散"之问。郭注云:"夫无故而自合者,天属也。合不由故,则故不足以离之也。然则有故而合,必有故而离矣。"郭说虽巧,然而于原旨则悖矣。

"翔佯"犹倘佯。"绝学",本老子"绝学无忧"之言,谓脱迹于学,非废学而不讲也。"捐书"亦然。"挹"犹损也。《荀子·宥坐篇》云:"此所谓挹而损之之道也。"杨倞注曰:"挹亦退也。挹而损之,犹言损之又损。"然则"挹"有损义,故《后汉书·光武纪》中元元年群臣奏有"陛下情存损挹,退而不居"之言,即以"损挹"连文。"弟子无挹于前",亦谓弟子视前无有减损,是以下接云"其爱益加进"。"挹"与"加进",文正相对,义甚明也。《释文》引李颐注,训挹为无所执持,固为费解。宣颖《南华经解》说为无可挹取于前。推其意,盖以为学绝书捐,故弟子遂无所弋获,望文生训,使书旨本明者反以晦昧。诸家竞从之,尤可怪也。

"其命"旧作"真泠"。《释文》云:"真,司马本作直。泠或为命,又作令。"案:泠、命形近。既本有作"命"者,则"泠"为讹字无疑,故自焦竑《庄子翼》、方以智《药地炮庄》皆以"真泠"当作"其命"。真、其亦形似而讹,兹故据以改正。至杨慎以"真泠"为即"丁宁",王引之谓"直"当为"迺"、"迺"讹为"直"、"直"又讹为"真",其说迂曲,不敢从也。

“形莫若缘,情莫若率”,即《人间世》“形莫若就,心莫若和”之说。“缘”者随顺之谓,故曰“缘则不离”。“不离”,与物不离异也。“率”如《中庸》“率性”之率,任情而动,故曰“率则不劳”。“不劳”,其神不劳悴也。“不求文以待形”,即《缮性篇》所云“信行容体而顺乎文”者。其有文也,出乎自然,故曰“不求文”也。此句本当云“不待形以求文”,以欲与下文“不待物”相对为句,故移“待形”二字于下。形即“形莫若缘”之形,《缮性篇》所云“容体”也。文虽见于容体,而实发自中诚,故曰“不待形”。或有解作不重在形式者,非也。形且不待,自不待物。物如衣冠俎豆,以至筐篚玉帛,凡以为交际之仪文者,皆是。此则可以形式说之。成疏云:“当分各足,不待于外物。”以物为一般之物,亦未然也。

庄子衣大布而补之,正緳系履,而过魏王。魏王曰:“何先生之惫邪?”庄子曰:“贫也,非惫也。士有道德不能行,惫也;衣敝履穿,贫也,非惫也;此所谓非遭时也。王独不见夫腾猿乎?其得柟梓豫章也,揽蔓其枝,而王长其间,虽羿、蓬蒙不能眄睨也。及其得柘棘枳枸之间也,危行侧视,振动悼栗,此筋骨非有加急而不柔也,处势不便,未足以逞其能也。今处昏上乱相之间,而欲无惫,奚可得邪?此比干之见剖心征也夫!”

此文上下皆说孔子,而以庄子之惫一文厕于其间,盖其弟子欲以周比之孔子,所以推尊其师之微意也。

“衣”读去声。“衣大布而补之”,后文所谓“衣敝”,惟“敝”故加“补”也。“緳”,司马彪注云“带也”,是也。緳得为带者,緳与絜同。《人间世篇》“见栎社树,絜之百围”,谓环绕而度之,带所以环绕其身,故亦可言絜也。“正緳”与“系履”对文,是两事,郭嵩焘合为一事,引《说文》“絜,麻一端也”,谓“整齐麻之一端,以束其履而系之”,非也。

若以麻系履，则直言用麻可耳，无为加"正"字也。古人见国君必修容，庄子衣敝履穿，何容可修，故于此著"正廓"二字，以见虽如此而礼自未废，所以下文有"士有道德不能行，惫也"之言也。至言"系履"者，所以别于曳縰。縰与屣通，见《让王篇》。见国君不得不履也。郭氏泥于"惫也"之文，以为正带系履即不得为惫，可谓知其一不知其二矣。

"魏王"，梁惠王也。"过"读平声。庄子，宋人，经魏而见魏王，故曰"过"也。"惫"犹病也。《释文》云："司马本作病。"《让王篇》子贡见原宪曰："先生何病？"原宪曰："宪闻之：'无财谓之贫，学而不能行谓之病。'今宪贫也，非病也。"与此文正相似，则知言惫、言病一也。"非遭时"者，不遭时也。

"腦"与腾同，故本亦作腾。曰"腾猿"者，见其能腾跃异于常猿也。"豫章"，今所谓樟树。"柚"，今俗或作楠。"梓"亦名楸，见《人间世》。此三者皆大木也。"揽"，把也。"蔓"与曼同，引也。"王"读去声。"长"读上声。"王长其间"，谓莫之能上也。"蓬蒙"，《孟子》作逄蒙，曰："逄蒙学射于羿，尽羿之道，思天下惟羿为愈己，于是杀羿。"见《离娄篇》盖皆古之善射者。"眄"本或作睥。谓睨而视之，犹今云瞄准也。"柘"，桑属。"棘"，似枣树而小。枳、枸皆橘属。"枸"音苟，俗云狗橘者是。读作矩音者，非。《诗·小雅》云："南山有枸。"陆玑《毛诗草木疏》云："枸树高大如白杨，子长数寸，噉之甘美如饴，蜀以作酱。亦书作蒟。"与此之枸非一木也。"柘棘枳枸"四者皆小木而多刺，故猿处之"危行侧视，振动悼栗"。"振"与震同。"悼"，惧也。"急"犹紧也。筋紧则屈伸难，故曰"筋骨非有加急而不柔也"。加之为言，谓甚于前时也。"逞其能"，尽其能也。

"处昏上乱相之间"，所谓"非遭时"也。或疑当惠王之前，不当斥言"昏上"，疑其语非实，不知庄子自是泛论当时各国之君，今方见梁王，则梁自不在所指之内，复何嫌之可避耶！"而欲无惫，奚可得邪！"此"惫"承惠王"何先生之惫邪""惫"字说，与己言"贫也非惫也""惫"字义异,不得混而同之。不然,则前后之言自相矛盾矣。

"此比干之见剖心征也夫","征"谓征兆。"见"者,先已见其兆也。《括地志》云:"比干见微子去、箕子狂,乃叹曰:'主过不谏,非忠也;思死不言,非勇也;过则谏,不用则死,忠之至也。'进谏不去者三日。纣问何以自持,比干曰:'修善行仁,以义自持。'纣怒曰:'吾闻圣人心有七窍,信诸?'遂杀比干,剖视其心也。"见《史记·殷本纪正义》所引然则比干自知其必死,而谏而不去,故曰"见剖心征也"。引比干云云者,言死有所不能免,不独穷困而已。然而君子不改其操者,道德所在,君子不敢不行也。庄子虽不为比干,而于比干之死即未尝不敬之哀之,故其言如此。盖犹孔子称"殷有三仁"之意。观"也夫"字,可见为哀之之辞。注家率解"征"作征验,谓不便而强为之,则受戮矣,是以比干之死为鉴戒,则"见"者旁人之见比干,不当云"比干之见"也,于文不顺,即知其义必不然矣。

孔子穷于陈、蔡之间,七日不火食,左据槁木,右击槁枝,而歌焱氏之风。有其具而无其数,有其声而无宫角,木声与人声,犁然有当于人心。颜回端拱,还目而窥之。仲尼恐其广己而造大也,爱己而造哀也,曰:"回,无受天损易,无受人益难。无始而非卒也,人与天一也。夫今之歌者其谁乎?"

回曰:"敢问无受天损易。"仲尼曰:"饥渴寒暑,穷桎不行,天地之行也,运化之泄也,言与之偕逝之谓也。为人臣者,不敢去之。执臣之道犹若是,而况乎所以待天乎!"

"何谓无受人益难?"仲尼曰:"始用四达,爵禄并至而不穷,物之所利,乃非己也,吾命有在外者也。君子不为盗,贤人不为窃。吾若取之,何哉!故曰:鸟莫知于鷾鸸,目之所不宜处,不给视;虽落其实,弃之而走。其畏人也,而袭诸人间,社稷存焉尔。”

“何谓无始而非卒?”仲尼曰:“化其万物而不知其禅之者,焉知其所终? 焉知其所始? 正而待之而已耳”。

“何谓人与天一邪?”仲尼曰:“有人,天也;有天,亦天也。人之不能有,天性也。圣人晏然体逝而终矣。”

“槁木”谓几也。“槁枝”谓杖也。知槁木为几者,以“据”字知之。知槁枝之为杖者,《大宗师》云:“师旷之枝策也。”枝策即杖,以是知之。盖以杖叩地而歌也。“焱氏之风”,与《天运篇》言“焱氏之颂”同。“焱氏”,或云即炎帝神农氏,未敢定,要之古圣王之号也。本或作猋,其为讹字无疑,故据《天运篇》改正。“无其数”者,凡乐器修短大小皆有数度,此不成器,是无数也。“无宫角”者,歌不中律,如子桑之歌有不任其声者,见《大宗师篇》故曰“无宫角”,举宫与角以概五声也。“犁然”犹厘然,言条理分明也。“当于人心”,中于人心也。<small>中读去声。</small>

“端拱”,端立而拱手也。“还”读如旋。“还目”犹转目。“窥之”者,闻其声而更欲察其意也。“广己”谓自宽。宽则自放,故曰“造大”。“造”者造作。《马蹄篇》曰:“一而不党,命曰天放。”放不出之于天,而强自开拓,是“造大”也。“造哀”亦然。孔子告子夏以“五至”,曰:“志之所至,诗亦至焉;诗之所至,礼亦至焉;礼之所至,乐亦至焉;乐之所至,哀亦至焉。”<small>详见《小戴礼记·孔子闲居篇》</small>以“哀至”为五至之终者,哀则敛,敛则藏,哀所以返其本也。然而造作为之,则亦自戕而已。孔子恐颜子堕此二失,所以告之以天人之故也。“爱己”犹言贵己、重己,亦非爱惜其身之谓。注家率以常情测之,殆非本书之旨也。

曰“回”者,呼其名而语之。“无受天损”,谓困于陈、蔡而不变。此眼前之事,知颜子已能之,故曰“易”。“无受人益”,“益”如《德充符篇》末言“益生”之“益”,非性分所本有,而用人力以加之,是谓之“人益”。如“造大”、“造哀”皆益也,岂仅爵禄功名之来自身外者哉! 此则疑颜子或有所未能,故曰"难"。"无始而非卒",《齐物论》所谓"方生方死",言造化之无一息之停也。"人与天一",《应帝王》所谓"与造物者为人",言人而合于天也。"夫今之歌者其谁乎?"发此一问,欲颜子当下体勘是人是天,正吃紧语,读者试以南郭子綦论天籁、人籁之意,通之于此,亦可思过半也。

"敢问无受天损易",唐写本无"易"字,后"何谓无受人益难",亦无"难"字。观下文但说"无受天损"、"无受人益"义,于"难"、"易"义无一字道及,疑唐写本无者是也。然今本行之已久,"难"、"易"字存之亦无大碍,因仍其旧,不便臆删,姑述其所疑,以俟识者择焉。"穷桎"之"桎"与"窒"通,谓塞也。"不行"犹不通也。"运化"之"化",各本皆作"物",惟陈碧虚《阙误》引江南古藏本作"化"。案:"天地之行"与"运化之泄"为对文,天地以形体言,运化以功用言,"运"者运转,"化"者变化,义正相当。今改"化"为"物","物"与"运"义既不相属,且下文言"泄","泄"者发泄,惟运转变化可以言泄,若物则固定而有迹,覩体可见,何言泄耶!以是知作"化"义长,而作"物"义悖,故断从古藏本作"化"也。"言与之偕逝之谓也",此正答"无受天损"之问。若曰"无受天损"者,言与之偕逝之谓也,则"言"字自当从本训,为言说之言。《释文》用毛公《诗传》之训,曰:"言,我也。"通《庄子》全书,无有以"言"为"我"者,大非也。"与之偕逝",谓顺从而不逆也,故下以人臣事君为况。"不敢去之",谓不敢违之也。《说文》:"去,人相违也。"又《礼记·表记》:"事君三违而不出境。"郑注曰:"违犹去也。"《论语》"违之,之一邦"注同。以此知"去"为违义,非曰离去也。

"始用",始见用于世也。"四达",无往而不通也。通者穷之反。故接曰"爵禄并至而不穷"。"并至"者,连至也。"物之所利乃非己"者,言仕而达,可因以利物,其利在物,若于己则一无关涉也。何也?"吾命有在外者也","命在外"者,非吾自操之。《缮性篇》云:"轩冕在身,非性命也,物之傥来寄也。"犹是意也。"君子不为盗,贤人不为窃”，则又推广而言之。凡非己性分之所有，取诸外而益之，皆谓为盗窃，非专指盗窃禄位说也。“吾若取之，何哉！”犹云吾若何取之哉。“若何”即如何。“不取”则不受矣。“鷾鸸”已见上。“目之”犹见之。“不宜处”，不可止也。“不给视”，不暇视也。“落”通络，《秋水篇》“落马首”，以落为络，此云“落其实”，正与彼同。络者，谓包抄而获之。“实”如《易·颐卦》“自求口实”之实。燕以飞虫为食，而不食果，故知实不得为果实，而落亦不得为坠落也。“弃之走”者，为避祸而畏人也。“袭”，因也。因，托也。畏人而托诸人间。“社稷存焉尔”者，借燕喻人，人非国无以自保，即不能去国而独生，故曰“社稷存焉”，盖承上执臣之道一意说下，意在人不在燕也。或有以为燕筑巢于社稷，如栎社树之寄于社以得全者。不知古社稷之祀但有坛场，惟亡国之社则屋之。无屋，燕之巢将筑于何所邪？至郭子玄以《庚桑楚》之“社而稷之”说此，意尤迂曲难解，其谬固不待详辨而可知也。

“化其万物而不知其禅之者”，“禅”即《寓言篇》“万物以不同形相禅”之禅，谓更代也。顾此不曰其万物化，而曰“化其万物”者，若言万物化，则是万物各自为化，不相统一。言“化其万物”，则万物悉此一化之所鼓荡。物虽有万，化只一源。所以下文可云“人与天一”也。此文虽传于庄子之门人，而其来必有所本，不独义精，辞亦严核，因特点出，以见孔、颜授受之际，其微言奥旨，因庄书而传者，固不少也。“正而待之”，谓守正以待其变也。

“有人”，谓人事之变。“有天”，谓天道之行。是皆天也，而非人之所能与，故曰“人之不能有”。“不能有”者，不能得而把握之也。虽不能得而把握，然天非在外也，亦只在人性分之中，故又曰“天性也”。夫“人与天一”，惟知性、知天而后能一之，故此“天性也”三字，实为此一段文字之肯綮。自注家失其句读，合“人之不能有天性也”八字为句，而义亦失矣，兹故厘而正之。“圣人晏然体逝而终矣”，“体”者，体此性也。体此性，亦即体此天。天常行而不息，体之者亦常行而不息，故曰

"体逝"。"终"者,返其始也。"晏然",安然也。

　　庄周游乎雕陵之樊,睹一异鹊自南方来者,翼广七尺,目大运寸,感周之颡,而集于栗林。庄周曰:"此何鸟哉?翼殷不逝,目大不睹。"褰裳躩步,执弹而留之。睹一蝉,方得美荫而忘其身;螳螂执翳而搏之,见得而忘其形;异鹊从而利之,见利而忘其真。庄周怵然曰:"噫!物固相累,二类相召也。"捐弹而反走。虞人逐而谇之。庄周反入,三日不庭,蔺且从而问之:"夫子何为顷间甚不庭乎?"庄周曰:"吾守形而忘身,观于浊水,而迷于清渊。且吾闻诸夫子曰:'入其俗,从其俗。'今吾游于雕陵,而忘吾身,异鹊感吾颡。游于栗林,而忘真,栗林虞人以吾为戮。吾所以不庭也。"

　　"陵",大阜,"雕"其名也。"樊",古野字,本或作"樊",今各本皆用之。樊,藩也。园或有樊,然可言游于园,不得言游于樊,且下云"睹一异鹊自南方来",于野得见之,若于樊内则不得见也,故断从"樊"字为正。"异鹊",鸟之似鹊者,非鹊也,故曰"异鹊"。"翼广七尺",翼之长也。"目大运寸",目之大也。王念孙云"运寸犹径寸",是也。"感"借作撼,触也,撞也。"颡"读桑上声,额也。

　　"此何鸟哉"三句,怪之之辞。"殷",大也。"不逝",司马彪注云"曲折曰逝",不曲折,谓不知避让,以故感周之颡也。"褰"借作褰。"褰裳",提其裳也。"躩"如《论语·乡党篇》"足躩如也"之躩。"躩步",谓躩足而行,不欲惊动之;或注云疾行,非也。"留之",伫伺其便也。

　　"翳",螳臂,前有锯齿,其形有似于舞者所执之翳,故亦名为翳也。"搏",击也。"忘其真",指不逝、不睹言。能逝能睹,其本真也。今见利而不逝不睹,是忘其真也。"怵然"犹惕然。"噫",叹辞。"物固相累"，谓蝉累于美荫，螳螂累于蝉，而异鹊复累于螳螂也。"物"，外物也。"二类相召"，谓利之与害，祸之与福。利召害，福召祸，利与害为类，福与祸为类，推之，乐之与苦，喜之与忧，皆然。二类者，相反而成为类也。

"虞人"，盖掌栗林者。《周官·地官》所谓"山虞"是也。"谇"，詈也。司马彪注云："以周为盗栗也。"以周为盗栗，故从而詈之。"谇"本又作讯，讯与谇同。《诗·陈风》"歌以讯之"，即歌以谇之也。郭注以谇为问，《释文》以讯为问，并失之。

"反入"，归而入其室处也。"庭"，直也。"不庭"，不直，犹不快也。"三日"，一本作"三月"。下文蔺且问："夫子何为顷间甚不庭乎?"若三月之久，则不得为"顷间"矣，足知"三月""月"字乃"日"字之讹，作"日"为正也。"蔺且"，周弟子名也，"且"，读如穰苴之苴。

"守形"，与《在宥篇》"神将守形"之"守形"同。静知守形，而动则忘身，故曰"守形而忘身"。"形"亦就己身言，观上云螳螂"见得而忘其形"可见。王先谦《集解》谓"守物形而忘己之身"，误也。"观于浊水"句，为譬喻之辞，言于惑者知鉴，而于不惑者反迷也，盖所以自责者深矣。"闻诸夫子"，此"夫子"，周自称其师也。"入其俗，从其俗"，如古诗云："君子防未然，不处嫌疑间。瓜田不纳履，李下不整冠。"栗林所在，必亦有其禁。今周不知嫌，而褰裳躩步，致犯虞人之疑，则不明其俗之过也，故引此言说之。《曲礼》曰"入国而问禁，入竟而问俗"，是固礼之所宜守也。

"今吾游于雕陵，而忘吾身，异鹊感吾颡"，向以感颡归过于鹊，今则以感颡归过于己者，鹊不避己，己独不可避鹊乎! 反身原物，此真平恕之道也。"游于栗林而忘真，栗林虞人以吾为戮"，"忘真"，忘其灵明之真性也。此节两言"忘真"，上就鹊言，尚轻，尚是陪位；此就己言，则重，则是主旨所在。盖"真"即真君真宰之真。人之得为真人者，以此真知也，此而忘之，何恃而游于人间之世哉! 故郑重而申言之，读者幸勿忽焉。"戮",辱也。"以吾为戮",谓受辱于虞人也。大抵人情有所著必有所忽,而祸即生于所忽之中,如见近而遗远,见小而遗大,反之见远而遗近,见大而遗小,即皆蔽也。惟葆其灵明者,可以无蔽。观于此文,庄子之旨远矣。

　　阳子之宋,宿于逆旅。逆旅人有妾二人,其一人美,其一人恶,恶者贵,而美者贱。阳子问其故,逆旅小子对曰:"其美者自美,吾不知其美也;其恶者自恶,吾不知其恶也。"阳子曰:"弟子记之!行贤而去自贤之行,安往而不爱哉!"

　　"阳子",杨朱也,详见《应帝王篇》注中。"逆旅",客舍。"逆旅人",客舍主人也。后云"逆旅小子",则因其年少而目之,其实一也。"恶",丑也。"恶者贵而美者贱",丑者见爱,而美者见斥也。对曰"美者自美",自以为美则骄亢,骄亢则招憎,美为憎掩,故不知其美。"恶者自恶",自知其丑则谦和,谦和则得怜,恶为怜掩,故不知其恶也。"行贤","行"读平声。"自贤之行","行"读去声。"去自贤之行"者,无自矜其贤之心,则见于外者自无炫其贤之为也。"安往而不爱",言无往而不见爱重也。

　　首节云"弟子志之,其唯道德之乡乎!"此节云"弟子记之,行贤而去自贤之行,安往而不爱哉!"文正相对,盖欲乡于道德,必自不满不矜始。所谓不材者,正谓不自见其材也。故全篇以此节终焉。

田子方第二十一

此篇十一节，多深彻道体之言，盖与内篇《德充符》、《大宗师》为近，读者要在神会，若索于文字之间，则失之远矣。韩愈以为田子方之后流而为庄周，子方出卜子夏之门，以是见孔子之道大而能博，至其后，原远而末益分。见韩集《送王埙秀才序》退之据此篇，谓庄子之学出于子方，自是孤证不足信。然其言庄子渊源自孔子，则不得不谓之卓见，惜乎未深考也。

田子方侍坐于魏文侯，数称溪工。文侯曰："溪工，子之师邪？"子方曰："非也，无择之里人也。称道数当，故无择称之。"文侯曰："然则子无师邪？"子方曰："有。"曰："子之师谁邪？"子方曰："东郭顺子。"文侯曰："然则夫子何故未尝称之？"子方曰："其为人也真，人貌而天，虚缘而葆真，清而容物。物无道，正容以悟之，使人之意也消。无择何足以称之！"子方出，文侯傥然终日不言，召前立臣而语之曰："远矣，全德之君子！始吾以圣知之言、仁义之行为至矣，吾闻子方

366

之师，吾形解而不欲动，口钳而不欲言。吾所学者，直土梗耳，夫魏直为我累耳！"

"魏文侯"名斯，梁惠王罃之祖也。《史记·魏世家》云："太子击逢文侯之师田子方于朝歌，引车避，下谒。"击后立为武侯又载李克之言曰："东得卜子夏、田子方、段干木，此三人者，君皆师之。"是子方为文侯之所尊礼，故《释文》引李颐注云："子方，魏文侯师也。"子方自称曰"无择"，则"无择"名而"子方"字。"择"古与斁通。《孝经》"口无择言"，即口无斁言也。故此"择"当读如斁，当故反。"数"音朔，屡也。"溪工"，人名。"里人"，言所居同里也。"称道"之"道"，与孟子"道性善"之"道"同。"称道"犹称说也。"当"读去声，中也，谓中于理。

"东郭"以所居为氏，犹南郭子綦之号南郭也，"顺"其字。曰"顺子"，则子方之称之也。"其为人也真"，即《大宗师》之所云"真人"也。"人貌而天"，即《德充符》之所云"有人之形，无人之情，警乎大哉，独成其天"也。"虚缘"者，缘于虚。"葆真"者，葆其真也。此文真、天、真为韵。俞氏樾读"虚"字上属，以"天虚"与"人貌"为对文。如是，则"缘"成单辞，文义不完，大非也。《养生主》云："缘督以为经。"《庚桑楚》云："有为也欲当，则缘于不得已。"统《庄子》全书，未有专用一"缘"字成文者。惟"葆真"故清，惟缘虚故能容物。"清而容物"，是于物无迕也。"物无道，正容以悟之，使人之意也消"，则物亦自不与我迕。言"正容以悟之"，如孟子云"大人者正己而物正"，谓不假辞说也。"使人之意消"者，如孟子云"君子所过者化，民日迁善而不知为之"者，谓诚之所感也。其德如此，非善言德行者不能状述，故曰"无择何足以称之！"

"傥然"犹悦然，已见前注。"前立臣"，当时侍前之臣也。"全德之君子"，称东郭顺子。"远矣"者，言其不可企及也。"圣知"之"知"读如智。"行"读去声。"形解而不欲动"，即所谓傥然。"解"者解散，犹言松弛也。"钳"同拑。"口钳"，谓如有物拑其口，不得张也。"土梗"犹土苴。"所学直土梗耳"，悔其向之所学至粗至陋，于道无当也。又言

367

"夫魏真为我累"者,此与尧见四子藐姑射之山窅然丧其天下意同。
"所性不存",语见《孟子·尽心篇》则自觉为累耳。

　　温伯雪子适齐,舍于鲁。鲁人有请见之者,温伯雪子曰:
"不可。吾闻中国之君子,明乎礼义,而陋于知人心,吾不欲
见也。"至于齐,反舍于鲁,是人也又请见。温伯雪子曰:"往
也蕲见我,今也又蕲见我,是必有以振我也。"出而见客,入而
叹。明日见客,又入而叹。其仆曰:"每见之客也,必入而叹,
何邪?"曰:"吾固告子矣:中国之君子,明乎礼义,而陋于知人
心。昔之见我者,进退一成规,一成矩,从容一若龙,一若虎。
其谏我也似子,其道我也似父,是以叹也。"仲尼见之而不言。
及出,子路曰:"吾子欲见温伯雪子久矣,见之而不言,何邪?"
仲尼曰:"若夫人者,目击而道存矣,亦不可以容声矣。"

　　"温",姓,称"伯"者,伯,长者之号也,"雪",其字。"温伯"称"雪
子",犹东郭称顺子。"子"者,人之称之也。成疏以伯为名,而以"雪
子"二字为字,误也。温伯雪子,疑《庄子》托为之名。"温"言其和,
"雪"言其清,皆所以表德,未必实有其人也。言"适齐,舍于鲁"者,见
其自南方来。南,离明之象也,故曰"吾闻中国之君子,明乎礼义而陋
于知人心"。礼义者德之末,而心则其本也。"陋"犹浅也。明于末而
浅于知本,是非明也。"中国",谓当时东起鲁、西至周一带之地,故孟
子亦言"陈良悦周公、仲尼之道,北学于中国"。疏以为中国专指鲁言,
亦误也。

　　"舍",过宿也。"蕲"同祈,已见《消摇游》注。"振"如振兴之振。
"振我",谓将有以兴起我也。"叹"者,叹客之娴于礼义。进退成规成
矩,从容若龙若虎,是仪容之娴也;谏我似子,道我似父,是辞令之娴
也,皆礼义之类也。"道"与道同,谓训道也。缕缕叙此者,凡所以反起

下文仲尼之"见之而不言"也。见之不言,不待于言也,故曰"若夫人者,目击而道存矣,亦不可以容声矣"。"击"犹触也,谓目触之而道已在此,根上文"见之"言。"目击"之者,孔子之目击之也。司马彪注云:"见其目动而神实已著。"以目击属温伯雪子,说失之。"不可以容声"之"容",如《应帝王》"无容私"之"容",言其间不能有所羼杂;若羼杂以声音言语,则即失其实矣。此根上文"而不言"言。郭注云:"无所容其德音。"以"无所"易"不可"字,意反失之轻与浅矣。

颜渊问于仲尼曰:"夫子步,亦步;夫子趋,亦趋;夫子驰,亦驰;夫子奔逸绝尘,而回瞠若乎后矣。"夫子曰:"回,何谓邪?"曰:"夫子步,亦步也;夫子言,亦言也;夫子趋,亦趋也;夫子辩,亦辩也;夫子驰,亦驰也;夫子言道,回亦言道也;及奔逸绝尘,而回瞠若乎后者,夫子不言而信,不比而周,无器而民滔乎前,而不知所以然而已矣。"

仲尼曰:"恶!可不察与!夫哀莫大于心死,而人死亦次之。日出东方,而入于西极,万物莫不比方,有目有趾者,待是而后成功,是出则存,是入则亡。万物亦然,有待也而死,有待也而生。吾一受其成形,而不化以待尽,效物而动,日夜无隙,而不知其所终;薰然其成形,知命不能规乎其前,丘以是日徂。吾终身与女,交一臂而失之,可不哀与!女殆著乎吾所以著也。彼已尽矣,而女求之以为有,是求马于唐肆也。吾服女也甚忘,女服吾也亦甚忘。虽然,女奚患焉!虽忘乎故吾,吾有不忘者存。"

"步"、"趋"以自行为喻,"驰"与"奔逸"以车行为喻。"绝尘",则以见奔逸之疾,犹舟行言破浪也。"瞠",音撑,张目直视也。"瞠若"犹瞠然。"后",落后也。后世言望尘莫及,盖本乎此。"不言而信",《中庸》

亦有是言,谓不假辞说,而人自信服之也。"不比而周","周",周浃,谓不待亲比,而人情意自周浃也。"器",如成二年《左传》"唯器与名不可以假人"之器,谓禄位也。"滔"如《书·尧典》"浩浩滔天"之滔,犹言拥也。"无器而民滔乎前",与《德充符》"无君人之位以济人之死,无聚禄以望人之腹,且而雌雄合乎前"义同。各本"滔"有作蹈者,传写者臆改,非其本也。"不知所以然",言发乎自然,如《大雅·皇矣篇》云"不识不知,顺帝之则"也。此段宜与《论语》"颜渊喟然叹曰:仰之弥高,钻之弥坚"一章合看。见《子罕篇》彼下"喟然"字,此言"瞠若",皆传神之笔,最耐玩味者也。

"恶",叹声,一字句,亦不然之辞。孟子曰:"恶,是何言也!"是也。此不然者,不然颜回"亦步"、"亦趋"、"亦驰"之云也,观后"女殆著乎吾所以著也"语可见。盖规规而为之,则执著拘滞,失夫天理流行自然之妙,非所谓活泼泼地者,故曰"哀莫大于心死,而人死亦次之"。此"死"非澌灭之谓,亦言其不活而已。

"日出东方"以下,设喻以明之。"万物莫不比方"者,"比"犹从也。"方",方向,谓从日之所向也,如葵藿向日即其比也。"有目有趾者",指人言。"待是而后成功",谓待日以成其事功。《尚书·无逸篇》曰:"文王卑服即康功田功。"细之则田功,大之则康功,是皆功也。"是出则存,是入则亡",此"存"、"亡"与孟子引孔子之言"操则存,舍则亡"同。"存"者功得,"亡"者功丧,谓随日之出入而功有得丧也。旧注以存亡解作生死者,非。"万物亦然,有待也而死,有待也而生",三句当作一气读。此方说及生死。谓万物死生,其有所待,亦如待日而成功者然。此所待,盖谓造化也。

"吾一受其成形,而不化以待尽",此言"不化",与《齐物论》言"一受其成形,不亡以待尽"为义迥别。彼就常人分上说,故曰"不亡以待尽",以常人执此身为常,因破之曰:自以为不亡,而不知实则待尽耳;此孔子就己分上说,虽亦待尽,而却有其不化者存,故曰"不化以待尽"。此云"不化",正与文末"女奚患焉! 虽忘乎故吾,吾有不忘者存"
意相照射。向来注者率与《齐物论篇》一例作解,失之甚也。"效物而
动",即《齐物论》"物化"之意,亦即《应帝王》"顺物自然而无容私"之
说,如孟子说舜"象忧亦忧,象喜亦喜"正如此。盖惟无我之至,而后能
与造化同流,有此境地,非泛语也。"日夜无隙"至"知命不能规乎其
前",言造化之无息,此当与《论语·子罕篇》"子在川上曰:逝者如斯
夫,不舍昼夜"章参看。"不知其所终",无终也。"知命不能规乎其
前",无始也。"规",测度。"薰然",言生机也。"丘以是日徂",与之偕
逝之谓也。天道无息,圣人之功亦无息。《中庸》曰:"《诗》云:'维天
之命,於穆不已',盖曰天之所以为天也,'於乎不显,文王之德之纯',
盖曰文王之所以为文也,纯亦不已。"夫文王如是,孔子何独不然!

"吾终身与女"句。罗勉道曰:"与,即'吾无行而不与二三子'之
与。"是也。"交一臂而失之",如俗云当面错过,此对"奔逸绝尘,回瞳
乎其后"言。"可不哀与!"所以惜之也。"彼",指"吾所以著"言,即大
化之自然也。"已尽"者,化一过而不留也。"求之以为有",是所谓著。
"肆",马肆。"唐"如荒唐之唐,谓空也。"服",服习。"忘",如"鱼相忘
于江湖,人相忘于道术"之忘。《大宗师篇》有云:"相与于无相与,相为
于无相为。"是所谓"甚忘"也。"忘乎故吾",谓日新也。日新则无息,
故曰"吾有不忘者存"。

孔子见老聃,老聃新沐,方将被发而乾,慹然似非人。孔
子便而待之,少焉,见,曰:"丘也眩与,其信然与? 向者先生
形体掘若槁木,似遗物离人而立于独也。"老聃曰:"吾游心于
物之初。"孔子曰:"何谓邪?"曰:"心困焉而不能知,口辟焉而
不能言,尝为女议乎其将。至阴肃肃,至阳赫赫;肃肃出乎
天,赫赫发乎地;两者交通成和而物生焉,或为之纪,而莫见

其形。消息满虚,一晦一明,日改月化,日有所为而莫见其功。生有所乎萌,死有所乎归,始终相反乎无端,而莫知乎其所穷。非是也,且孰为之宗!"

孔子曰:"请问游是。"老聃曰:"夫得是,至美至乐也。得至美而游乎至乐,谓之至人。"孔子曰:"愿闻其方。"曰:"草食之兽,不疾易薮;水生之虫,不疾易水;行小变而不失其大常也,喜怒哀乐,不入于胸次。夫天下也者,万物之所一也。得其所一而同焉,则四支百体,将为尘垢,而死生终始,将为昼夜,而莫之能滑,而况得丧祸福之所介乎!弃隶者若弃泥涂,知身贵于隶也,贵在于我,而不失于变。且万化而未始有极也,夫孰足以患心已!为道者解乎此。"孔子曰:"夫子德配天地,而犹假至言以修心,古之君子,孰能脱焉?"老聃曰:"不然。夫水之于汋也,无为,而才自然矣。至人之于德也,不修,而物不能离焉。若天之自高,地之自厚,日月之自明,夫何修焉!"

孔子出,以告颜回,曰:"丘之于道也,其犹醯鸡与!微夫子之发吾覆也,吾不知天地之大全也。"

"被发"即披发也,故被衣亦作披衣,知其字同矣。"乾"或作干,谓燥也,字亦通。"慹然",不动貌,司马彪注是也。《齐物论》"慮叹变慹",以慹与变对文,慹者不变,不变即不动也。"非人",《养生主》所谓:"天也,非人也,天之生是使独也。"故下文孔子以"遗物离人而立于独"言之,而老聃亦自言为"游心于物之初"。"物之初",不与物对,故谓之曰"独"。"独"者,绝对待之谓也。《传灯录》百丈怀海示人曰:"灵光独耀,迥脱根尘。"彼云"独耀",亦是义也。"便而待之","便"借为屏,去声谓屏蔽于隐处,不欲使老聃见之也。"少焉见""见"字句绝,音现。"掘若槁木",与《齐物论》颜成子游问"形固可使如槁木"义同。"掘"与倔通,独立貌也。

"辟"同闢。"口辟",口开而不合也。"议乎其将",不能知而欲知之,不能言而欲言之,故曰"议乎其将"。"将"者,且然而未必然之辞,犹《知北游篇》云"将为女言其崖略"也。"肃肃",阴之缩也。"赫赫",阳之显也。"肃肃出乎天",阴根于阳也。"赫赫发乎地",阳根于阴也。故曰"交通成和"。"物生焉"者,物生于和,《中庸》所谓"致中和,天地位而万物育"也。"或为之纪","纪"谓纲纪之纪。纪之者,即彼在夫物之初者也。"满虚",疑本作"盈虚",汉人避孝惠帝讳所改。《易·丰卦彖辞传》曰:"天地盈虚,与时消息。"汉荀爽以消息说《易》,盖据乎此。"晦"、"明"犹阴阳也。"日改月化",言其新新不已,即乾之不息,坤之无疆也。"萌",始也。"始终相反乎无端",《易·系传》所谓"原始反终,故知死生之说",是以曰"生有所乎萌,死有所乎归"也。此一段全本《大易》以为说,不通乎《易》,未能明也。"莫见其形","莫见其功","莫知其所穷",并申言心困而不能知、口辟而不能言之由。"非是"之"是",指"物之初"言。若以《易》明之,则所谓《易》有"太极"者,故曰:"非是也,且孰为之宗!""宗"即《大宗师》之宗,谓主也。

"愿闻其方",愿闻其道也。"薮",薮泽,草生之地也。"疾"犹患也。"易"犹移也。"小变"者,下文所谓"死生终始"、"得丧祸福"也。"大常"者,下文所谓"天下也者,万物之所一"也。夫死生亦大矣,而此云"小变"者,对大常言。常为大,则死生之变为小矣。《德充符篇》仲尼曰:"死生存亡,穷达贫富,贤与不肖毁誉,饥渴寒暑,是事之变,命之行也,日夜相代乎前,而知不能规乎其始者也,故不足以滑和,不可入于灵府。"此老聃云"喜怒哀乐不入于胸次",又曰"夫天下也者,万物之所一也。得其所一而同焉,则四支百体将为尘垢,而死生终始将为昼夜,而莫之能滑,而况得丧祸福之所介乎"。"滑"即滑和,义盖无不同也。"得其所一而同",犹《大宗师》言"藏天下于天下而不得所遯"。

373

遯,失也。故此继云"贵在于我而不失于变"。"不失于变"者,不以变而失之也。此曰"大常",《大宗师》曰"是恒物之大情",一也。"隶",属也。凡隶于一身者,若宫室货财之属皆是,如恒言所谓"身外之物",不必指仆隶言也。"若弃泥涂",言贱视之也。"未始有极",未始有穷也。"夫孰足以患心已",至"已"字绝句,或有以"已"字连下"为道者解乎此"读之,非也。

"至言",承上"至人"而言,谓至美至乐之言也。"假至言以修心",谓其有待于修为也。"脱",免也。老聃曰"不然"者,有修则有对,有对则有变,非所谓独与大常之道也。"汋"犹酌也,酌酒则从酉作酌,酌水则从水作汋。《音义》李云"取也",是也。水之所在,人自酌取之,犹德之所在,物自不能离焉,故曰"无为而才自然矣"。"才自然"者,水之才本所以供饮食也。"不修而物不能离",见有修则物或有离之者矣。"醯鸡",醯上所生之飞虫也,酒亦有之,盖蠛蠓之类。"覆"犹蔽也。发覆谓祛其蔽。"大全"即大常。对变言曰常,对曲言则曰全也。

庄子见鲁哀公。哀公曰:"鲁多儒士,少为先生方者。"庄子曰:"鲁少儒。"哀公曰:"举鲁国而儒服,何谓少乎?"庄子曰:"周闻之:'儒者,冠圜冠者知天时,履句屦者知地形,缓佩玦者事至而断。'君子有其道者,未必为其服也;为其服者,未必知其道也。公固以为不然,何不号于国中曰:'无此道而为此服者,其罪死!'"于是哀公号之。五日,而鲁国无敢儒服者,独有一丈夫,儒服而立乎公门。公即召而问以国事,千转万变而不穷。庄子曰:"以鲁国,而儒者一人耳,可谓多乎?"

"鲁哀公",见前《德充符篇》。庄子与梁惠王、齐威王同时,后于哀公殆百二十年,此云"见鲁哀公",盖寓言也。下云,"以鲁国而儒者一人耳","一人"意指孔子。上节近于贬抑孔子,故此节特张大之,而亦

隐寓所愿则学孔子之微意。"冠圜冠",上"冠"读去声,"圜"同圆。冠
圆象天,故曰"知天时"。"句"音矩,方也。屦方象地,故曰"知地形"。
"玦"似环而有缺,义取于决,故曰"事至而断"。佩言缓者,"缓"者宽绰
有余之义。断宜果决,而事之未至,则当从容暇豫以处之,是乃宽急相
济之道,故特以"缓"言之。或改作绶,而以绶之穿玦者释之,失其旨
矣。"号",号令也。"千转万变而不穷",言其应对如响,是所谓知天、
知地、事至而断者也。

　　百里奚爵禄不入于心,故饭牛而牛肥,使秦穆公忘其贱,
与之政也。有虞氏死生不入于心,故足以动人。宋元君将画
图,众史皆至,受揖而立,舐笔和墨,在外者半。有一史后至
者,儃儃然不趋,受揖不立,因之舍。公使人视之,则解衣般
礴赢。君曰:"可矣,是真画者也。"

　　此承前"喜怒哀乐不入胸次"言。列举三事,自爵禄以至死生,以
见能应物者,皆其超然于物与一身之得失者也。

　　百里奚相秦穆公,见《春秋左氏传》。孟子言百里奚举于市,《史记·
商君传》有"百里奚举于牛口之下"之语,则奚饭牛之事固亦有之。而
刘向《说苑》记其对秦穆公:"牛所以肥,谓食之以时,劳之以节。"所语
尤详,可以参看。

　　"有虞氏",谓舜也。以死生言者,盖指瞽瞍与象欲杀舜、完廪浚井
之事,见《孟子·万章篇》。"动人"者,《书》所云"克谐以孝,烝烝乂,不
格奸",及"瞽亦允若"是也。

　　"宋元君"名佐,平公之子,亦见杂篇《外物》。"画图",当是画为宫
室之图。成玄英疏谓"欲画国中山川土地图样",疑不然也。"史"即画
师也。"受揖而立",古者臣拜,君以揖答之。"立"谓就位。"立"本古
"位"字也。"舐笔",以唾润笔。"舐笔和墨",言其急于自见也。"在外

者半"，言画师之众，以反见能者之少也。"儃儃"犹坦坦，舒缓貌也。古者受君命必趋，此不趋者，言其宁静而退让也，故不就位而之舍。"舍"，馆舍也。"般"，字亦从衣作褩。以字义求之，"般礴"当即解衣之状，故接云曰"羸"。"羸"与裸同，谓袒也。袒者便于执事，于礼有之，非形倨也。司马彪注以"般礴"为箕坐，旧皆从之。然以箕坐用于解衣与裸袒之间，于辞为不顺；且在馆舍，亦无箕坐之理，兹故正之。"是真画者"，元君可谓能知人矣。故当时元君以明慧闻于列国，盖有由也。

文王观于臧，见一丈人钓，而其钓莫钓，非持其钓有钓者也，常钓也。文王欲举而授之政，而恐大臣、父兄之不安也；欲终而释之，而不忍百姓之无天也。于是旦而属之夫夫曰："昔者寡人梦见良人，黑色而頿，乘驳马而偏朱蹄，号曰：'寓而政于臧丈人，庶几乎民有瘳乎！'"诸大夫蹴然曰："先君王也。"文王曰："然则卜之。"诸大夫曰："先君之命，王其无它，又何卜焉！"遂迎臧丈人而授之政。典法无更，偏令无出。

三年，文王观于国，则列士坏植散群，长官者不成德，斔斛不敢入于四境。列士坏植散群，则尚同也；长官者不成德，则同务也；斔斛不敢入于四境，则诸侯无二心也。文王于是焉，以为大师，北面而问曰："政可以及天下乎？"昧然而不应，泛然而辞，朝令而夜遁，终身无闻。颜渊问于仲尼曰："文王其犹未邪？又何以梦为乎？"仲尼曰："默，女无言！夫文王尽之也，而又何论刺焉！彼直以循斯须也。"

此节亦寓言也，盖借太公之事而文饰之。"丈人"，各本作丈夫，《释文》云："本或作丈人。"案：作"丈人"是也，兹改正。其称"臧丈人"者，"臧"之为言藏也，观后云"朝令而夜遁，终身无闻"可见。必欲求其地以实之，如成疏云"地近渭水"，迂矣。"其钓莫钓"，用表为无为之义。若有钓,则属有为矣,故曰"非持其钓有钓者也"。又曰"常钓"者,无为者常德,故云"常钓也"。注家或依王念孙说,谓"两其钓钓字,皆指钩言,当读为钩",实背书旨,不可从也。"终而释之",谓遂舍之。"无天",谓无所依仰。

"属"如《孟子·梁惠王篇》"太王属其耆老而告之"之"属",犹会集也。"夫夫",众大夫也。人之多数者曰"人人",大夫之多数者曰"夫夫",其用一也。"昔"与夕通。"昔者",昨夜也。"良人"犹君子也。《吕氏春秋》"良人请问十二纪",注云:"良人,君子也。"是也。"頯"与髯同,谓多髯。"驳马",马之杂色者。"偏朱蹄",一蹄赤也。"号",令也。"寓而政于臧丈人",谓托尔政于臧之丈人也。"瘳",病起,喻民困得苏也。"蹴然",惊动貌。"先君王",谓王季历,文王之父,故曰"先君王"也。"它"同他。"无他",谓无他疑。不疑何卜,故曰"又何卜焉!""授之政",以政授之也。"典法无更","更"读平声,不改旧宪也。"偏"借为篇,唐写本即作篇。"篇令无出",不尚文诰也。

"观于国",观政于国中也。"植"如植党之植。"坏植散群",谓无私党,故曰"则尚同"也。此"尚同"与《墨子·尚同篇》义同,谓一致也。郭象注云"所谓和其光,同其尘",失之矣。"长官",谓各官之长。"长"读上声。"不成德",不自成其德,故曰"则同务也",如《尚书·皋陶谟》云"同寅协恭和衷"是也。"斞"如《论语》"与之庾"之庾。斞、斛皆量器,各国量不必同。"不敢入于四境",是诸侯信而畏之,故曰"则诸侯无二心也"。"大"读太。"以为大师",尊而师之也,故"北面而问"。《礼记·学记》曰:"君之所不臣于其臣者二:当其为尸,则弗臣也;当其为师,则弗臣也。大学之礼,虽诏于天子,无北面,所以尊师也。"是其制也。"政可以及天下乎?"欲由一国推之天下也。"昧然"犹嘿然。"泛然",与《德充符》"汜而若辞"之汜同,意不属也。"朝令夜遁,终身无闻",《养生主》所谓"善刀而藏"也。

"斯须",俄顷之间,喻几微也。"循斯须",谓察其几而顺应之,是乃圣哲之事,故曰"文王尽之也"。

列御寇为伯昏无人射,引之盈贯,措杯水其肘上,发之,适矢复沓,方矢复寓。当是时,犹象人也。伯昏无人曰:"是射之射,非不射之射也。尝与女登高山,履危石,临百仞之渊,若能射乎?"于是无人遂登高山,履危石,临百仞之渊,背逡巡,足二分垂在外,揖御寇而进之。御寇伏地,汗流至踵。伯昏无人曰:"夫至人者,上闚青天,下潜黄泉,挥斥八极,神气不变。今女怵然有恂目之志,尔于中也殆矣夫!"

"列御寇",见《逍遥游篇》。"伯昏无人",见《德充符篇》。"引",引弓。"盈贯",言满彀也。"肘",左肘。"措",置也。置杯水肘上,言其停审,能使水不倾也。"发之",发矢也。"适",《列子·黄帝篇》作镝,且引郭象注云:"箭镝去,复欱沓。"案:适矢、方矢,文正一律。各本《庄》注皆作"箭适去复欱沓"也。《列子》作镝,疑张湛误也。"适矢"之"矢",承上"发之"言,注云"矢去也",是也。"方矢"之"矢",承上"复沓"言。"沓",用朱韦为之,所以韬右手中三指,以利于控弦发矢者。此云"复沓",即谓以矢控于弦上,故郭注云"欱沓也"。"方矢"之"矢"自亦然,特易"沓"言"矢",正文之互相补也。"复寓",注云:"箭方去,未至的,复寄杯于肘上,言其敏捷之妙也。"其云"箭方去未至的"虽误,而以"寓"为寄杯肘上,则确然不移。宋范无隐《讲语》、罗勉道《循本》并以郭注为非,而谓"寓"者寓矢弦上。若然,则"寓"与"沓","适矢"之"矢"与"方矢"之"矢"奚以别乎?后之注家,或有从范、罗之说者,吾不敢苟同也。"象人"犹偶人。

"射之射",即上文所言。"不射之射",谓事有在于射之外,而其用则射所不能离者,观下文可知。成疏云"忘怀无心",《列子》张湛注"忘其能否",皆非其旨也。"尝",试也。"若"与女同。"逡巡",进退不得也。"足二分垂在外",言趾悬空中,下临深渊,危之至也。"揖御寇而进之",古射礼:耦射升降及物,必相揖,见《仪礼·乡射》及《大射仪》故此云然,以见无人之不改常礼,而从容暇豫为难能也。"伏地",不能立也;"汗流至踵",骇而不能自持也,以见御寇怖惧之极。

"阚"与窥同。"上阚青天",言凌虚也。"下潜黄泉",言绝深也。"挥"如指挥之挥。"斥"如拓斥之斥。"挥斥八极",言因应八方,纵横无不如志也。"神气不变",静定如无事也。"怵然"犹惕然。"眴"借为眴,读如瞬。"眴目",目动而无措也。"志"犹意也。"尔于中也殆矣夫","中"谓心也。不曰心而曰中者,以见御寇之射所务在外,未得其本也。

肩吾问于孙叔敖曰:"子三为令尹,而不荣华;三去之,而无忧色。吾始也疑子,今视子之鼻间栩栩然,子之用心独奈何?"孙叔敖曰:"吾何以过人哉!吾以其来不可却也,其去不可止也,吾以为得失之非我也,而无忧色而已矣。我何以过人哉!且不知其在彼乎?其在我乎?其在彼邪,亡乎我;在我邪,亡乎彼。方将踌躇,方将四顾,何暇至乎人贵人贱哉!"仲尼闻之,曰:"古之真人,知者不得说,美人不得滥,盗人不得劫,伏戏、黄帝不得友。死生亦大矣,而无变乎己,况爵禄乎!若然者,其神,经乎大山而无介,入乎渊泉而不濡,处卑细而不惫,充满天地,既以与人,己愈有。"

"肩吾",见前《消摇游》与《大宗师篇》。"孙叔敖",见《史记·循吏传》,楚庄王时为令尹。"令尹",楚相之称也。《循吏传》云:"三得相而不喜,知其材自得之也。三去相而不悔,知非己之罪也。"与此言"三为令尹而不荣华,三去之而无忧色"合。然《论语》:"子张问曰:令尹子文三仕为令尹,无喜色;三已之,无愠色。"子文为鬭榖於菟,实楚之宗族,见于《左传》;其为令尹,在楚成王时。又与叔敖之为处士者异。《史记》云:"孙叔敖,楚之处士也。"孟子亦言:"孙叔敖举于海。"可以互证。其为两人甚明。注家或混而一之,非也。

"始也疑子",疑其或出于伪饰也。"视其鼻间栩栩然",则《大宗师》所谓"真人其息深深"者,非真有以自得不能至此,故因以问其"用心"也。"栩栩然",轻适貌。息之深者必轻,轻则适也。

"其来"、"其去","其在彼"、"其在我",数"其"字皆指荣华言。荣华在令尹,则与我无与;荣华在我,则与令尹无与,故曰"其在彼邪亡乎我,在我邪亡乎彼"。"亡"者在之反,犹言不存也。"蹲蹲",徘徊。"四顾",瞻顾。徘徊瞻顾者,思所以称其职而尽其在我也。盖惟不自满假,惧无以称,故不以贵贱撄其心。观上两云"吾何以过人",及此两"方将"字与下句"何暇"字,叔敖用心之慎之勤,分明可见。若如郭注云:"谓无可无不可。"及成疏云:"蹲蹲是逸豫自得,四顾是高视八方。"则是叔敖深自矜诩,与"何以过人"之语相背驰矣。古人之注,多有貌若允洽,而实非精当者,毫厘之间,不可不辨也。

"知者不得说",非言辞所动也。"美人不得滥",非声色所移也。"盗人不得劫",非暴力所屈也。"伏戏、黄帝不得友",非帝王所可羁系也。"友"如"天子不得臣,诸侯不得友"之友。不言臣而言友者,友且不得,则不得臣不待言。此观下接云"死生无变乎己,况爵禄乎!"斯"友"字之义,固与寻常交友之友迥不侔矣。"其神经乎大山而无介","大"读同太。"介"读同界,无界犹无限,疏云"无障碍"是也。"入乎渊泉而不濡","不濡",不沾滞也。"处卑细而不惫","不惫",不困病也。"既以与人,己愈有",语本老子。老子云:"圣人不积,既以为人,己愈有。既以与人,己愈多。"盖为人、与人,即所以充廓其德之量,故曰"己愈有"、"己愈多"。老子云"不积",本自具足,不待积也。此云"神"不云"德"者,德之流行,固有待夫精神之运也。

楚王与凡君坐，少焉，楚王左右曰凡亡者三。凡君曰："凡之亡也，不足以丧吾存。夫凡之亡也不足以丧吾存，则楚之存不足以存存。由是观之，则凡未始亡，而楚未始存也。"

"楚王"不言何王，成玄英疏谓"楚文王与凡僖侯同坐，论合从会盟之事"，疏说不知何所依据。但细玩原文，此事自在凡国既亡之后。古者诸侯失国，托于诸侯，谓之寓公。见《孟子》与《礼·丧服传》凡君在楚，盖所谓寓公者，安得复有论及合从会盟之事乎！则疏说自是臆测，不可信也。僖二十四年《左传》有曰："凡蒋邢茅胙祭，周公之胤也。"《春秋》隐公七年："天王使凡伯来聘。"是时凡伯为王卿士，国固自在，其亡当在春秋中叶以后，其地则在今河南辉县西南，唐曾置凡城县。凡城，即以凡国得名者也。

"楚王左右曰凡亡者三"者，盖嫌楚王与亡国之君并坐，故数言之，以为王戒。郭注言有"三亡征"。曰"亡征"，则是国尚未亡，亦非也。"凡之亡也，不足以丧吾存"，所存者道，不关乎有国与否也。此言"存"，正与篇首孔子称温伯雪子"目击道存"语相应。道既不存，国亦虚国，故又曰"楚之存不足以存存"，而凡未始亡，楚未始存也。

知北游第二十二

"知"音智,明也,明则阳也。北方晦也,阴也。"知北游"者,明复于晦,阳潜于阴。《齐物论篇》所谓"知止乎其所不知",而老子"归根复命"之道也。《庄子》外篇之次,多经郭子玄改订,然外篇以是为殿,或仍因其旧文。北游,实与内篇《消摇游》首言"图南"相应。图南者离,乡明而治之象。乡明而治,语见《易·说卦传》。北游者坎,"不失其信"之符也。"不失其信",见《坎卦象辞传》。阴阳代用,坎离迭运,贞之则既济,通之则未济。《易》上经终于坎离,下经终于既、未济,故汉魏伯阳《参同契》曰:"《易》谓坎离。坎离者乾坤二用。"以《易》勘《庄》,以《庄》合《易》,参同之说,盖亦古义矣。

知北游于玄水之上,登隐弅之丘,而适遭无为谓焉。知谓无为谓曰:"予欲有问乎若:何思何虑则知道?何处何服则安道?何从何道则得道?"三问,而无为谓不答也。非不答,不知答也。

知不得问,反于白水之南,登狐阕之上,而睹狂屈焉。知

382

以之言也,问乎狂屈。狂屈曰:“唉! 予知之,将语若。”中欲言,而忘其所欲言。

知不得问,反于帝宫,见黄帝而问焉。黄帝曰:“无思无虑始知道,无处无服始安道,无从无道始得道。”知问黄帝曰:“我与若知之,彼与彼不知也,其孰是邪?”黄帝曰:“彼无为谓真是也,狂屈似之,我与女终不近也。”

夫知者不言,言者不知。故圣人行不言之教。道不可致,德不可至。仁可为也,义可亏也,礼相伪也。故曰:“失道而后德,失德而后仁,失仁而后义,失义而后礼。礼者,道之华,而乱之首也。”故曰:“为道者日损,损之又损之,以至于无为。无为,而无不为也。”今已为物也,欲复归根,不亦难乎! 其易也,其唯大人乎! 生也死之徒,死也生之始,孰知其纪! 人之生,气之聚也。聚则为生,散则为死。若死生为徒,吾又何患! 故万物一也。是其所美者为神奇,其所恶者为臭腐;臭腐复化为神奇,神奇复化为臭腐。故曰:“通天下一气耳。”圣人故贵一。

知谓黄帝曰:“吾问无为谓,无为谓不应我,非不我应,不知应我也。吾问狂屈,狂屈中欲告我而不我告,非不我告,中欲告而忘之也。今予问乎若,若知之,奚故不近?”黄帝曰:“彼其真是也,以其不知也;此其似之也,以其忘之也;予与若终不近也,以其知之也。”狂屈闻之,以黄帝为知言。

天地有大美而不言,四时有明法而不议,万物有成理而不说。圣人者,原天地之美,而达万物之理,是故至人无为,大圣不作,观于天地之谓也。今彼神明至精,与彼百化,物已死生方圆,莫知其根也,扁然而万物自古以固存。六合为巨,未离其内；秋豪为小，待之成体。天下莫不沈浮，终身无故；阴阳四时，运行各得其序。惽然若亡而存，油然不形而神，万物畜而不知。此之谓本根，可以观于天矣。

此一大段，夹叙夹议，一篇之旨在是，非分别观之不能明也。自"知北游于玄水之上"，至"黄帝曰：'彼无为谓真是也，狂屈似之，我与女终不近也'"，托为知与无为谓、狂屈、黄帝应对之辞，以明"知者不言，言者不知"之义，盖寓言之类，是叙也。于文当接下"知谓黄帝曰'吾问无为谓，无为谓不应我'"云云，而横插入"夫知者不言，言者不知"，以至"圣人故贵一"一段议论，此自庄子之言，非述黄帝之语，观叠下数"故曰"字可见。且其语皆本之老子，是则所谓重言者，故曰夹议夹叙也。至"狂屈闻之，以黄帝为知言"，文似尽矣，而复接云"天地有大美而不言"，至"可以观于天矣"一段，向来注家，胥莫不分"天地有大美"以下别为一节，不知言"大美不言"、"明法不议"、"成理不说"，乃承上"知者不言，言者不知"为说，而末云"此之谓本根"，亦即指点上文"欲复归根"归根之所在。使厘而为二，不独义不相通，且文亦不属矣，是皆不明古人之文有夹叙夹议之例，但循文字表面，求其界划，致有此失，今合而释之，达者必不以为非也。

"玄"即"玄同"、"玄德"之玄，语本于老子之"玄之又玄"，此与"白"对言，盖取黑为义。汉扬雄作《太玄》拟《易》，而其《解嘲》之作，则有"玄之尚白"之语，亦以"玄"与"白"对。又曰"知玄知默，守道之极"，即此意可知也。"玄水"，北也。"知"以水言者，知属于水也。"隐"之为言藏也。"弅"，坟起也。隐而坟起，言其充足自彰显也。以"丘"言者，即取蕴藏之义。"无为谓"，无所用其言说也。"服"如服膺之服。"何道"之"道"，谓行也。

"白"者玄之反，于方位为南，故曰"反于白水之南"。"狐阕"不言丘者，据上而言，从可知也。"阕"即《人间世》"瞻彼阕者，虚室生白"之阒,义取于开明。阒言"狐阒"者,狐者多疑之兽,惟能疑而后能明,明生于疑也。又丘者狐之所穴,故曰"狐阒"也。"狂屈"之"屈"一作诎。诎者不伸,盖亦取退藏之义。屈而曰狂者,众之所以为狂,《山木篇》所谓"猖狂妄行,乃蹈乎大方"者也。"之言"犹此言。"唉",叹辞。"欲言而忘其所欲言",无以为答,故以"唉"出之。《音义》以为应声,非也。

"帝宫",黄帝之宫。黄者,中央土色。此言玄水白水,而终反于帝宫,与《应帝王篇》言南海之帝、北海之帝而卒会于中央之帝之所者,实同一机杼,亦一心而已矣。"无思无虑始知道"者,道不待思虑而知也。"无处无服始安道"者,道不待处服而安也。"无从无道始得道"者,道不待从道而得也。何也?道本现成,不离即是;有意求之,其去道反远矣。是故后文云:"天地有大美而不言,四时有明法而不议,万物有成理而不说。""大美"者,显美也。其美自显,何事于言!其法自明,何取于议!其理自成,何俟于说!"不言"、"不议"、"不说",而道自呈露,则观于天地足矣,何思虑、处服、从道之有!故曰"知者不言,言者不知"。此以下皆引老子之言而畅明之。

"道不可致",道在体之而已。"德不可至",德在自得而已。"仁可为"者,可强勉也。"义可亏"者,可亏损也。义以裁制为用,故以亏损言之。"礼相伪"者,礼待文饰而行。文饰则伪之所由生也,故曰"礼者,道之华而乱之首"。"首"者始也。"为道日损","损"者,损华伪也。损伪则无为,损华则归根。归根者,返其璞也。璞散则为器,器成于璞,而器非璞也。物出于道,而物非道也。故曰"今已为物也,欲复归根,不亦难乎"。归根之难也,难在于复。"大人"者,无往而不复者也,故曰"其易也,其唯大人乎"。"大人"即真人也。真人者,不以死生变乎己,故下因论生死而归于一气,曰"万物一也",曰"通天下一气耳"。信知其一也,则无器而非璞、无物而非道,亦即无华而非根,无往而非复矣,故曰"圣人故贵一"。

"死生为徒",死生一类也。以一物言,有生有死;合万物言,则无生无死也,故曰"今彼神明至精,与彼百化,物己死生方圆,莫知其根也,扁然而万物自古以固存"。"神明"承"天地"言。《天下篇》曰:"神何由降? 明何由出?"又曰:"配神明,醇天地。"以"神明"与"天地"对言,而神曰降,明降自天也;明曰出,明出自地也。则"神明"者,天地之精英,故曰"神明至精"。"与彼百化"者,化而为彼百物也。"物己"者,物各为物。对他物言,则称"己"。"方圆"者,象天者则为圆,象地者则为方也。"莫知其根"者,莫知其所由来也。"扁"借为平。"平然而万物自古以固存"者,《秋水篇》所谓"物无贵贱,故曰平也"。物无贵贱,亦无小大。"六合为巨,未离其内",言无大也。"秋毫为小,待之成体",言无小也。无小大,亦无新故,故又曰"天下莫不沈浮,终身无故"。"沈浮"犹升降也。"惛"同滑,音泯。滑然,无际畔也。"油然",无迹象也。"万物畜而不知","畜",养也,待其养而不自知也。"此之谓本根",归根,归于此而已矣。上曰"莫知其根",此曰"若亡而存","不形而神","畜而不知","此谓本根",然则归根之道,亦"知止其所不知而已"矣。故无为谓真是也,以其不知也。狂屈似之,以其忘之也。黄帝与知之终不近也,以其知之也。虽然,知其不近也,则其近也不难矣。

　　啮缺问道乎被衣。被衣曰:"若正女形,一女视,天和将至;摄女知,一女度,神将来舍。德将为女美,道将为女居,女瞳焉若新生之犊,而无求其故。"言未卒,啮缺睡寐。被衣大说,行歌而去之,曰:"形若槁骸,心若死灰,真其实知,不以故自持。媒媒晦晦,无心而不可与谋。彼何人哉!"

　　此举被衣之教啮缺,以为惟不知可以入道之一证也。"啮缺"、"被衣",见前《天地篇》。"被"一作披,披、被一义。《应帝王篇》则作蒲衣子,蒲亦披、被之音转也。"正形"、"一视",外之一也。"摄知"、"一度",内之一也。"德"承"天和"言。《德充符》曰"德者成和之修也",是也。"为女美"者,充实之谓美。孟子语美在其中,而畅于四支也。《易·坤卦·文言》"道"承"神"言。"神"者,神明至精也。"道将为女居"者,身不离道,以道为安宅也。"瞳",《音义》引李颐云"未有知貌",是也。《淮南子·道应训》亦有此文,曰"惷乎若新生之犊"。惷者愚无知。"瞳"、惷声近,义固当同也。"犊",牛子。"新生",初生也。"无求其故",循其自然,不以知巧自凿也。"啮缺睡寐"者,遗耳目,堕肢体,守神抱一,迹若睡寐然也。

"说"同悦。"行歌而去之",教已领悟,不烦更有辞说也。"形若槁骸"以下,为歌辞。骸、灰、知、持、媒、晦、谋、哉为韵。"槁骸",枯骨,犹言槁木也。"真其实知",不知之知,是为真知,非同虚矫,故又曰"实"也。"不以故自持",不强自操持也,"故"即上"无求其故"之"故"。郭注云"与变俱也",则是以"故"为"新故"之"故",失之矣。"媒媒"犹嘿嘿也,《道应训》作"墨墨"可证。"不可与谋",不可与思虑言说也。"彼何人哉",深许之之辞也。

舜问乎丞曰:"道可得而有乎?"曰:"女身非女有也,女何得有夫道!"舜曰:"吾身非吾有也,孰有之哉?"曰:"是天地之委形也。生非女有,是天地之委和也;性命非女有,是天地之委顺也;子孙非女有,是天地之委蜕也。故行不知所往,处不知所持,食不知所味。天地之彊阳气也,又胡可得而有耶!"

此言道不可得而有,即上"道不可致"之训释也。"问乎丞","丞"者,虞、夏、商、周皆有疑丞之丞,见《小戴礼记·文王世子篇》以官名,非人名也。言道不可得而有,而必穷之于身非女有,生非女有,性命非女有,乃至子孙非女有者,如此,乃能证"通天下一气"之理,而道在是矣。此《庄》书之微意,不可不知也。

"委",寄也。"天地之委形",寄其形于吾身也;"天地之委和",寄其和于吾生也;"天地之委顺",寄其顺于吾性命也;"天地之委蜕",寄其蜕于吾子孙也。曰寄者,暂托于此,其根固必有在矣。生曰"和"者,阴阳交通成和,而后物得以生也;性命曰"顺"者,《易》言顺性命之理,见《易·说卦》不顺不得以为性命也;子孙曰"蜕"者,形形相禅,犹虫豸之蜕然也。"行不知所往",有致之者也;"处不知所持",有持之者也;"食不知所味",有主之者也。孰致之、持之、主之,则"天地之彊阳气也"。"彊"同强。强者不息,阳者自动;动而不息,以是日徂,则"胡可得而有"之!"子孙"各本皆作"孙子",惟成疏云"阴阳结聚,故有子孙",是成本作"子孙",陈碧虚《阙误》引张君房本亦作"子孙",因据正。

　　孔子问于老聃曰:"今日晏閒,敢问至道。"老聃曰:"女齐戒,疏瀹而心,澡雪而精神,掊击而知。夫道,窅然难言哉!将为女言其崖略。夫昭昭生于冥冥,有伦生于无形,精神生于道,形本生于精,而万物以形相生,故九窍者胎生,八窍者卵生,其来无迹,其往无崖,无门无房,四达之皇皇也。邀于此者,四枝强,思虑恂达,耳目聪明,其用心不劳,其应物无方。天不得不高,地不得不广,日月不得不行,万物不得不昌,此其道与!且夫博之不必知,辩之不必慧,圣人以断之矣。若夫益之而不加益,损之而不加损者,圣人之所保也。渊渊乎其若海,魏魏乎其终则复始也。运量万物而不匮,则君子之道,彼其外与!万物皆往资焉而不匮,此其道与!中国有人焉,非阴非阳,处于天地之间,直且为人,将反于宗。自本观之,生者,暗醷物也,虽有寿夭,相去几何!须臾之说也,奚足以为尧、桀之是非!果蓏有理,人伦虽难,所以相齿。圣人遭之而不违,过之而不守。调而应之,德也;偶而应之,

388

道也。帝之所兴，王之所起也。人生天地之间，若白驹之过
却，忽然而已。注然勃然，莫不出焉；油然漻然，莫不入焉。
已化而生，又化而死。生物哀之，人类悲之。解其天弢，堕其
天袭，纷乎宛乎，魂魄将往，乃身从之，乃大归乎！不形之形，
形之不形，是人之所同知也，非将至之所务也，此众人之所同
论也。彼至则不论，论则不至。明见无值，辩不若默。道不
可闻，闻不若塞。此之谓大得。”

　　"晏闲"，安静而闲暇也。"女齐戒"三字为句。下云"疏瀹而心，澡
雪而精神，掊击而知"，三者皆齐戒之功。将告以至道，而先要之以
斋戒者，此与《人间世篇》孔子语颜子曰"齐，吾语若"同意，宋儒所谓先
打扫田地干净也。"瀹"同瀹。"疏瀹"，疏道之使清也。"澡雪"，涤濯
之使明也。"掊击而知"，"知"同智。私智则壅遏之使心不清、污淀之
使神不明者，故须掊击而去之也。

　　"宿然"，言其无形，不可得而见闻也。"崖略"犹匡廓也。"有伦"，
与《中庸》末章言"毛犹有伦"一义，谓其有伦类可以比拟也。"形本"，
形体也。"精"即精神之精。复言之，则曰精神；单言之，或曰精或曰
神，一也。"胎生"，人、兽类。"卵生"，禽、鱼、昆虫类。万物虽曰"以形
相生"，而原其所由生，则道与精神实为之主，故接云"其来无迹，其往
无崖"。"其"之为言，指道与神，非指形也。注家于此，率含混而为之
说，故读者滋惑，因明点而出之。"无崖"犹无涯，谓无畔岸也。"房"犹
室也，取其与皇皇为韵，故不言室而言房。"无门"谓无所限隔。"无
房"谓无所藏隐。"四达之皇皇"者，广大而无所不通也。《说文》："皇，
大也。"叠言之，则"皇皇"亦大也。

　　"邀"，遮留也，承上"四达"言。于四达之中，遮而留之，故谓之曰
"邀"。于此用遮留义者，《天地篇》所谓"留动而生物，物成生理谓之
形"者也。"四枝强"，"强"上疑脱一字，观下皆四字句可知。"恂"通

徇,谓敏也。《墨子·公孟篇》云"身体强良,思虑徇通",即作"徇"。"应物无方",言不执滞也。以上言邀于道者,其效如此。以下又推而言之,自天地日月以至万物,皆恃道而后成,因曰"此其道与",以见信乎道之四达而无不在也。

"博",博学也。"博之不必知",知在于守约,不在博也。"辩之不必慧",慧在于默识,不在辩也。"以"同已。圣人已断之者,《老子》书所谓"绝学无忧"、"多言数穷,不如守中"者也。"益之而不加益,损之而不加损",道者充满天地,不可得而损益也。"圣人之所保"者,保在于此,所以断夫博辩也。"渊渊乎其若海"一句,为益不加益、损不加损注脚。海无损益,《秋水篇》言之甚详。而又言"终则复始"者,当其终,似有损矣,而不知其终之为始也;当其始,似有益矣,而不知其始之为终也,则何损益之有!"若海",横言之,《秋水篇》所谓量无穷也。"终则复始",竖言之,《秋水篇》所谓"时无止,分无常,终始无故"也。"渊渊"者深。"魏"同巍。巍巍者高。高者超出于天地万物之表,而莫之与并者也。"运",运用。"量",计量。运用物者,必其能计量夫物者也,故合而言之曰"运量"。"量"当读平声。《音义》音亮,且曰"任物自动运,物物各足量",非也。"不匮",不穷也。"运量万物而不穷",其智固有过人者,然役于物、劳于用,比之用心不劳、应物无方者,则有间矣,故曰"此君子之道,彼其外与"。"外"者,外于道也。"万物皆往资焉而不匮"者,物自来取资于我,不待我之运之量之也,故同一"不匮"也。前之"不匮"者劳,后之"不匮"者逸。劳出于强勉,逸本于自然。自然者道,故曰"此其道与"。两言"此其道"而皆用"欤"为未定之辞者,正以见道之难言,仅能举其崖略如是云尔。

"中国有人焉"以下,注家多别为一节,然细玩上下文语气,实相衔接。末云"此之谓大得","得"者,得道也。前作未定之辞,而后于"辩不若默"、"闻不若塞"之外,乃作决辞,曰"此谓大得"者,盖道必于离言语绝见闻处契入,惟是为得之最真,此"昭昭生于冥冥"之旨。老子之教孔子,肯要在是,离而绝之,不独于文为不完,于理亦有缺矣,是不可不正也。

"中国",如孟子言"中天下而立",谓当国之中也。言当国之中者,大之也。大之者,以异于上所云之"君子"也。"非阴非阳",合阴阳以为德,则阴阳不得而名之也。"直且为人","且"之为言暂也,曰特暂为人者,人而将反于天也。《天下篇》曰"以天为宗","宗"即天也,故曰"将反于宗"。《天下篇》又曰:"不离于宗,谓之天人。"既天人矣,则岂寻常之君子所可比伦,故吾曰"中国有人焉",所以大之而异于君子者,非臆为之说,于文固有足征矣。

"自本观之","本"承"宗"言。于反则言"宗",言其有所归也;于生则言"本",言其有所始也。"生者,暗醷物"者,"暗"借为醅。醅醷,犹酝酿也。《易·系辞传》曰:"天地绍缊,万物化醇。"醇即取譬于酒,此亦当同之。就造化本义言,曰绍缊;就取譬于酒言,曰醅醷,一也。旧注自郭子玄以下,皆以聚气释之,以"暗醷"为聚气,盖据首节人之生气之聚也,臆测比附之以为说,而不知其非也。酿造之物不能久持,如酒变为酢是也。人生亦然,故曰"虽有寿夭,相去几何",上寿不过百岁,较之夭折,数十年之间耳,以天地论之,曾不足以当一瞬,故曰"须臾之说也"。于此须臾之顷,而断断然校量于尧、桀之是非,是岂务其大者之所事,故曰"奚足以为"也。

"果",木实。"蓏",草实。"理",分理。分读去声"有理",犹言有别也。"人伦虽难",言人难为之伦类。"虽"与惟通。惟其难,所以不得不为之齿叙。齿叙,言有等也。上言"奚足以为尧、桀之是非",此乃云人有差等者,《达生篇》所云"虽不足为而不可不为者,其为不免"者也,故言"奚足以为"者,所以破其执;言"所以相齿"者,所以定其分,亦去声义相成而非相悖也。

"圣人遭之而不违","遭",遭其生也,《养生主》所谓"适来夫子时也"。安时,故不违。"过之而不守","过",生则逝也,《养生主》所谓

"适去夫子顺也"。处顺,故不守。合而言之,则《大宗师》所谓"翛然而往,翛然而来"而已矣。"调",调和。"调而应之,德也"者,德主于和也。"偶"者,耦之借。耦,通也。《淮南子·要略》:"所以应待万方,览耦百变也。"高注曰:"耦,通也。"是也。"通"本有作"近"者,误也。"偶而应之,道也"者,道主于通也。"帝之所兴,王之所起也"者,帝王之道,不过"调而应之"、"偶而应之"之两端,观夫《应帝王篇》可以见也。

"白驹",马也,必取其"白"者,为其易辨识也。"却"亦作隙,字同。《盗跖篇》云:"天与地无穷,人死者有时。操有时之具,而托于无穷之间,忽然,无异骐骥之驰过隙也。"彼言骐骥,此言白驹,义正相类,故或以白驹为日者,误也。"注然",如水之涌。"勃然",如苗之生。"油然",如云之散。《孟子》曰:"天油然作云。"注:"油然,云兴貌。"云兴曰油然,散亦可曰油然者,往来飘忽之状同也。"漻然",如潦之收。"出"喻"生","入"喻"死"也。死生之际,不独人类,凡鸟兽虫鱼皆知悲恋,故分生物与人类而两言之,见人之知亦不能殊于彼鸟兽虫鱼也。

惟圣人则知生死之一如,哀伤之多事,故"解其天弢",自解之也,"堕其天袭",自堕之也。"弢"同韬,弓衣也。"袭"同帙,书衣也。皆取缠缚之义。"堕"通隳,毁也。"纷",散也。"宛"通苑,读如蕴,积也。纷、宛一韵。言散又言积者,散积无端,下文所云"形之不形"、"不形之形"者也。"魂魄将往,乃身从之",虽死而魂魄相抱,死生一由乎己,故曰"乃身从之"。若是,则有所归,故曰"乃大归乎"。圣人之死所以不同于常人者,此也。此其理人皆知之,然不能至。若至者,则务进其道,不于知上求也,故曰"非将至之所务"。"将"如《诗·周颂》"日就月将"之将,进也。不进则不至,故先至而言"将"。"将至",犹今言进行也。旧以"将"为且将之将,失其义矣。"至则不论,论则不至",要归于"至"者,要归于实践也。"明见无值",犹云明见无见。"值"通直。《说文》:"直,正见也。"其有"正"义者,以其从十从目。其云"见"者,以其从目也。此则单取目义,故曰明见无见也。"闻不若塞","塞"者塞之借,实也,笃也。故默者默识,寒者笃守。默识而笃守,是真有得者也。故以"此之谓大得"结之。然则道不在言论明矣。

东郭子问于庄子曰:"所谓道,恶乎在?"庄子曰:"无所不在。"东郭子曰:"期而后可。"庄子曰:"在蝼蚁。"曰:"何其下邪?"曰:"在稊稗。"曰:"何其愈下邪?"曰:"在瓦甓。"曰:"何其愈甚邪?"曰:"在屎溺。"东郭子不应。

庄子曰:"夫子之问也,固不及质。正获之问于监市履狶也,每下愈况。女唯莫必,无乎逃物。至道若是,大言亦然。周、遍、咸三者,异名同实,其指一也。尝相与游乎无何有之宫,同合而论,无所终穷乎! 尝相与无为乎! 澹而静乎! 漠而清乎! 调而闲乎! 寥已吾志,无往焉而不知其所至,去而来而不知其所止,吾已往来焉而不知其所终,彷徨乎冯闳,大知入焉而不知其所穷。物物者,与物无际,而物有际者,所谓物际者也;不际之际,际之不际者也。谓盈虚衰杀,彼为盈虚非盈虚,彼为衰杀非衰杀,彼为本末非本末,彼为积散非积散也。"

此节言"道无所不在",即承上"无门无房,四达皇皇"之文而发挥之。"东郭子"与前《田子方篇》之东郭顺子为两人,特亦以居东郭而得名耳。"恶"音乌。"恶乎在?"问何在也。曰"无所不在",此语极要,盖道不离物,若使有一物在道之外者,则道为虚器,而体亦不全矣。"期",必也,与下"女唯莫必,无乎逃物"八字一义。期必者,必欲指名所在也。曰"在蝼蚁",蝼蚁尚有知也,若稊稗则无知矣;稊稗无知,而尚有生气也,若瓦甓则并生气而无之矣;然瓦甓无生气而非臭腐也,若屎溺则臭且腐矣。此东郭子所以讶其"愈下"、"愈甚"而卒"不应"也。"不应"者,心非之以为不足论也。

"固不及质"者,"质",实也,正也。始欲指名,及指名所在而又怪其贱秽，是前后自相违，故曰"不及质也"，此如《秋水篇》庄子与惠子辩论鱼乐而曰"请循其本"，所谓语不得离宗也。"正获"，《释文》引李颐云："正，亭卒，获其名也。"是也。或引《仪礼·乡射·大射》之文，以"正"为司正，"获"为司获。夫《射礼》之司正、司获何与于监市之事！此似是而非之说，不足从也。"监市"犹市监。亭卒与市监职相近而事相联，故得以问及"履豨"也。"豨"，大豕。"履"，践也。践之而视其肥瘠也。"况"，比也。"每下愈况"者，豕肥当视其股脚，愈下则愈足为比较，故曰"每下愈况"，以证上之曰"在蝼蚁"以至"在屎溺"者正以况道，非苟而言也。"女唯莫必，无乎逃物"者，必则有限，有限则物有所遗，有所遗则非道矣，故《大宗师篇》曰"圣人将游于物之所不得遯而皆存"，言遯言逃，其旨一也。

"大言"，言道之言也。"大"者，无所不包，故以"周、遍、咸三者"言之。下云"同合而论"，曰同曰合，亦即"周、遍、咸"之谓，而先之以"游乎无何有之宫"者，曰"无何有"，斯无所不有矣。又云"无为"者，无为斯无不为矣。"澹而静"、"漠而清"、"调而闲"，皆无为之状也。

"寥已吾志"句。"寥"如《大宗师篇》"入于寥天一"之寥。"寥"者虚寂，寂则无何有，虚则无不包无不有也。"无往焉而不知其所至"，"无"字当是衍文。往不知所至，来不知所止，文正相对，一也。下文"吾已往来焉而不知其所终"，"往来"正承上文言。若此云"无往"，则彼言"往"为无根，二也。又云"去而来"，"去"即往也。言去而来，则非无往之说矣，三也。综此三证，"无往"之"无"为衍文无疑，惟郭注云："志苟寥然，则无所往矣。无往焉，故往而不知其所至。"是自郭本以来即作"无往"，故仍其旧文不改，而著其所见于此，以俟识者择焉。"吾已"之"已"同以。"吾已往来焉"，犹言吾以是往来焉尔。"彷徨乎冯闳"，"彷徨"，即《消摇游》"彷徨乎无为其侧"之彷徨。彼"彷徨"与"消摇"相对，犹徜徉也。"冯闳"，谓高大而虚廓也。"大知入焉而不知其所穷"，"穷"，极也。不知其所极者，不得而尽其涯际也，故下以"物际"

言之。

物则有际,所谓"物际"者也。"物际"者,物于虚空中所占有之区域也,小则毫厘,大至数百数千万里,皆可用数以表之。数可得而表者,则终有际矣,故曰"物际"。若夫"物物者",物大则从而大,物小则从而小,如前文所云:"六合为巨,未离其内;秋豪为小,待之成体。"大小无常,是非数之所能定也。数所不能定,则是无际也,故曰"物物者,与物无际"。夫"物物者"何也?曰:道也。"物物",下"物"者万物。上"物",所以物之,意谓成其为物也。虽然,道无际,而其见于物也则有际。见于物虽有际,而有际者物,若道则终始无际也,故曰"不际之际,际之不际者也"。"际之不际",犹云际而不际也。

"谓盈虚衰杀",以盈虚衰杀明之也。盈与虚反,衰亦与杀反。"衰"读如等衰之衰,与差同。"杀"者降杀,音铩。等衰有定,而因而降杀之则无定,此观于《仪礼》之《丧服》可见。故衰杀与盈虚同,亦相对而相反也,本末、积散亦然。旧读"衰"为盛衰之衰,读"杀"如字。以"衰杀"为一事者,实大误也。"彼为盈虚非盈虚,彼为衰杀非衰杀,彼为本末非本末,彼为积散非积散也","彼"并指"物物者"言,即指道言。道所以为盈虚而道无盈虚,道所以为衰杀而道无衰杀,道所以为本末而道无本末,道所以为积散而道无积散,故曰:"彼为盈虚者非盈虚,彼为衰杀者非衰杀,彼为本末者非本末,彼为积散者非积散也。"

娿荷甘与神农同学于老龙吉。神农隐几阖户昼瞑,娿荷甘日中奓户而入,曰:"老龙死矣!"神农拥杖而起,嚗然投杖而笑,曰:"天。知予僻陋慢诞,故弃予而死。已矣!夫子无所发予之狂言而死矣夫!"弇堈吊,闻之。曰:"夫体道者,天下之君子所系焉。今于道,秋豪之端,万分未得处一焉,而犹知藏其狂言而死,又况夫体道者乎!视之无形,听之无声,于人之论者，谓之冥冥，所以论道，而非道也。"

"婀荷甘"、"神农老龙吉"、"弇刚"，皆假名，此盖寓言而兼卮言者。"老龙吉"意指伏戏。昭十七年《春秋左氏传》载郯子之言曰："大皞氏以龙纪，故为龙师而龙名。"大皞氏即伏戏，以其以龙纪，龙师而龙名，故称之曰老龙吉。"神农"继伏羲而王，故曰"学于老龙吉"。神农始教民稼穑。"婀荷甘"，意取于稼穑。《书·洪范传》"稼穑作甘"，是也。婀荷诨语，义取其声。"弇刚"者，弇其刚也，刚之义取于乾龙，此皆可以类求之者。故旧注云若者为姓，若者为名，皆出臆测，不足信也。

"昼瞑"，昼眠也，古"眠"字亦作"瞑"。"爹户而入"，排户而入也。"爹"音哆，车上声。"拥杖而起"，始闻之而惊也。"嚗"音剥。"嚗然"，投杖声。"投"亦作"放"，而"投"字意足，故从"投"。"投杖而笑"，旋悟夫死生之一致，故易惊而失笑也。"拥杖"上旧有"隐几"二字，盖涉上文而误衍，《北堂书钞》卷一百三十三及《昭明文选·王简栖头陀寺碑文》注引皆无"隐几"字可证。即成玄英疏云"神农闻吉死，是以拥杖而惊"，不言"隐几"，则成疏本亦当无此二字也，故用删削。

"天"一字句，称老龙也。称老龙为天者，至人之死，则反于天也。"慢诞"之"诞"旧作"迆"，盖传写而失之，《书钞》卷一百三十三、《白孔六帖》卷八十八引并作"漫诞"。"慢诞"与"漫诞"同，亦诨语，犹云荒唐也。《音义》于"迆"下云"徒旦反"，又云"郭音但"。案：迆，从也，不得有"但"音，则"迆"为"诞"讹，尤显然有据，是以改正。曰"僻陋"、曰"漫诞"，皆言其殊异于世人。"弃予而死"句。"已矣"二字句。"无所发予之狂言而死矣夫"，言老龙死而予之狂言更无所发，盖倒文也。

"弇刚吊"，"吊"如《养生主》"秦佚吊之"之吊，以神农丧师而来吊也。"闻之"，闻神农之所言也。"体道"，与道合体也。"君子所系焉"者，言君子之所凭依也。"秋豪之端，万分未得处一"者，言其于道所得至微也。所得至微而犹知藏其狂言而死，则其得道之大全者其不取于多言明矣。故曰"又况夫体道者乎！"此言"体道"，较前文言"将至"、言

"大得",盖益亲切矣。故"视之无形",视于无形也;"听之无声",听于无声也;"于人之论者,谓之冥冥",忘言冥契,而相喻于无言之表也。夫知"所以论道而非道",则会道不在于论,而亦未尝不可于论而会道。不然,即此神农、弇刚之言皆为剩语矣。

于是泰清问乎无穷曰:"子知道乎?"无穷曰:"吾不知。"又问乎无为。无为曰:"吾知道。"曰:"子之知道亦有数乎?"曰:"有。"曰:"其数若何?"无为曰:"吾知道之可以贵可以贱,可以约可以散,此吾所以知道之数也。"

泰清以之言也,问乎无始,曰:"若是,则无穷之弗知与无为之知,孰是而孰非乎?"无始曰:"不知深矣,知之浅矣;弗知内矣,知之外矣。"于是泰清印而叹曰:"弗知乃知乎! 知乃不知乎! 孰知不知之知?"无始曰:"道不可闻,闻而非也;道不可见,见而非也;道不可言,言而非也。知形形之不形乎! 道不当名。"无始曰:"有问道而应之者,不知道也。虽问道者,亦未闻道。道无问,问无应。无问问之,是问穷也;无应应之,是无内也。以无内待问穷。若是者,外不观乎宇宙,内不知乎大初。是以不过乎昆仑,不游乎大虚。"

此犹是首节之旨,变知言"泰清"者,"泰"同太,据知之清明而言之也。以"于是"发端者,承上"所以论道而非道"之文也。"无穷"与"无始"对。自其初言之,则曰"无始";自其终言之,则曰"无穷",要之一"无"而已,无可名也。若无为,则名已立矣。名立而义生,所以无为曰"吾知道"也。义之所在,比而目之,是之谓"数"。"数"者,名之详也。故泰清问道及数,而无为告以道"可以贵可以贱,可以约可以散"。"约"犹敛也,敛、散相对。前文言"彼为积散非积散",惟非积散,是以可约可散。贵与贱对。前文云"彼为衰杀非衰杀",惟非衰杀,是以可贵可贱。前者原其本,此则表其用也,故言无为而为在其中矣。

"之言",此言也。"知之外矣","外"即上"君子之道彼其外与"之外,犹今云表面也。"内"则今言中心矣。"卬"同仰。此云"卬而叹",与《庚桑楚篇》"南荣趎仰而叹"之文正同。各本作"中"者,与"卬"形近而误也。惟《音义》云"崔本作卬",犹可考见,因据以改正。"孰知不知之知",此一节要义,亦即一篇要义,故归结于此。"不知之知",谓不知乃真知也。

"形形之不形",合前"有伦生于无形"与"万物以形相生"而言。"万物以形相生",是"形形"也。而就源头上说,则形形者原本无形,故曰"知形形之不形乎!"惟"形形之不形",故不可闻、不可见、不可言也。"道不当名"者,谓名与道不相当,即一落名言,便不足以尽道。老子曰:"道可道,非常道;名可名,非常名。"正此之所本也。

"道无问",道不可得而问也。"问无应",问不可得而应也。"问穷"者,"穷"谓无所有。"无内"者,"内"犹今云内容也。惟无内,故有问而应之曰"不知道"。惟问穷,故虽问道亦未闻道也。子贡曰:"夫子之言性与天道,不可得而闻也。"见《论语·公冶长篇》亦此意也。"外不观乎宇宙",不见其大也。"内不知乎大初",不穷其本也。"不过乎昆仑","昆仑"者混沦也。《天地篇》曰:"黄帝游乎赤水之北,登乎昆仑之丘而南望。还归,遗其玄珠。"遗其玄珠,喻知之反于不知也,而惟造乎混沦者能然。即彼证此,则此之"不过乎昆仑,不游乎大虚"义可知已。"大初"、"大虚","大"皆读"太"。

光曜问乎无有曰:"夫子有乎?其无有乎?"光曜不得问,而孰视其状貌,窅然空然,终日视之而不见,听之而不闻,抟之而不得也。光曜曰:"至矣!其孰能至此乎?予能有无矣,而未能无无也;及为无有矣,何从至此哉!"

"无有"，所谓"形形之不形"者也。"光曜不得问"者，道无问也。"孰视之"，"孰"与熟同，谓详审也。"窅然空然"，皆无有之状。

"抟"，各本皆作"搏"，《音义》亦言音博。案：《老子》书云："视之不见，名曰夷。听之不闻，名曰希。抟之不得，名曰微。"此云"视之"、"听之"、"抟之"正与彼同，则自作"抟"不作"搏"。"抟"如《礼记·曲礼》"毋抟饭"之抟。"抟"者，以手团之也。惟以手团之，故可云"不得"，可名曰"微"，若搏则不必然矣。兹故定作"抟"。

"予能有无"者，能有夫无也。"及为无有"者，为无所有也；为无所有，是滞于无；滞于无，则不能无夫无，故曰"何从至此哉！"此谓无有也。光曜无质，亦可曰无，故云"能有无"，然不若无有之竟无也，故曰"未能无无"。

大马之捶钩者，年八十矣，而不失钩芒。大马曰："子巧与！有道与？"曰："臣有守也。臣之年二十，而好捶钩，于物无视也，非钩无察也，是用之者，假不用者也以长得其用，而况乎无不用者乎！物孰不资焉！"

此为前文"万物皆往资焉而不匮"作注脚也。"大马"，大司马也，《淮南子·道应训》作大司马可证。"捶"，锻也。"钩"，剑之曲者。《汉书·韩延寿传》"铸作刀剑钩镡"，章怀注："钩，兵器，似剑而曲，所以钩杀人也。"鲍照乐府云："锦带佩吴钩。"杜甫《后出塞》云："少年各有赠，含笑看吴钩。""吴钩"，吴地所出之钩也。司马掌兵，捶钩自其所属，故得而问之。旧注以"钩"为带钩，或以为钓钩，皆非是。"钩芒"各本作"豪芒"，盖因郭注有"无豪芒之差"语而误。惟唐写本作"钩芒"，《淮南子·道应训》亦作"钩芒"。"芒"与铓通，铓者锋铓之铓，谓刃端也。钩之用全在铓，故云"不失钩芒"，以见其锻捶之精，而于剑铓有独到也。自郭注以"芒"为豪芒，而其义尽失，并正文亦改之矣，是不可不正也。

"巧与",所以赞之。"有道与",则问之之辞。"有守",有所守也。下文云"于物无视"、"非钩无察",即其所守。王念孙以为"守"音与"道"同,遂解"有守"为"有道",凿矣。"二十而好捶钩",至八十而不失,是终身不改其守,一"守"字正文之紧要处,可轻改乎?"用之者",承"非钩无察"言。"假不用者也以长得其用",承"于物无视"言。"用之者",技也;"不用者",道也。此与庖丁言"臣之所好者道也,进乎技矣",语不同而义则同。夫抱一技者,尚假道以济其用,又况夫体道者。安往而非道,则亦安往而不得。至此更不须守,故曰"而况乎无不用者乎! 物孰不资焉!""无不用"者,不用而无不用,犹无为而无不为也。

冉求问于仲尼曰:"未有天地可知邪?"仲尼曰:"可。古犹今也。"冉求失问而退。明日复见,曰:"昔者吾问:'未有天地可知乎?'夫子曰:'可。古犹今也。'昔日吾昭然,今日吾昧然,敢问何谓也?"仲尼曰:"昔之昭然也,神者先受之;今之昧然也,且又为不神者求邪? 无古无今,无始无终,未有子孙而有孙子,可乎?"冉求未对。仲尼曰:"已矣。末应矣! 不以生生死,不以死死生。死生有待耶? 皆有所一体。有先天地生者物邪? 物物者非物。物出不得先物也,犹其有物也。犹其有物也无已。圣人之爱人也终无已者,亦乃取于是者也。"

"冉求"字有,孔子弟子,《论语》称"求也艺"。见《雍也篇》艺谓多才能也。问"未有天地可知邪?"以知相求,盖犹是艺能边事,夫子答以"可。古犹今也"。则超越凡情之论,惟体道者能会之,所以冉有"失问而退"也。"失问"者,不得其所问,谓夫子之答与己意相违也。

然虽不得所问,而闻夫子之言,以冉有之才,亦自有其触发领解之处。惟是以意见推寻、知解凑泊,斯触发之机旋以窒塞,而领解所及转成迷惑,故明日复见,而有"昔日吾昭然,今日吾昧然"之说。夫子应病与药,特为提一"神"字。"神"者,不知之知也。以不知之知受之,《人间世》所谓"惟道集虚",是以昭然。"且又为不神者求","且"犹将也,"为"读去声。"为不神者求",则以知见附益,《外物篇》所谓"顾塞其窦",安得而不昧然乎!此所以教冉有者,盖至深切矣。

"无古无今,无始无终"二句,为"古犹今也"之言揭其蕴。"未有子孙而有孙子可乎"句,为"未有天地可知"之问破其疑。知子孙、孙子之以一形代嬗,则知天地、地天之以一气运行,理无有二,即无终而知无始,即无今而知无古,而未有天地之先,可默而识也已。

"冉求未对",欲对而未发也。"已",止也。"未应"者,无答也。"未",各本多作"末",误。成玄英疏云"末,无也",则原作"末"可知。冉求欲对而夫子止之,令其无答者,盖有又将出其知见以应,故禁遏之,以免其转迷也。

"不以生生死",死不以有生而死。"不以死死生",生亦不以有死而生也。夫生则有死,死则有生,此世之常谈也,而兹云然者,欲以见死生相待而不相待,以明夫无生无死之道,而后与上"无古无今,无始无终"之义为相契合也。故曰"死生有待耶? 皆有所一体"。"皆有所一体"者,皆体夫一也。郭注云"死与生各自成体",失之矣。

"有先天地生者物邪?"此与"死生有待邪"一种文法,皆以喝起下文。言无有物先于天地者。注者或引老子"有物混成,先天地生"之语以释之,非仲尼此文之旨也。"物物者非物",犹"形形之不形",何者?"物出不得先物"也。物出不得先物,何也?"犹其有物也"。"有物"犹云为物。孟子曰:"人之有道也,饱食、暖衣、逸居而无教,则近于禽兽。"人之有道,即人之为道。古"有"、"为"字可通用也。犹其为物者,谓先物之物则犹是物也。以上层层推阐,犹剥笋然。剥至无可剥处,然后一转曰"犹其有物也无已",言是为物之物,亦始终递化而无穷,则即夫此物之无穷,而物物者之无终亦且无始,不更较然易见乎哉! 此不独理精,文亦极灵极妙,盖全然一神之所为。读者能以神受,斯得之矣。

又曰"圣人之爱人也终无已者,亦乃取于是者也",言未有天地可知,言古犹今也,虽足穷宇宙之奥,而于人事终远,今以圣人之爱人无已,乃由取于是而然,则道不孤虚,归之实际,然后天人一揆,理事玄同。此篇以仲尼两答弟子之问为之收煞,其亦有微意也欤!

颜渊问乎仲尼曰:"回尝闻诸夫子曰:'无有所将,无有所迎。'回敢问其游。"仲尼曰:"古之人,外化而内不化;今之人,内化而外不化。与物化者,一不化者也。安化安不化,安与之相靡,必与之莫多。"

狶韦氏之囿,黄帝之圃,有虞氏之宫,汤、武之室,君子之人,若儒、墨者师,故以是非相赍也,而况今之人乎!圣人处物不伤物。不伤物者,物亦不能伤也。唯无所伤者,为能与之相将迎。山林与!皋壤与!使我欣欣然而乐与!乐未毕也,哀又继之。哀乐之来,吾不能御,其去弗能止。悲夫,世人直谓物逆旅耳!夫知遇而不知所不遇,知能能而不能所不能。无知无能者,固人之所不免也。夫务免乎人之所不免者,岂不亦悲哉!至言去言,至为去为。齐知之所知,则浅矣。

"将"、"迎"义,见《应帝王篇》。"敢问其游"者,问所以游夫此之术也。此"游"字,正与篇首"知北游""游"字相应。《庄子》一书,大抵脱不了一"游"字。必能游而后能无将无迎,亦必能化者而后能游。化者,不滞;游者,出入自在也,故孔子以"古之人外化而内不化"语答之。奚侗乃谓"游"借作由,"敢问其游"者,敢问其由也,于文固显,而于义则悖矣。

言外化而必言内不化者,外化所以顺物,内不化者,灵明以为之主也。若夫失其灵明,则逐物而迁,将迎之心起,于物反昧其轻重本末之序,以为顺物,而实与物之本则相违,如人每盛言客观,而卒则师心自用者，其病大率由此，故又反而戒之曰"今之人内化而外不化"也。由是论之，则必有一不化者在，而后可与物化。夫化与不化，相对待者也。若进而推其本，则体用一源，理绝对待，何有化与不化之名！所以总结之曰"与物化者，一不化者也，安化安不化"。"安化安不化"者，无有夫化，亦无有夫不化者也。"安与之相靡"承"安化"之文而释之。"靡"即《齐物论》"与物相刃相靡"之靡，"靡"，伤也。夫无有化，则物何从而伤！故曰"安与之相靡"。"必与之莫多"承"安不化"之文而释之。"多"，侈也，过也。夫无有不化，则因物付物，各如其则而止，乌有过侈之事，故曰"必与之莫多"也。抑此乃变文言"必"者，盖应物之时，病生于不及者少，而生于过者恒多。曰将曰迎，皆过者之为也。孔子曰："不逆诈，不億，不信，抑亦先觉者，是贤乎！"见《论语·宪问篇》逆诈、億、信，贤者往往以是为能，故从而破之，曰不逆不億而能先觉是则贤也。即此以观，非病多生于过乎！故曰"必与之莫多"者，力戒之之辞也。

"狶韦氏"，古帝王，见《大宗师篇》。囿小于囿，宫小于囿，室又小于宫，递下而愈小者，言世降而德衰，所居益狭，而所游益浅也。"君子之人"，世之所称为君子者。"儒墨者师"，儒墨之师也。《汉书·艺文志》言"儒家者流"、"墨家者流"，两书"者"字正相同矣。"故"犹旧也。"鳌"如《大宗师篇》"鳌万物而不为义"之鳌，毁伤之意。儒之所是，墨之所非；墨之所非，儒之所是，即《齐物论》所云"故有儒墨之是非，以是其所非，而非其所是"者，其来也久，故曰"故以是非相鳌也"。旧已如此，今乃益甚，故曰"而况今之人乎！""故"与"今"对文。郭注云："鳌，和也。夫儒墨之师，天下之难和者，而无心者犹故和之，而况其凡乎！"全失书旨，不可不知也。

"圣人处物不伤物"，即是"与物化"。"物亦不能伤"，则由有一不化者存，哀乐不入于胸次，物焉从而伤之！"唯无所伤者，为能与之相将迎"，上言"无有所将，无有所迎"，此乃言"与之相将迎"者，不将之

将,不迎之迎,即《论语》言"不逆,不億,而抑亦先觉者"也,盖惟无所将
是以能将,无所迎是以能迎,理虽深微,实亦简易,虚心以玩上下文,不
难解也。"与之"之"之",各本作人,兹从唐写本改。"山林与"以下,举
平时山泽之游,以见人伤于物之易,曰"直谓物逆旅"者,"谓"与为通,
各本亦或作为。物舍于人心,而人乃日与物相将迎而不得休止,犹逆
旅主人之为客役然也。"遇",遭也。遭之则知之,不遭则不知,如穴居
之民不知宫室,渔猎之人不识耒耜,耕种之农不通贸易,抟埴之工不明
锻冶,皆所不遇故也。所知如是,所能亦然,故曰"无知无能者,固人之
所不免也"。知之为知之,不知为不知;能之为能之,不能为不能;则于
己无不足,而于物无所戾。《养生主篇》曰:"吾生也有涯,而知也无涯。
以有涯随无涯,殆已!"《达生篇》曰:"达生之情者,不务生之所无以为;
达命之情者,不务命之所无奈何。"盖皆此旨。故曰"夫务免乎人之所不
免者,岂不亦悲哉!"务之为言强求而力逞,是贼生伤性之道也,故曰"至
言去言,至为去为"。"去言"者,去其不得言而强言。"去为"者,去其不
能为而强为也。夫言与为,皆本于知。言有所不得言,为有所不能为,则
知亦有夫其不可知,故《齐物论篇》曰:"知止其所不知,至矣。"不知乎此,
而惟于知之所知求之,以是为之齐,是则浅矣。"齐"者等也。《音义》:
"齐,才细反,又如字。"读平读去,其义一也。篇末仍归于"知"字,以与篇
首相应。全篇脉络通贯,体例谨严,非庄子自作,决不能有此。

又案此节孔子之言,当于"必与之莫多"句而止,自是以下则庄子
因夫子之论而发挥之者,何以见之? 尊狶韦而卑汤、武,如《在宥》诸篇
所谈,是庄子之见,而非圣人所恒言,此其一。墨翟后孔子殆百年,当
孔子时未有儒、墨之名,孔子口中安得有"儒、墨者师,故以是非相鳖"
之语! 此其二。然因是而遂疑颜渊之问、夫子之答皆出漆园伪托,即
亦恐其不然,是在识者辨之。

庄子发微卷之四

杂 篇

郭象所订《庄子》,杂篇凡十有一,曰《庚桑楚》,曰《徐无鬼》,曰《则阳》,曰《外物》,曰《寓言》,曰《让王》,曰《盗跖》,曰《说剑》,曰《渔父》,曰《列御寇》,曰《天下》,其先后之序,羌无统绪,推其意,所以名之为杂篇者,殆在此。王夫之《庄子解》云:"杂篇唯《庚桑楚》、《徐无鬼》、《寓言》、《天下》四篇为条贯之言,《则阳》、《外物》、《列御寇》三篇皆杂引博喻,理则可通,而文义不相属,故谓之杂。"而又云:"外篇文义虽相属,而多浮蔓卑隘之说;杂篇言虽不纯,而微至之语较能发内篇未发之旨。"其以外篇为"多浮蔓卑隘",诚未能厌于人心,然知取于杂篇"微至之语能发内篇未发之旨",则此老卓见独诣,非浅窥谀闻之士所能及也。至苏子瞻(轼)欲删去《让王》、《盗跖》、《说剑》、《渔父》四篇,而以《列御寇篇》续于《寓言篇》下,合为一篇,则未免武断。此四篇自是学于漆园者之所为,文固诿俴,然借此亦可察知庄学末流之失,正亦学术有关文字,何可废哉!何可废哉!

庚桑楚第二十三

《释文》题无"楚"字，云："以人名篇，本或作《庚桑楚》。"然正文庚桑楚下则引司马彪注云："楚名，庚桑姓也。"以《庄》书之例求之，有"楚"字为是，故兹从或本。"庚桑"，《史记·老子列传》作亢桑，《列子·仲尼篇》则作亢仓，此犹宋轻之作宋钘、宋荣，陈恒之作田常，当时口口相传，但在音同，不在文同也。《史记》谓"畏累虚亢桑子之属，皆空语无事实"，信如其言，则庚桑楚者实无其人。顾庄子之书虚虚实实，执以为真固非，若谓尽属寓言，即亦不然。《汉书·古今人表》有老子，有南荣畴，_{颜师古注："即南荣趎也。"}而无庚桑楚，当因史公之言故不采入，然既有其师，又有其弟子，而独无庚桑，意为去取，果足据乎？老子在当时，卓然为道术之宗，岂得无弟子能传其学者！今郑重书之，曰："老聃之役，有庚桑楚者，偏得老聃之道，以北居畏垒之山。"玩其语气，似非假托者比。窃以为庚桑楚亦与列御寇同，称之或有增饰，若其人，则非虚无也。观其"藏身不厌深眇，亦几于圣人无名"者，而于南荣趎，自言："吾才小，不足以化子。"勉其南见老子，又何其秉谦执下，非廓然无一毫之私己，而能若是哉！王而农极称杂篇多微至之论。何必微至之论，若此等处，学者能仔细体会，其获益也亦多矣。至若世传亢仓子之

408

书，明出唐人伪造，殆不足论。

　　老聃之役，有庚桑楚者，偏得老聃之道，以北居畏垒之山，其臣之画然知者去之，其妾之挈然仁者远之；拥肿之与居，鞅掌之为使。居三年，畏垒大壤。畏垒之民相与言曰："庚桑子之始来，吾洒然异之。今吾日计之而不足，岁计之而有余。庶几其圣人乎！子胡不相与尸而祝之，社而稷之乎？"庚桑子闻之，南面而不释然。弟子异之。庚桑子曰："弟子何怪于予？夫春气发而百草生，正得秋而万宝成。夫春与秋，岂无得而然哉？天道已行矣！吾闻至人，尸居环堵之室，而百姓猖狂不知所如往。今以畏垒之细民，而窃窃焉欲俎豆予于贤人之间，我其杓之人邪！吾是以不释于老聃之言。"弟子曰："不然。夫寻常之沟浍，巨鱼无所旋其体，而鲵鳅为之制；步仞之丘陵，巨兽无所隐其躯，而孽狐为之祥。且夫尊贤授能，先善与利，自古尧、舜以然，而况畏垒之民乎！夫子亦听矣！"

　　庚桑子曰："小子来！夫函车之兽介而离山，则不免于罔罟之患；吞舟之鱼砀而失水，则蝼蚁能苦之。故鸟兽不厌高，鱼鳖不厌深。夫全其形生之人，藏其身也，不厌深眇而已矣。且夫二子者，又何足以称扬哉！是其于辩也，将妄凿垣墙而殖蓬蒿也。简发而栉，数米而炊，窃窃乎又何足以济世哉！举贤则民相轧，任知则民相盗。之数物者，不足以厚民。民之于利甚勤，子有杀父，臣有杀君，正昼为盗，日中穴坏。吾语女：大乱之本，必生于尧、舜之间；其末存乎千世之后；千世之后，其必有人与人相食者也。"

南荣趎蹴然,正坐曰:"若趎之年者已长矣,将恶乎托业以及此言邪?"庚桑子曰:"全女形,抱女生,无使女思虑营营。若此三年,则可以及此言也。"南荣趎曰:"目之与形,吾不知其异也,而盲者不能自见;耳之与形,吾不知其异也,而聋者不能自闻;心之与形,吾不知其异也,而狂者不能自得。形之与形亦辟矣,而物或间之邪? 欲相求而不能相得。今谓趎曰:'全女形,抱女生,无使女思虑营营。'趎勉闻道达耳矣。"庚桑子曰:"辞尽矣。"曰:"奔蜂不能化藿蠋,越鸡不能伏鹄卵,鲁鸡固能矣。鸡之与鸡,其德非不同也,有能与不能者,其才固有巨小也。今吾才小,不足以化子。子胡不南见老子?"

此段文长,因分两节解之。司马彪注:"役,学徒弟子也。"学徒弟子而乃称"役"者,古者弟子从事洒扫应对,如《论语》"阙党童子将命",及此书《达生篇》田开之言"开之操拔篲以侍门庭",是皆役也,故得以役称。又如《论语》载樊迟御、冉有仆。仆、御亦皆服役之事。《晋书·隐逸传》:"陶潜有脚疾,乘篮舆,令一门生二儿共舆之。"则门生充役,此风至晋犹然。"偏得"者,独得也。成疏云:"老君大圣,弟子极多,门人之中,庚桑最胜,故称偏得也。"其云老聃弟子极多,虽无依据,而释"偏得"之义则确不可移。注家或谓"偏"与遍通,且引唐写本作"遍"为证。夫道一而已,安取于遍! 是非老、庄之旨也。

"畏"同嵔,故《释文》云"本或作嵔"。"畏垒",高峻而不平也。言"北居"者,老子陈人,楚亦陈人。见《列子·仲尼篇》陈在南,去陈而居畏垒,则畏垒之山在北也。《释文》:"或云:畏垒在鲁。又云:在梁州。"案下文云"南荣趎赢粮七日七夜至老子之所",若在梁州,梁州至陈,岂七日七夜所得达哉!《史记·老庄列传》索隐引郭象云:"畏累,今东莱也。"今郭注本无此注,《释文》亦不言郭注有此。案:东莱本莱子国,灭于齐,要之山在齐、鲁之地较为近之。若《史记正义》又言在深州,不知何本，存而不论可也。

曰臣曰妾，犹曰役也。《论语》子路使门人为臣，虽遭夫子呵责，然子路岂全不知礼者！民生于三，事之如一，门人固有为臣之道矣，故汉人犹每以门生、故吏并列，以是断之，知王先谦《集解》云"其地之人敬爱庚桑，愿为臣妾"<small>王说实出于成玄英疏，而较详明。</small>者，大非也。"画"音获，"画然"，言其有畛域也。"挈"犹揭也。"挈然"，《山木篇》所谓"昭昭乎如揭日月而行"者。"去之"，去庚桑子也。"远之"，远庚桑子也。此言其门下有意于好知为仁者，疑于庚桑子之非仁非知而远去之也。《集解》云："其中有画然好明察为智者，有挈然自标举为仁者，庚桑皆远去之。"<small>此说亦出于成疏</small>如《集解》之说，则是庚桑子先为畛域而立异于人，岂所谓"藏其身也不厌深眇"者哉！以此而测庚桑，固浅；以是而读《庄子》，亦疏矣。

"拥肿"已见《消摇游篇》。彼云"拥肿而不中绳墨"，以不中绳墨之义推之，则知其非画然而知者矣。"鞅掌"见《小雅·北山》之诗，曰："或王事鞅掌。"毛传："鞅掌，失容也。"失容云者，王事敦迫，仓遽之间不能为礼容也。若如后世之说，则所谓草野不恭者。以是义推之，则知其非挈然而仁者矣。郭注云："拥肿，朴也。鞅掌自得。"此言拥肿，固在见其朴；言鞅掌，固在形其自得。然而拥肿非朴，鞅掌非自得也，不可不辩。<small>参看《在宥篇》"游者鞅掌以观无妄"句注文</small>"与居"者，与庚桑相居。"为"读去声。"为使"者，为庚桑所使也。"壤"借作穰，故《释文》云"本亦作穰"。"大穰"，岁大熟也，是即《消摇游篇》连叔所称"藐姑射山之神人，其神凝，使物不疵疠而年谷熟"者。然则如近人《庄子》注，解"偏得"为"未得老子之全"，其误不待驳正可知矣。

"异之"而曰"洒然"者，"洒"，濯也，见所未见，耳目一新，如经浣濯者然，故曰"洒然"。旧注但云惊貌，未能尽其义也。"日计之而不足"，三年之前，日望其有所施为，而不见施为，故云"不足"。"岁计之而有余"，三年之后，物不疵疠，而年谷丰足，无为之施，乃异于寻常，故曰

"有余"也。不直曰"圣人",而犹云"庶几"者,乡曲之民本不知圣人为何等,出之揣度,故言"庶几"。"尸而祝之"者,古者有功德于民,民则祀之。义见《小戴礼记·祭法篇》而祀必有尸有祝,观《消摇游篇》云尸祝不越樽俎而代庖人,可见也。"社而稷之"者,配祭于社、配祭于稷也。盖畏垒之民欲祀楚以为神,故楚有"窃窃焉欲俎豆予于贤人之间"之语,而各家注释皆云将奉之以为君。奉以为君,安得云俎豆于贤人之间邪!其不考亦甚矣。

"南面而不释然",此云"南面",因"不释然"者在老聃之言,老聃居南,故下"南面"字,与上"北居"之文相对。注家乃作君人南面之意解会,故前后皆误也。"万宝",元嘉本作万实。"天道",《释文》本作大道。细案之,"宝"字"天"字是也,故兹从"宝"、从"天"。"正得秋",犹云得正秋。《易·说卦》:"兑,正秋也。"此倒用作状辞耳。"岂无得而然哉?""得",谓得天道也。故接之云"天道已行矣"。"尸居",见《在宥篇》,犹端居也。"堵",司马彪注云:"一丈曰堵。环堵之室,面各一丈,言小也。""狂狂",屡见前,实亦消摇义。"不知所如往",如、往一义,言相忘也。"窃",私也。重言之,则曰"窃窃"。"细民",小民也。"俎豆",宣颖《南华经解》释为奉祀,是也。"杓",《释文》云:"郭音的。又匹么反。又音吊。"音异而义则同。郭注:"不欲为物标杓。"标杓者,翘异于众,众所指向,如望之有标、射之有的也。言"我其杓之人"者,盖老聃尝有是语以教戒楚,今乃有负师训,是以不能释然。所谓老聃之言,即是指此。郭子玄不知,注云:"聃云:功成事遂,而百姓皆谓我自尔。今畏垒反此,故不释然。"成疏因之,又引老子"功成弗居,长而不宰"之言以为之说,是皆枝而不切,未能详玩上下文意者也,故特辩正。

"寻常之沟洫",各本皆无"洫"字,惟《太平御览》引文有之。《释文》云:"八尺曰寻,倍寻曰常。寻常之沟,则《周礼》'洫浍之广深'也。洫广深八尺,浍广二寻、深二仞也。"疑《释文》"沟"下本有"洫"字,后人写脱之,此案其文意可以见也,因据《御览》增补。"还"同旋,回旋也。

"鲵",鱼之小者。别有一种,声如小儿啼,俗名娃娃鱼,是则山间溪涧所产,非沟渎之物也。"鳝"已见《齐物论篇》。"为之制",谓专制于此,如《秋水篇》坎井之蛙所谓擅一壑之水,而跨跱坎井之乐者。《释文》引王云"制谓擅之也",是也。而自说则据《广雅》云"制,折也",谓"小鱼得曲折也"。是则与下文"为之祥",义不相当,知其不然矣。"步"六尺,"仞"七尺。"嬖"犹妖也。"为之祥",言依之作妖祥也。巨鱼、巨兽以喻庚桑,鲵鳝、嬖狐以喻畏垒之民,言细民所识者浅,亦易于满足也。"尊贤授能,先善与利",皆对文。"与"如《易·咸卦象传》"二气感应以相与"之与。"与利"者,谓有利于己则亲附之也。"以"同已。"以然",已如是也。"听之",谓任从之。

　　"函",容也,包也。"函车"与"吞舟"文对,言其大可以包容车也。"介",独也。扬雄《方言》:"兽无耦曰介。"无耦即独,言失其群也。"罔罟"屡见前。"砀"同荡。"砀而失水",谓为潮汐所荡激,因以离水而阁于岸也。"蝼蚁",各本无"蝼"字,据《白帖》、《太平御览》引文补。"眇",远也。"藏身不厌深眇",即老氏"良贾深藏若虚,君子盛德若愚"之旨,谓不自彰显,非必远避屏迹,不与俗谐也。"二子"指尧、舜。"辩"同辨,谓分别也。"尊贤授能,先善与利",皆分别所由起,故以辩言之。"妄"通亡。亡,无也。王引之云"将妄与将无同,也与邪同",是也。"凿垣墙而殖蓬蒿",言其劳而多事也。"简发而栉,数米而炊",言其遗大体而理琐务,故曰"窃窃乎何足以济世"也。"窃窃"本言私,私则小,小则烦苛,义相引申,可以推而得之。"举贤则民相轧",老氏所以云:"不尚贤使民不争。""任知则民相盗","盗"谓欺诈,老氏所以云"智慧出,有大伪"、"绝圣弃智,民利百倍"也。"之数物",谓贤能善利。"之"犹此也。"民之于利甚勤",特举"利"言之者,下云"杀父"、"杀君"、"为盗"、"穴坏",皆以利而然也。"穴坏",犹《论语》、《孟子》言穿窬。"坏"者,土块。古人版筑,故曰"穴坏"。《淮南子·齐俗训》:"颜阖凿坏而遁。"坏、坏一字。言"正昼"、"日中"者,极言其无所顾忌也。

尧、舜之世,不得谓乱,乱在末流。然末由本起,故曰"大乱之本必生于尧、舜之间,其末存乎千世之后"。言"必"者,决其语之非妄也。"千世之后,其必有人与人相食"者,与《孟子》言"人将相食"同。然则言"千世之后",犹为辞之缓耳。

"南荣趎",庚桑子弟子。"蹴然"二字当略顿,因闻大乱及人与人相食之言而不安也。"正坐",则因将请问而正容以示敬。"及",逮也。"此言",即"藏身不厌深眇"之言。"恶"读乌。"业"谓学业。问将凭托何学而可以能藏身,逮此境地也。"全女形",不伤其身。"抱女生",不失其性。"无使女思虑营营",不凿其智。三语中此语最要。盖身之伤,性之失,皆因于智之凿也,故特曰"无使"。"使"者,自使之也。"营营",劳而不知休息貌。期之以三年,不久则不熟,不熟则不固也。

"目之与形"至"形之与形"四"与"字,并与"於"同。王引之《经传释词》解《书·康诰》"告女德之说于罚之行"为告女德之说与罚之行,《多方》"不克敬于和"为不能敬与和,并以"于"为"与",是也。于、於一字。"于"可作"与"用,则"与"亦可作"于"与"於"用。是皆当以声求之,不在字形也。"狂"者圣之反,后世所谓不慧也。上三句为设喻。"形之于形"句,则就当时自身言。此总言形者,兼耳目与心而言之也。"辟"如《论语》"能近取辟"之辟,与譬同,比也,类也。谓己身与楚身同类。同类者声入心通,理当相得。今乃"欲相求而不能相得",故疑其"物或间之"也。"间"犹隔也。郭注以"辟"为"闢",云:"未有闭之。"后之注家知"辟"即"譬"字,而作晓喻解,则与郭氏意亦相近,皆失之。"勉闻道达耳"者,闻道而不能自得于心,故曰"达耳"也。

"辞尽"者,无可以加也。又著"曰"字,以表下为更端之辞。盖见告之以"辞尽",而南荣仍不能反求,故劝其南见老子也。"奔蜂"即蜾蠃,生子,则采桑上青虫养之。《诗·小雅·小宛》之诗曰:"螟蛉有子,蜾蠃负之。"桑虫羽化,则为螟蛉。传注谓蜾蠃养桑虫以为己子,是古人不细察之故也。"藿蠋",为豆藿上大青虫,非蜾蠃力所能负走者,故此云"奔蜂不能化藿蠋"也。"鹄",雁之大者。越鸡小,故不能伏其卵;鲁鸡大,则能之。"其德非不同",此"德"即《天地篇》"物得以生谓之德"之"德",犹言性非不同。而又云"有能与不能,其才固有巨小"者,譬犹人性皆同,而有智愚之别,是则关乎材质,材质亦何尝不出于性,然欲区而论之,即不能不分才、德为二,所以孟子论性亦有时变而说才说心,惟学者善会之,则无滞碍矣。"吾才小不足以化子,子胡不南见老子",将假老子之教而进之。于此亦可见古者成人之心之切。

南荣趎赢粮,七日七夜至老子之所。老子曰:"子自楚之所来乎?"南荣趎曰:"唯。"老子曰:"子何与人皆来之众也?"南荣趎惧然顾其后。老子曰:"子不知吾所谓乎?"南荣趎俯而惭,仰而叹,曰:"今者吾忘吾答,因失吾问。"老子曰:"何谓也?"南荣趎曰:"不知乎?人谓我朱愚。知乎?反愁我躯。不仁,则害人;仁,则反愁我身。不义,则伤彼;义,则反愁我己。我安逃此而可?此三言者,趎之所患也。愿因楚而问之。"老子曰:"向吾见若眉睫之间,吾因以得女矣,今女又言而信之。若规规然若丧父母,揭竿而求诸海也。女亡人哉!惘惘乎,女欲反女情性而无由入,可怜哉!"

南荣趎请入就舍,召其所好,去其所恶。十日自愁,复见老子。老子曰:"女自洒濯孰哉!郁郁乎!然而其中津津乎,犹有恶也。夫外韄者不可繁而捉,将内揵;内韄者不可缪而捉,将外揵。外内韄者,道德不能持,而况放道而行者乎!"

南荣趎曰:"里人有病,里人问之,病者能言其病,病者犹未病也。若趎之闻大道,譬犹饮药以加病也。趎愿闻卫生之经而已矣。"老子曰:"卫生之经乎?能抱一乎?能勿失乎?

能无卜筮而知凶吉乎？能止乎？能已乎？能舍诸人而求诸己乎？能翛然乎？能侗然乎？能儿子乎？儿子终日嗥而嗌不嗄，和之至也；终日握而手不掜，共其德也；终日视而目不瞚，偏不在外也。行不知所之，居不知所为，与物委蛇而同其波。是卫生之经已。”

南荣趎曰：“然则是至人之德已乎？”曰：“非也。是乃所谓冰解冻释者能乎！夫至人者，相与交食乎地，而交乐乎天，不以人物利害相撄，不相与为怪，不相与为谋，不相与为事，翛然而往，侗然而来。是谓卫生之经已。”曰：“然则是至乎？”曰：“未也。吾固告女曰：‘能儿子乎？’儿子动不知所为，行不知所之，身若槁木之枝，而心若死灰。若是者，祸亦不至，福亦不来。祸福无有，恶有人灾也！”

“赢粮”已见上《胠箧篇》。“赢粮七日七夜至老子之所”，可见古人求道之心之急。“皆”同偕，各本亦有作“偕”者。“与人偕来之众”，郭注云：“挟三言而来故也。”实则不必待下三言。庚桑教趎曰：“无使女思虑营营。”“思虑营营”，趎之病根已为指出，特不如老子锥札之耸切耳。“惧然”即瞿然，惊而举其目也。“俯而惭，仰而叹”，“惭”者，惭其不达老子之意；“叹”者，叹老子之能直中其隐也。

“不知乎”、“知乎”，两“知”字皆读“智”。“朱”与趎同一字，于一文中作两体书者，古书多有之矣。此称“我朱”，与下称“我身”、“我己”一例。愚、躯为韵，人、身为韵，彼、己为韵。“愁”犹苦也。王念孙据《淮南子·齐俗训》“其兵戈铢而无刃”高诱注“楚人谓刃顿为铢”，云：“朱愚即铢愚。”章太炎则云：“铢、朱并假借字，《说文》本作鋾，云钝也，音变为铢为朱，犹侏儒转为周饶矣。”苏舆又云：“朱愚犹颛愚。朱、颛双声字。颛，蒙也。”不知愚与知对，一字已足，无为复更言钝言蒙，是皆知求之于训诂而忘探索文义之过也。若阮毓崧《庄子集注》直以“义则反愁我"为句,读己为已,引王引之说,云"已"是叹词,别断为句。阮氏于《庄子》一书,凡有韵者一一列出,而独失之于此,尤不可解也。

南荣辗转于人我利害之间,而莫知所出,故云"安逃",云"所患"。即此,其思虑之营营可知。老子得之于其眉睫之间,盖思虑扰于内,则愁苦见于外,颦蹙愦眊,望而可得,非必有异术也。"言而信之"者,因此三者证其所见之非妄也。"若眉睫之间","若规规然",两"若"字并同女。"若丧父母",如丧父母也。"规规",已见《秋水篇》。"揭竿而求诸海",海之深广,非揭竿所可探测,喻言求之非其道也。"亡人",流亡之人。"惆惆"犹茫茫,言莫知所适也。"欲反女情性而无由入",此言指点最为亲切。后趎"愿闻卫生之经",实由此启发而来。其所以"无由入"者,皆外求而内反之未至也,故提一"反"字示以改辙之途。

"请入就舍",就居弟子之舍也。"召其所好","好"谓情性。"去其所恶","恶"谓思虑。"十日自愁"者,用功勤苦,未能适安也。"女自洒濯孰哉",许其能自洗涤其思虑也。"孰"同熟,此细熟之熟,非谓其已成熟也。"郁郁乎",指其自愁,所以劳其勤苦也。"津津",渗出于不自觉也。"犹有恶",虽曰去其所恶而未能尽也。"恶"与前"好恶"字皆读去声。或读此为入声,而作善恶之恶解,非也。"韄",《释文》本作"擭",云"字本作韄"。又引《三苍》云:"韄,佩刀靶韦也。"案,许氏《说文》:"韄,佩刀丝也。"古缠刀靶或用丝,或用韦,靶者把也。故二说不同。缠之盖所以护之,此文实用护义,其作"擭"者,亦韄与护之借字也。向来注家取李颐说,解"韄"为"缚",失之。何谓"外韄者不可繁而捉"?护于外者,利害之来也纷繁,无得而把捉之,于是关其内,以为之拒,故曰"将内捷"。何谓"内韄者不可缪而捉"?护于内者,念虑之兴也缪结,亦无得而把捉之,于是关其外,以绝其缘,故曰"将外捷"。如趎之召好去恶,皆用此术者也。故老氏以此戒之。注家或以内捷外捷为用功之道当如是,大非也。观下文云"外内韄者道德不能持",亦可见之。其云外内韄,而不更言内外捷者,承上而言,文有省略耳。"持"者守也。其于道德,守且未能,"而况放道而行者乎!"持守犹有待于用力,若放道而行,则一任自然,更不见著力之迹,故分两层言之。向秀以"放"为依仿,已嫌其浅,若成疏云"放散元道,专行此惑",则尤为悖谬。《天道篇》云:"夫子亦放德而行,循道而趋,已至矣。"放道、放德,一也,岂放散之谓哉!

"病者犹未病也",上"病"为疾病之病,下"病"为病甚之病,谓能言其病者,其病犹未甚也。各本此句上有"然其病"三字。"其病"二字,乃传写误重。"然"字,则后人就文义加之。古钞卷子本无三字,是其证,兹据删。饮药加病者,喻闻老子之言而惑滋甚也。"愿闻卫生之经而已矣","卫生之经",保身全生之术也。曰"而已矣",于辞似有未足,而于道则实为切近,如《在宥篇》黄帝问于广成子,始问至道之精,广成子斥以为佞人;三月复往,问治身奈何而可以长久,广成子蹶然而起,曰:"善哉问乎!"正与此相仿佛,是以下文老子为反复陈之也。

始言"抱一"、"勿失",思虑营营,所谓多知为败也。欲祛多知,莫如"抱一",故首教之以此。又言"无卜筮而知凶吉"者,吉凶之端,要在自察,不待卜筮而后知。若必有待于卜筮,则思虑环起,而营营者愈甚,《易·蒙卦象传》所谓"再三渎,渎则不告",即卜筮亦无益矣。"凶吉"各本皆作"吉凶",盖传写误倒,一、失、吉为韵,因正之。次言"能止"、"能已"、"舍人而求诸己"者,不止不已,则不能一;不舍人而求己,则亦不能止、不能已也。又次言"能儿子"者,无思无虑,抱一勿失,惟儿子为能然。《道德经》云:"专气致柔,能婴儿乎。"此言"儿子",取与上止、已、己相协。言"儿子",犹言婴儿也。"翛然"见《大宗师篇》,无拘绊也。"侗然",无知识也。"嗥"本亦作号,字相通假。"嗌"即《大宗师篇》"嗌言若哇"之嗌,咽喉也。"嗄",啼极无声也,音夏。今人每言喉咙沙了,沙即嗄之音讹。"握",握固也。"抆"音艺,痉挛也。"瞋"各本作"瞚","瞚"与"瞬"同,目摇动也。目不动摇,与上言"嗌不嗄"、"手不抆"义不相当。《释文》云:"本或作瞑。"瞑者,目不明,视不审也,即昏昧义。终日视而目不昏，正"不嗄"、"不捄"之比，其义较合，故改从"瞑"。"和之至"者，《在宥篇》云："守其一以处其和。"言和，即以见其一也。"共其德"者，"共"为"恭"之本文。《小戴礼记·玉藻篇》云："手容恭。"《论语》："子路拱而立。"拱者，两手相抱，正亦握固之象，故曰"共其德"，犹言其德恭耳。"偏不在外"者，睛光内敛，不偏于外也。"委蛇"屡见，谓随顺也。"同其波"，与《道德经》言"同其尘"一意。自"行不知所之"以下，谓任天而动，与物无忤。是前三者工夫到处，其效如此，故结曰"是卫生之经已"。

　　"是乃所谓冰解冻释者能乎"，各本无"能乎"二字，而郭注云："能乎，明非自尔。"于注不应有此二字，盖即正文而误入注中者，覆宋本作"是乃所谓冰解冻释者能乎"，下有二字，是其证，兹故补正。"冰解冻释者能"，犹云冰解冻释之能，谓但如冰解冻释，化其症结，非能便复其情性之真也。"交食乎地"、"交乐乎天"，两"交"字，并徼之假借。下《徐无鬼篇》云："吾与之邀乐于天，邀食于地。"与此文异义同。古字只作"徼"，作"邀"者后出字，俞樾说如是，是也。然此云"徼食乎地"，"徼乐乎天"，实孟子"上下与天地同流"而庄子"独与天地精神往来"之义，义不独在食与乐也。<small>孟子语见《尽心篇》，庄子语见《天下篇》。</small>"不以人物利害相撄"四句，乃针对南荣病痛而发。其前知仁义三问，即以"人物利害相撄"者也。若问及至人之德，便不免有求异于人之心，故下三句首以"不相与为怪"言，而亦即庚桑子藏身深眇之教，仍总归之卫生之经者，道术根源实在于此，观《养生主篇》以养生为主，可以见也。迨南荣问"然则是至乎?"则又以"能儿子"为言，于此上更无所加益。说者谓此特师家作用，转换人耳目，令其无所住著耳。<small>宋褚伯秀《南华义海纂微》后附《管见》说如此。</small>窃以为有至与不至之心存，便将自画而不进，故提醒之曰"未也"，而其言儿子，即又进而推致于"身若槁木"，"心若死灰"。夫儿子岂有身槁木而心死灰者哉! 亦以见道无尽，学亦无尽，于道则日损，于学则日益，必一切放下，然后一切不著，故曰"若是者，祸亦不至，福

亦不来。祸福无有,恶有人灾也!"卒以祸福人灾为言者,所以释南荣
三言之疑,使知患有不生之道,而初不在于逃也。此平坦说理,又何尝
欲转换人之耳目哉!

宇泰定者,发乎天光。发乎天光者,人见其人。人有修
者,乃今有恒。有恒者,人舍之,天助之。人之所舍,谓之天
民;天之所助,谓之天子。学者,学其所不能学也;行者,行其
所不能行也;辩者,辩其所不能辩也。知止乎其所不能知,至
矣;若有不即是者,天钧败之。备物以将形,藏不虞以生心,
敬中以达彼,若是,而万恶至者,皆天也,而非人也,不足以滑
成,不可内于灵台。灵台者有持,而不知其所持,而不可持者
也。不见其诚己而发,每发而不当,业入而不舍,每更为失。
为不善乎显明之中者,人得而诛之;为不善乎幽閒之中者,鬼
得而诛之。明乎人,明乎鬼者,然后能独行。券内者,行乎无
名;券外者,志乎期费。行乎无名者,唯庸有光;志乎期费者,
唯贾人也,人见其跂,犹之魁然。与物穷者,物入焉;与物且
者,其身之不能容,焉能容人!不能容人者,无亲;无亲者,尽
人。兵莫憯于志,镆铘为下;寇莫大于阴阳,无所逃于天地之
间。非阴阳贼之,心则使之也。

自此以至篇末,皆庄子之言,所以发明上节卫生之经之旨,而亦间
引《消摇游》《齐物论》之文以申说之。以其文繁,分为三节作释。

"宇"者,眉宇,与上"眉睫之间"之文相应。"泰定",大定也,正"思
虑营营"之反。"发乎天光"者,《中庸》所谓"诚则形,形则著,著则明",
《孟子》所谓"充实之谓美",充实而有光辉也。《大宗师》云"其颡頯",
頯者高露发美之貌。见《天道篇》注,说详《大宗师篇》"其颡頯"句下。此云"发
乎天光",与高露发美语虽不同,其形容有道者"睟面盎背"之气象,则

一也。"睟面盎背",语本孟子,见《尽心篇》。然虽有此气象,而自常人视之,即亦与他人无异,盖不自表襮,常人又安得识之!故曰"人见其人"。"乃今有恒"者,"恒"如《大宗师》"此恒物之大情"之恒,老子所谓"归根曰静,静曰复命,复命曰常"者也。"人舍"之"舍",与捨同,如庚桑楚之居畏垒,其民欲尸祝社稷之,则是未能捨于人者。推其所以未能之故,实由"洒然异之"而起,亦即不能使"人见其人",是以庚桑有藏身不厌深眇之叹也。注家多解"舍"为舍止之舍,谓人来依止之,斯与上文义实相悖,故知其误矣。《大宗师》孔子告子贡曰:"人之小人,天之君子。人之君子,天之小人也。"《天道篇》尧谓舜曰:"子,天之合也。我,人之合也。"并以天人相反立论。然则此曰人舍、天助,固亦其类,"故人之所舍,谓之天民","谓之天民"者,人不得而民之也。"天之所助,谓之天子","谓之天子"者,天则以子畜之也。《人间世》颜子曰:"与天为徒者,知天子之与己,皆天之所子。"此云"天子",正"天之所子"之义,与常言天子诸侯以爵位言者迥别。郭象注曰"出则天子,处则天民",非书旨也。

"学者,学其所不能学",何也?是所云恒者,乃命之于天,人所本有,不待学而后能,故孟子亦曰"人之所不学而能者,其良能也;所不虑而知者,其良知也",夫曰不学而能,则是非所能学者矣。而学者即学夫此,故曰"学者,学其所不能学也"。推之于行、于辩,皆然。故曰"行者,行其所不能行;辩者,辩其所不能辩也"。又曰"知止乎其所不能知",何也?曰学、曰行、曰辩,皆根于知,故总归之于不能知。"不能知"者,不知之知,盖孟子所言不虑而知良知者也。"止"者,艮止之止。谓止于其所,非不知为不知,止而不求其知之谓也。"即",就也。"不即是",犹言不止于是。"天钧"即天均,见《齐物论》。"天钧败之"者,败其天钧也。败其天钧者,败其天也。以其光辉发外,谓之"天光";以其居中而持平,谓之"天钧",其实一"天"而已。

"备物以将形",庚桑所云"全女形"也。"物"如孟子言"物交物"之物,完其耳目之物,而不为外物所摇惑也。"将"者,养也。"藏不虞以生心",庚桑所云"抱女生"也。"虞",虞度。"不虞",犹孟子言"不虑"。藏于不虑之地,以生其心,若是,则神宁而气壹,心不劳而生亦不亏矣。又言"敬中以达彼"者,"中"者心也,"彼"者形也。敬于心而达于形,若上之宇泰定而发乎天光,即其效也。"万恶"之"恶",与上"召好去恶"之"恶"同,读去声,意指灾祸。"皆天也,而非人"者,谓非人事之不修,而天命流行,适遭乎此,如孟子言"莫之为而为者,天也;莫之致而至者,命也",故"不足以滑成,不可内于灵台"。《德充符》言"不足以滑和",而此言"不足以滑成"者,德者成和之修,语见《德充符》曰成曰和,一也。《德充符》言"不可入于灵府",而此言"不可内于灵台"者,"内"读纳,亦入也。灵府者,言其为众理之所聚;灵台者,言其高临万物之上。取义各有当耳,非谓二物也。"灵台者有持","持"谓有主。"而不知所持",谓行之以无心,不假思虑,故曰"不知"。若以有心行之,则是把持,与前云"内揵"、"外揵"同病,故特料简之,曰"而不可持者也"。

"诚己"者,诚之于己也。自上"备物"以至"敬中"云云,皆纳之于一"诚"字中,而不曰不诚己而发,特加入一"见"字,曰"不见其诚己而发"者何?见者,灵台见之;不见,则灵台失其职也。灵台失其职,于是发为妄发,故曰"每发而不当"。夫不当而能改,犹未为甚害也。若屡发而不改,则习为故事,入于其心而胶著不解,是之谓"业"。"业"者,习之成也。至"业入而不舍",则无往而不过矣,故曰"每更为失"。"更"读平声。"每更为失"者,每变而逾甚也。于是不止于不当,亦不止于失,而直为恶矣,故曰"为不善乎显明之中者,人得而诛之;为不善乎幽閒之中者,鬼得而诛之"。"诛"者,责也。"幽閒"者,隐僻之地,人所不见,而己之所忽也。"明乎人",明乎人非也;"明乎鬼",明乎鬼责也。明乎人非,则不敢失于显明;明乎鬼责,则不敢失于幽閒。幽、显两俱无失,则灵明渐复,而可以致其诚矣,故曰"然后能独行"。不曰"诚"而曰"独"者,独成其天,斯之谓诚也已矣。独成其天,语见《德充符》。

荀子有曰："不诚则不独。"又曰："夫诚者,君子之所守也。操之则得之,舍之则失之。操而得之则轻,轻则独行,独行而不舍,则济矣。"_见《荀子·不苟篇》荀与庄,学虽不同,若此其言,则若合符节,盖修己之功,固未有能逾乎是者也。

"券"与"契"同,契者合也。"券内者",求合乎内。"行乎无名者",阴行其德而不居其名也。"券外者",求合于外。"志乎期费者","费"如《中庸》"君子之道费而隐"之费,盖隐之反,而显用于外之义。"期",要也,求也。意在求显求用,故曰"志乎期费"也。"唯庸有光",但行常道而自有光辉也。"唯贾人也",犹云特贾人耳。以其急于求售,故以贾人比之。"人见其跂,犹之魁然",此别一喻,与上贾人文不相属。"魁然",言其魁岸高大。然跂足以为高,非真高也,故曰"人见其跂"。"见其跂"者,见其无实也。

"与物穷者",《中庸》所谓"能尽人之性","能尽物之性",本上"诚"字而言。诚能动物,故"物入焉"。"入"者,融浃而无间也。"与物且者","且",苟且,《中庸》所谓"不诚无物",故曰"其身之不能容,焉能容人"。"无亲者尽人","尽"犹空也。有人若无人然,故曰空人,谓不得人之力与用也。郭注云:"尽是他人。"本是他人,语将何别,知其义非当矣。

"憯"与"惨"同,毒也。"镆铘",吴之良剑。兵莫惨于志,就贼人一边言;"寇莫大于阴阳",就自贼一边言。贼人者,其终则自贼,故上句宾而下句主。言"无所逃于天地之间"者,阴阳之患存乎身心,夫将奚逃! 故曰"非阴阳贼之,心则使之也",义见《人间世篇》。

道通。其分也,成也;其成也,毁也。所恶乎分者,其分也以备;所以恶乎备者,其有以备。故出而不反,见其鬼;出而得,是谓得死。灭而有实,鬼之一也。以有形者象无形者而定矣。出无本,入无窍。有实而无乎处,有长而无乎本剽,有所出而无窍者,有实。有实而无乎处者,宇也;有长而无本剽者,宙也。有乎生有乎死,有乎出有乎入,出入而无见其形,是谓天门。天门者,无有也,万物出乎无有。有不能以有为有,必出乎无有,而无有一无有。圣人藏乎是。

古之人,其知有所至矣。恶乎至?有以为未始有物者,至矣,尽矣,弗可以加矣。其次以为有物矣,将以生为丧也,以死为反也,是以分已。其次曰始无有,既而有生,生俄而死;以无有为首,以生为体,以死为尻;孰知有无死生之一守者,吾与之为友。是三者虽异,公族也,昭、景也,著戴也,甲氏也,著封也,非一也?有生,黬也,披然。曰移是。尝言移是,非所言也。虽然,不可知者也。腊者之有膍胲,可散而不可散也;观室者周于寝庙,又适其偃焉,为是举移是。请尝言移是。是以生为本,以知为师,因以乘是非;果有名实,因以己为质;使人以为己节,因以死偿节。若然者,以用为知,以不用为愚,以彻为名,以穷为辱。移是今之人也,是蜩与学鸠同于同也。

“道通”二字为句。《齐物论》曰:“道通为一。”“道通”者,道一而已,言通犹言一也。“分”者,分合之分,读平声。郭注云:“成毁无常分。”《释文》从郭,音符问反,非也。各本“其分也”下无“成也”二字,惟古钞卷子本有之,然据《齐物论》则有者为是,因补。分而后成物,故曰“其分也成也”。物成则有毁,故曰“其成也毁也”。分者,道之所不能免也。自执其分者,以为道之备在是,而道始散矣,故曰“所恶乎分者,其分也以备”。抑道无不在,即一体以指其全,未始不可也。而执其全者,则以为此外无道,欲取备者必于是,而道乃狭矣,故曰“所恶乎备者,其有以备"。曰"有以备",则有不备者矣。"出而不反",是执其分而不知通者也,故曰"见其鬼"。"出而得",出而自以为有得,是有以备而自隘其知见者也,故曰"是谓得死"。此两言"出",皆承上"券外"而言。学道之大忌,莫过于外驰而不反,故再三言之。"灭而有实,鬼之一"者,此泛言鬼,意谓人知灭而有实者为鬼,而不知此特鬼之一种。实则人无时而不自陷于鬼趣之中也。《中庸》言鬼神之德,曰"视之而弗见,听之而弗闻,体物而不可遗"。此云"灭",即视而弗见、听而弗闻。此云"有实",即"体物而不可遗"也。

"以有形者象无形者而定矣","定"即"宇泰定者"之定。"有形"谓人与物,"无形"谓道也。"象"者,法而像之也。自此以下,皆根无形者言。"出无本","无本"犹无始也。"入无窍",窍通徼,老子:"常有欲以观其徼。"徼本或作窍,知相通矣。徼者边际,"无徼"犹无终也。旧注作孔窍释之,非是。"有实"之"实"对虚言,与上"灭而有实"之实同,言其非无而已,非真有实体也,而无一定之方所,故曰"有实而无乎处"。"长"读平声,"长"者久也。"剽"同标,《释文》云:"本亦作标。"作摽者误标者末也。以其无有始终可言,故曰"有长而无乎本剽"。《墨经》云:"久,弥异时也。宇,弥异所也。"弥者充满。以其充满,故曰"有实"。曰"无本剽",语虽异而义则同矣。

中间插入"有所出而无窍者有实"一句,似为"有实"二字作注释,而实非也,此盖就当人切己处而指点之意,不独外之宇宙如是,人之一念一虑,乃至一呼一吸,其有出有入,皆其无始无末,而实而非虚者也。曰有所出不言无本,曰无窍不言入,上下错举,互备成文。吕惠卿《庄子义》谓其"文义不全,宜曰:有所出而无本者有长,有所入而无窍者有实",章太炎《庄子解故》又以"有实"二字为涉下"有实"而衍,皆未会庄子之意者也。观下文"有乎生有乎死,有乎出有乎入,出入而无见其形",备言生死出入,即因此文而发,则知此非单言出而不言入者矣。惟其有实,故曰"无见其形"。"无见其形"者,非无形也。前后文正针对，则知“有实”二字非衍文矣。

“是谓天门”，“天门”字与上天光、天钧相应。谓之“门”者，就其出入之义而名之者也。实则出入为强名，而天门亦虚号，故曰“天门者无有也”。盖惟无有，斯无所不有。故万物出乎无有。若既有矣，则一有一不有，如分则不备，成则有亏，何能生乎万物！故曰“有不能以有为有，必出乎无有”。然若执此无有以为实体，则无有亦即与有何别？故穷究其极，曰“而无有一无有”，是即《齐物论》“未始有夫未始有物”之义。必如是，而后刀刮水洗，纤毫不立，外内并捐，天光毕露。曰“圣人藏乎是”者，《易·系辞传》所谓“以此洗心，退藏于密”。心藏而身无不藏，然后知庚桑言藏身不厌深眇者，犹未为能窥乎其至也。

“古之人”以下，择取《齐物论》、《大宗师》之说而衍之，以明死生之一致，仍是“有形者象无形者而定矣”之旨。“以生为丧”、“以死为反”，所谓“予恶乎知恶死之非弱丧而不知归”者。语见《齐物论》“丧”谓失其居宅也，是则与一视死生者犹为有间，故曰“是以分已”。“分”者，谓其不能通也，故以为次。“以无有为首，以生为体，以死为尻”，见《大宗师篇》。彼“无有”二字作“无”，“体”作“脊”。“尻”者尾也。有首有尾，则犹有本末终始之见存，故又次之。“有无死生之一守者”，有无死生虽异，而守之则一也。《大宗师》作“死生存亡之一体”，而此变文言“守”者，“守”者持也，以见工夫之有所在，非漫无意也。注家或以“守”与道音相同，道从首得音，古读如首。因即以道释之，未为然也。“三者”，上三说也。“公族也”者，取公族以为喻也。“昭景”，昭氏、景氏。“著戴”者，著其所戴之宗也。“著封”者，著其所封之邑也。三氏虽异，其为公族则一，故曰“非一也”。“也”读如邪。先列其次，而终许其一，以见道之分无不可通也。

“䵷”，司马彪注读作黡，云：“黡有疵也。”以有生为黡，与《大宗师》以“生为附赘县疣”盖同一义。“披然”，分散貌，二字当顿，连上为义。黡有蔓延之性，故云“披然”。若彪云“有疵者欲披除之”，则非是矣。

"移"者,如《大宗师篇》子犁所云"伟哉造化!又将奚以女为,将奚以女适","以女为鼠肝,以女为虫臂"之类,移此而之于彼也。"曰移是"者,犹《齐物论》言"因是"。《齐物论》由是非而论及于生死,此则由生死而论及于是非,明乎生死之不一而一,则亦可知是非之不齐而齐也。"尝言"者,试言之也。"非所言"者,言之所不能及也。又转曰"不可知者",犹《齐物论》云:"其所言者特未定也。"及与不及,亦视乎言之者如何耳,非必不可言者也,故下文设譬以明之。

"腊",腊祭也。"膍",牛肚,义取其比。比者列也。"胲",颊肉,《汉书·东方朔传》"树颊胲"是也,义取其该。比列而该备之,以示祭礼之盛,故曰"可散而不可散也"。"可散"者,膍自为膍,胲自为胲;"不可散"者,散则义失,而礼亦阙矣。此一譬也。"观室者",观居室之制也。室有东西厢曰庙,无东西厢有室曰寝。<sub/>见《尔雅·释宫》寝庙皆人所居处,故虞人之箴曰:"民有寝庙,兽有茂草,各有攸处,德用不扰。"见《春秋》襄四年《左氏传》非如后世以庙专为宗庙、神庙之称也。"周"者,无所不历也。"偃"借作匽,圊图也。又适其匽者,虽下至便溺之所,亦所不遗也。此又一譬也。两譬皆以见同异分合之相待。明乎此,然后可以言"移是",故以"请尝言移是"接焉。

"以生为本",是生死边事。"以知为师",则是是非边事。"知"读如字。然知之所由起,莫不据其本身之生死利害以为迎拒取舍,故连累而言之,而曰"以生为本"也。"因以乘是非"者,"乘"犹御也,谓是非左右在我,如御之于车马然也。"果有名实",言"果"者,因实立名,因名求实,信夫其不可诬也。至此为止,其于是非未甚离其本也,进而"以己为质",则纯是己见从事。"质"者质正,谓莫不以己见为之衡量也。"使人以为己节","节"如孟子"若合符节"之节,谓使人必符同于己也。"以死偿节"者,"偿"犹殉也,谓虽死而不易其所执。此文叠用三"因以"字,每进而益歧。是非之所以淆乱,而争轧之所以繁兴也。"以用为知","知"读如智。"以彻为名","彻"者通也。若是,则所争在

427

显晦、知愚、穷通、荣辱,而是非且屏而不论矣。夫"移"者,本以求其通也,今则愈移而愈分,且反以离其本,故曰"移是今之人也",谓今之人移是则然,古之人不如此也。"蜩与学鸠",并见《消摇游篇》。"是蜩与学鸠同于同"者,言今之人其见直与蜩鸠相等,知同之为同,而不知集异以为同之大也。

　　踑市人之足,则辞以放骜,兄则以妪,大亲则已矣。故曰:至礼有不人,至义不物,至知不谋,至仁无亲,至信辟金。

　　彻志之悖,解心之谬,去德之累,达道之塞。富贵显严名利,六者,悖志也;容动色理气意,六者,谬心也;恶欲喜怒哀乐,六者,累德也;去就取与知能,六者,塞道也。此四六者,不盪胸中则正,正则静,静则明,明则虚,虚则无为而无不为也。

　　道者德之钦也,生者德之光也,性者生之质也。性之动谓之为,为之伪谓之失。知者,接也;知者,谟也;知者之所不知,犹睨也。动以不得已之谓德,动无非我之谓治,名相反,而实相顺也。

　　羿工乎中微,而拙乎使人无己誉。圣人工乎天,而拙乎人。夫工乎天而俍乎人者,唯全人能之。唯虫能虫,唯虫能天。全人恶天,恶人之天,而况吾天乎人乎!一雀过羿,羿必得之,或也;以天下为之笼,则雀无所逃。是故汤以庖人笼伊尹,秦穆公以五羊之皮笼百里奚,是故非以其所好笼之而可得者,无有也。兀者拸画,外非誉也;胥靡登高而不惧,遗死生也。夫复谓不餽而忘人,忘人,因以为天人矣。故敬之而不喜,侮之而不怒者,惟同乎天和者为然。出怒不怒,则怒出于不怒矣；出为无为，则为出于无为矣。欲静则平气，欲神则顺心，有为也欲当则缘于不得已。不得已之类，圣人之道。

此以下承上"道通"、"移是"之文，而复归结于藏身、卫生之要，观其辞似若杂乱，而义则前后联贯，一线到底，且有发内外篇所未发者。窃尝疑郭象外篇、杂篇之分不能无失，反复此篇，乃益信所疑之非过也。

"蹍"，践蹋也。"市人"，市中之人。"骜"通敖。放敖，犹放肆也，谓失于礼。"辞"者，辞谢之。"姁"，煦姁，但出声问慰之而已。"大亲"，谓父母。"已"，止也。知其爱子，必能明恕，若慰则不恭，谢反非情，故并止而不为也。成疏以为父蹋子足，若是，则等兄而下之，非文序也。"至礼有不人"者，不以人为之仪文为重也。"至义不物"者，不以物为厚薄也。此"人"、"物"字皆以实字作虚字用。郭注云："不人者，视人若己。"又云："各得其宜，则物皆我也。"并失之。"至知不谋"，不待谋也。"知"读如智。"至仁无亲"，无待亲也。"至信辟金"，金之坚不足为比。"辟"者，屏弃之也。

"彻"与撤同。"悖"，乱也，本或作勃，勃者假借字，兹从其正。"谬"一作缪，缪亦假借字。成疏以缪为系缚，不知悖谬文对，非系缚之谓也。"累"，累赘。"塞"，不通也。"显"，荣显。"严"，尊严。"富贵显严名利"，常人志每在是，故以志言之。"容"，容貌；"动"，举动；"色"，颜色；"理"，辞理；"气"，气息；"意"，志意：是皆心之所发，故以心言之。夫容貌颜色，动作辞气，皆礼经之所讲求，君子之所致谨，故曾子曰："君子所贵乎道者三：动容貌，斯远暴慢矣；正颜色，斯近信矣；出辞气，斯远鄙倍矣。"见《论语·泰伯篇》而此乃以六者为"谬心"，何也？曰：是言夫致饰于外，作伪以媚世者耳。不然，前文云："敬中以达彼。"又云："与物且者，其身之不能容，焉能容人！"则岂恣肆怠傲，不谨于言动仪容者哉！是当求其意之所在，不得专就文字观之也。"恶"读去声，"恶欲"犹好恶也。"去就取与知能，六者为塞道"，何也？曰：道贵乎通。有去有就,有取有与,则堕于一偏,其非通明矣。若夫知、能,有知则有不知,有能则有不能,是故并之四者而同为塞道也。"盪"一作荡,字通,谓摇荡也。"正、静、明、虚",屡见前文。"无为而无不为",与上"万物出乎无有"义相应,细玩可知。

"道者德之钦"者,"钦"犹尊也,仰也。谓德之所尊仰者,道也。俞樾以"钦"为廞之假字,引《小尔雅》"廞,陈也",释曰:"所以生者为德,陈列之则为道。"其言甚似,而实非也。如俞氏所释,则是先有德而后有道。案之庄子之书,大相径庭矣。《天地篇》曰:"德兼于道,道兼于天。"《知北游篇》曰:"道不可致,德不可至。"且引老子"道失而后德"之言以为之说,其先道而后德甚明。若此文,由道而德,由德而生,由生而性,由性而为,其次第尤较然不紊,安得以道为德之所陈列乎! 注家多有用俞说者,不得不辩也。虽然,俞氏云"所以生者为德",是则较成疏"道是所修之法,德是临人之法",及引"天地之大德曰生"云云为有依据。《天地篇》曰:"泰初有无,无有无名,一之所起,有一而未形,物得以生谓之德。"是俞氏之所本也。故此文言德者二:一即此"德之钦"、"德之光"之德,一则下"动以不得已之谓德"之德。上之德,就人生之初言,故曰"生者德之光也"。"德"者天德。"德之光",即天光也。若一落形质,则谓之性,故接曰"性者生之质也"。庄子言性,有纳性于生之中,即合生与性而言之者,如《养生主》之生是;有分生与性而言之者,如此文是。要之生之谓性,性与生义本相通,是又不可不知也。"性之动谓之为",为出乎性之自然,所以为而无以为也。"为之伪谓之失","伪"如荀子"人之性恶,其善者伪也"之伪,人为之义,非虚伪义也。为而出于人为,则不能无为,而为所以失也。"失"者,失其性也。下接言知者,知亦性之动,而为之一也。

"知者接也"者,"接"谓接触,如目之视色、耳之闻声,接触外物而知之,今常言感性认识者是也。"知者谟也"者,"谟"犹谋也,谓谋虑量度,即就所接触者从而分析之、综合之,以归于一是,今常言理性认识者是也。"知者之所不知犹睨也"者，浅之则接，深之则谟，要同有一灵明者为主于内，以为接之、谟之之运，是则知之所不能知。上文言"知必止乎其所不知"者，盖指乎此，此无为而无不为之根，不反乎此，未有不以动之伪而失者也，故特指点出之。而以"犹睨也"为譬者，"睨"如《中庸》云"执柯以伐柯，睨而视之"之睨。睨在取则，而不在观物，是正灵明之所寓，而不偏不倚，无有一丝思虑杂乎其间，故郭象注曰"目之能视，非知视而视也。不知视而视，不知知而知耳，所以为自然。若知而后为，则知伪也"，下语虽未切当，而大意不离。若宣颖《南华经解》执著"睨"字，谓如目斜视一方，则所见不多，于《庄》书本旨适得其反。后之注家，率遵用宣说，不可解也。

"动以不得已之谓德"，此"德"就人生之后学之所造就者言，《天地篇》所谓"性修反德，德至同于初也"。"不得已"者，性之所发，而不容已者也，详见《人间世篇》。"动无非我之谓治"，曰"我"者，诚于己而不徇于物。曰"治"者，则悖志、谬心、累德、塞道之反也。又曰"名相反而实相顺"者，"顺"，从也。如"动以不得已"，所谓天也，无为也。"动无非我"，则人也，有为也。天之与人，无为之与有为，于名则相反也。然人以成其天，无为而有为，于实则相从也。上文云"虚则无为而无不为也"，观此可益信矣。

"羿"，古之善射者。"工乎中微"，羿之能也。"拙乎使人无己誉"，则羿之短也。言此者，以见显名之为悖志，非所以藏身之固也。故南宫适曰："羿善射，奡荡舟，俱不得其死然。"见《论语·宪问篇》岂独羿哉，虽圣人亦然。庚桑之拥肿与居，鞅掌为使，可谓工乎天矣，而不能使畏垒之民不尸祝而社稷之，则亦拙乎人者也。是以"工乎天而俍乎人者，唯全人能之"。"俍"同良，善也。"全人"犹至人。"唯虫能虫"，虫之人也。"唯虫能天"，虫之天也。故若虫者，为能全其德也。"全人恶天"，非恶其天也，恶天而遗夫人也，故曰"恶人之天"。人之天者，人而天也。人而天，则天矣，而人不得而人之。上文云"发乎天光者，人见其人"。人见其人,是偎乎人者也,今反是,全人所以恶之也。夫天而遗人,全人尚犹恶之,则断断于天人之间见其相反,而不知其相顺者,其失为何如,故曰"而况吾天乎人乎!"

"一雀过羿","过"各本皆作"适",《韩非子·难三》有此文,则作"过",《艺文类聚》引《庄子》亦作"过","过"字义长,故兹改从"过"。"或"各本皆作"威",惟《释文》云:"威也,崔本作或也。"案:"或",古域字。域者,局限之意,与下"则雀无所逃"相对成文。雀过则必得,其不过者不能得也,是犹有局限,故曰"或也",若作"威"则无义,故此依崔本改作"或"。"以天下为之笼",则天下之雀皆在笼内,不必得之而无不得也,故曰"则雀无所逃"。此一喻也,以见道之通无不包也。

"庖"本一作"胞",字通。"汤以庖人笼伊尹",不以其为庖人而遗之;"秦穆以五羊之皮笼百里奚",不以其为饭牛而遗之,可谓善于笼天下之士矣。然而士得而受其笼者,中之以所好也,"是故非以其所好笼之而可得者,无有也"。此一喻也,以见藏身之固者,无所见于外,虽有如汤与秦穆者,亦不得笼而取之也,故下以"外非誉"、"遗死生"言之。

"兀"各本作"介",崔本作"兀",义同,兹用崔本,庶与《德充符》一律。"画"者则也,谓规矩礼法,读如划。"挦",弃也。刖者支体残毁,进退周旋,不复可以礼绳之,故挦画,崔云"不拘法度"是也。"胥靡",刑徒人也。"登高",谓从事劳役,如秦、汉之城旦。驱之乘危,生死已置度外,故不惧也。夫兀者与胥靡尚能如是,况学道者乎! 故曰:"夫复谵不馈而忘人,忘人,因以为天人矣。""谵"同习。"馈"借作愧,《释文》云"一音愧",元嘉本作"愧",是其证也。"复谵不愧"者,熟习夫道,而内无疚于己也。"忘人"者忘夫人事,如非誉死生皆是也。"因以为天人"者,《天下篇》所谓"不离于宗谓之天人"者也。

"敬之而不喜,侮之而不怒",承"忘人"言。"唯同乎天和者为然",承"天人"言。"同乎天和",犹曰同乎天德。不曰德而曰和者,敬不喜、侮不怒是和之事也。"出怒不怒",此"出"谓超出也,超出怒与不怒二者之外,则虽怒而实与未尝怒同,是"怒出于不怒"也,此"出"则从出之出矣。"出为无为则为出于无为"句,亦同。归结于"为出于无为"者,此一篇之要旨,藏身卫生之道,胥不离于是也。"欲静则平气",以气言。气平则静也。"欲神则顺心",以心言。心顺则神也。要之曰平曰顺,皆和之功也。"有为也欲当则缘于不得已","缘"者因也,因于不得已,则无为之用也。惟无为之用神而体静,圣人之道如是,故曰"不得已之类,圣人之道"。上文推全人而抑圣人,此乃言圣人不言全人者,义在乎圣而不在乎全。因文而施,不可得而执泥也。"当"读去声,允当也。

徐无鬼第二十四

此篇颇多精辟之论,其大旨则在解惑,观于篇之首尾可见也。《天地篇》曰:"知其愚者,非大愚也;知其惑者,非大惑也。大惑者终身不解,大愚者终身不灵。三人行而一人惑,所适者犹可致也,惑者少也。二人惑,则劳而不至,惑者胜也。而今也以天下惑,予虽有祈向,不可得也,不亦悲乎!"是亦几于绝望于世矣。而此篇曰:"以不惑解惑,复于不惑,是尚大不惑。"终冀惑者之复于不惑也。此老为人,直是老婆心切,孰谓庄生非仁者哉!

徐无鬼因女商见魏武侯,武侯劳之曰:"先生病矣!苦于山林之劳,故乃肯见于寡人。"徐无鬼曰:"我则劳于君,君有何劳于我!君将盈耆欲,长好恶,则性命之情病矣;君将黜耆欲,掔好恶,则耳目病矣。我将劳君,君有何劳于我!"武侯超然不说。

少焉,徐无鬼曰:"尝语君:吾相狗也。下之质,执饱而止,是狸德也;中之质,若视日;上之质,若亡其一。吾相狗,

434

又不若吾相马也。吾相马，直者中绳，曲者中钩，方者中矩，圆者中规，是国马也，而未若天下马也。天下马有成材，若恤若失，若丧其一，若是者，超轶绝尘，不知其所。"武侯大说而笑。徐无鬼出。

女商曰："先生独何以说吾君乎？吾所以说吾君者，横说之则以《诗》、《书》、《礼》、《乐》，从说之则以《金版》、《六弢》，奉事而大有功者，不可为数，而吾君未尝启齿。今先生何以说吾君，使吾君说若此乎？"徐无鬼曰："吾直告之吾相狗马耳。"女商曰："若是乎？"曰："子不闻夫越之流人乎？去国数日，见其所知而喜；去国旬月，见所尝见于国中者喜；及期年也，见似人者而喜矣。不亦去人滋久，思人滋深乎？夫逃虚空者，藜藋柱乎鼪鼬之径，跟位其空，闻人足音跫然而喜矣，而况乎昆弟亲戚之謦咳其侧者乎！久矣夫，莫以真人之言謦咳吾君之侧乎！"

"徐"姓，"无鬼"名，魏之隐士也。《释文》云："司马本作缗山人徐无鬼。"案：缗山即觟山，介子推避晋文公处，在今山西平定县，正魏之境内。"女商"，魏臣。"女"音汝。春秋，晋大夫有女叔齐，见《左氏传》，"商"殆其后也。"武侯"，文侯子，惠王父，名击，都安邑。

"劳之"之"劳"读去声，慰劳也，下"劳于君"、"劳于我"并同。"山林之劳"读平声，劬劳也。"病"，病困，非谓疾病也。"耆"读嗜。"盈"谓满足也。"长"，增长之长，读上声。"性命之情"，性命之真也。"擎"音悭，摒去也。"超"通怊，《天地篇》云"怊乎若婴儿之失其母"，怊然、怊乎，并怅然义。"不说"，不悦也。或有作"不对"者，误也。《释文》出"不说"，云："音悦。下文大说同。"知无有作"对"者。

"少焉"，犹少顷。"尝"，试也。语武侯以相狗、相马者，先投其所好也。"执饱而止"，"执"，捕也。捕兽得饱则止，故曰"下之质"。"质"

435

犹材也。"是狸德"者,"狸",猫也,言其特与猫等。"若视日",瞻高而
瞩远也,故以为"中之质"。"若亡其一"者,如有所失然,此形容其神气
之专一,犹《天地篇》言德人之容而曰"怊乎若婴儿之失其母,傥乎若行
而失其道也"。彼设喻以说之,此则并于一言,义则同也,是"上之质"
也。《释文》云:"一,身也。谓精神不动,若无其身也。"下文"若丧其
一",则云"言丧其耦也"。以"一"为身,于训诂无所依据。若耦,则尤
不得以一比,故不从也。

相马"直者中绳,曲者中钩,方者中矩,圆者中规",直曲方圆并以
马之驰骤合法言。《达生篇》云:"东野稷以御见庄公,进退中绳,左右
施中规,庄公以为文弗过也,使之钩百而反。"虽彼言御,此言相马,义
各有在,然以彼证此,亦可知相马相在德力,不在形体。注家率用司马
彪之说,谓直谓马齿,曲谓背上,方谓头,圆谓目,此于后世之相马经或
有之,然实皮相之论,以是相马,其不失者殆鲜矣。且下文云"超轶绝
尘,不知其所",亦正以马之奔驰言。前后相照,益信彪之说为泥而不
合矣。

"国马"、"天下马",犹孟子言"一国之善士"、"天下之善士",谓其
冠于一国、冠于天下也。"有成材",言其材素成也。"材"亦作才,字
同。"恤",忧也。"若恤",若有忧思然,言其矜重也。"失"同佚,司马
本正作佚。"若佚",若将奔佚然,言其辣动也。"若丧其一",则《达生
篇》所谓"望之似木鸡"者,盖纯气之守乃能若是。虽说相马,而意在论
道,武侯亦若有所领会,所以"大说而笑"也。"绝尘",见《田子方篇》。
"不知其所",不知其所止也。

"说吾君"以下数"说"字,皆如字,或读税,音义同。"从"通纵。
"金版"、"六弢",各说不同,谓二者为《周书》篇名者,崔撰也。"弢"又
作韬,谓"六韬"为太公作文、武、虎、豹、龙、犬之《六韬》者,或说也。
案:太公《六韬》,班固《汉书·艺文志》所不载,其书是否出于太公,六
者之名是否如"或者"之说,俱不可知,然要之《金版》、《六弢》为论兵之

书，而非如崔撰所云《周书》之篇名，则可决。何以见之？以其对《诗》、《书》、《礼》、《乐》而言见之。且武侯好武，女商之说武侯，自亦不得不取于兵法之书也。"奉事"，奉武侯之命而执事也。"数"读上声。"不可为数"者，言其有功不可以计数也。"启齿"，微笑貌。"使吾君说若此"，指"大说而笑"言，"说"读悦。

"吾直告之吾相狗马耳"，"直"犹特也，但也，言但如上所云耳。"若是乎"者，疑其言之浅而何以动人之甚也。"越"，即《消摇游》宋人资章甫而适诸越之越，谓越地。越虽亡于楚，而其名固自在也。《释文》云："越，远也。"非是。"流人"，流放之人也。"去国"，去其本国也。"知"，知交。"尝见于国中者"，但曾见之，非相知者也。"旬月"，或经旬或经月也。"期年"，周年也。"似人"，似其国人，不必曾见之也。"去人滋久，思人滋深"者，"滋"，益也，久而欲见其国人益甚也。

"逃虚空者"，畏罪而逃于无人之地者也。"虚"同墟。井邑废而为丘墟也。"藜"、"藋"一类，但藋色带赤。"藋"音掉，土名灰条菜者。条即藋之音变也。"鼪"、"鼬"亦一类，或从犬作狌狖，俗所谓黄鼠狼也。言"径"者，鼪鼬之所往来。言"柱"者，挺生其中，无人排除之也。"踉"，踉跄，局蹐不安之貌，本或作良，字通。"位其空"者，居于藜藋之空处也。此"空"当读去声。"跫"音穷，人行声。"闻人足音跫然而喜"者，逃居无人之境，故得人足音便喜，又不必其为国人矣。"亲戚"，父母也。《韩诗外传》云："曾子亲戚既没，欲孝无从。"此由昆弟推而上之，知其指父母言，无疑也。"謦咳"，喉中出声也。《列子·黄帝篇》："惠盎见宋康王，康王蹀足，謦咳疾言。"于"疾言"之前而加"謦咳"字，则"謦咳"非言也。盖于人言闻足音而喜，则见其人不待言；于昆弟亲戚言謦咳其侧而喜，则相与谈笑不待言。此皆文章深一层写法，漆园之文之妙在此，若如各注以"謦咳"为即言笑，意反浅矣。

"久矣夫，莫以真人之言謦咳吾君之侧乎"，真人之言，岂有他哉，亦言之真者而已。言之真，亦即性命之真也。此一语，不独解武侯之惑,且亦足解女商横说《诗》、《书》、《礼》、《乐》,从说《金版》、《六弢》之惑。观其曰"奉事而大有功者不可为数",一心在有功,胸中扰扰如此,岂复能葆其真哉! 不葆其真,夫焉往而不惑!

　　徐无鬼见武侯。武侯曰:"先生居山林,食芧栗,厌葱韭,以宾寡人久矣。夫今老邪? 其欲干酒肉之味邪? 其寡人亦有社稷之福邪?"徐无鬼曰:"无鬼生于贫贱,未尝敢饮食君之酒肉,将来劳君也。"君曰:"何哉? 奚劳寡人?"曰:"劳君之神与形。"武侯曰:"何谓邪?"徐无鬼曰:"天地之养也一,登高不可以为长,居下不可以为短。君独为万乘之主,以苦一国之民,以养耳目鼻口,夫神者不自许也。夫神者好和而恶奸。夫奸,病也,故劳之。唯君所病之,何也?"武侯曰:"欲见先生久矣。吾欲爱民,而为义偃兵,其可乎?"徐无鬼曰:"不可。爱民,害民之始也;为义偃兵,造兵之本也。君自此为之,则殆不成。凡成美,恶器也。君虽为仁义,几且伪哉! 形固造形,成固有伐,变固外战。君亦必无盛鹤列于丽谯之间,无徒骥于锱坛之宫,无藏逆于得,无以巧胜人,无以谋胜人,无以战胜人。夫杀人之士民,兼人之土地,以养吾私与? 吾神者其战,不知孰善? 胜之恶乎在? 君若勿已矣,修胸中之诚,以应天地之情而勿撄。夫民死已脱矣,君将恶乎用夫偃兵哉!"

　　"芧"与杼同,字亦作柔。《山木篇》作"食杼栗",从木、从草一也。《齐物论》"狙公赋芧",亦从草。芧,今所谓橡子也。"厌"读如餍,饱食也。"宾"读如摈。"摈寡人久矣",犹云弃寡人久矣。"夫今老邪",犹云其今老邪。"夫"字属下读。旧连上,以"久矣夫"为句,误也。"干",求也。"社稷之福",意谓无鬼将出而仕,与闻国政,社稷因以蒙其福也。此特门面陪衬语,本意实在上句,故无鬼置此不答,而但答前语,云"未尝敢饮食君之酒肉"也。"将来劳君",犹云来将劳君。

"何哉",诧怪之辞。"奚劳寡人",方是问语。"神形"义,见下文。"天地之养也一",言天地之于万物,使皆得其养,无有厚薄不均也。"登高"以喻在上位,"居下"以喻处卑贱。"不可以为长短",犹云不可以为优劣。"耳目鼻口",形也。形之主为神。"夫神者不自许也",不言天地不许,亦不言人不许,而云神不自许,此与孟子与齐宣王语,处处启发其不忍之心,皆善为说辞者,篇末所谓"以不惑解惑,复于不惑也"。"好和而恶奸","和"者和于德,"奸"者悖于道,皆切其本身言。悖于道,则未有不困者,故曰"夫奸,病也,故劳之"。"劳"者,劳其形与神忤,而神失其养也。"唯君所病之,何也",反诘之辞。"所"犹所以,"病之"谓病于此,意即诘其何故自蹈此病也。

"欲见先生久矣",语气全变,殆武侯悔心之萌也。"吾欲爱民",应上"以苦一国之民"语,而接曰"为义偃兵",则仍侈心之发,惑之不易解,于此可以见之。故无鬼决然告之曰"不可"。"爱民,害民之始"者,古者有所兴革,其始未尝不曰出于爱民也,而往往一利兴,利在于上,民无与焉,至利兴而弊生,民则实受其弊。若是者多矣,岂非"爱民,害民之始"乎!"为义偃兵,造兵之本"者,齐桓、晋文之霸,苏秦、张仪合从、连衡之说,岂不曰:若是而天下可以无兵革哉!然自有霸之名,而争霸者出;有合从之说,而连衡以起,天下纷纷扰扰,战日益烈,而祸日益甚。其最著者,春秋襄二十七年宋之盟,固以弭兵为标榜者,其议倡于向戌,晋、楚皆许之矣;而及其会也,楚人衷甲,其盟也,晋楚争先,其时殆哉岌岌乎,以晋赵武之不竞,始免于决裂耳。详见《春秋左氏传》然由是诸小国仆仆于晋、楚两大国之间,竭其货贿以供,乃重益困矣。弭兵之利又安在哉!

曰"君自此为之,则殆不成"者,"此"指为义言。义而曰为,则非出于义,而出于为名也。《左传》曰:"宋向戌欲弭诸侯以为名。"武侯之心,盖犹是向成之心也。出于为名，则实假之以遂其私也。故曰"君虽为仁义，几且伪哉！""几"亦殆也。伪生于为，为则未有不流而为伪者也。其曰"凡成美，恶器也"，何也？为之而不成，不过不成已耳，其害犹浅；若成而得美名，则恶将随之，其害愈深。故曰："成美，恶器也。"老子曰："天下皆知美之为，美斯恶矣；天下皆知善之为，善斯不善矣。"此二句皆当于"为"字句绝。美之为、善之为，所谓成美也。盖此意也。

"形固造形"者，"形"者形势。为义偃兵，一形势也。因偃兵而兵以起，又一形势也。形势之演变无极，斯所谓"形固造形"也。"固"与故通，下两"固"字同。"成固有伐，变固外战"者，成与变对文。偃兵而果成也，则天下有不欲偃兵者，我且声其罪以伐之，是"成故有伐"也。其不成而有变也，则与我者叛，敌我者张，国境之外，战且四起，是"变故外战"也。凡言此者，皆以见"为义偃兵"，其为"造兵之本"，势有必然也。注家多舍正文，别自为解，如以"伐"为矜伐，或据《说文》读"伐"为败，以为成必有败，其离本意远矣。

"鹤列"，陈名，取义于如鹤之列，犹春秋郑有鱼丽之陈也。见桓五年《左氏传》"丽谯"谓楼观也。门上为高楼以望远曰"谯"。"丽"者两也。知其为两者，以言"丽谯之间"而知之。然则"丽谯"犹两观矣。《春秋》定二年："雉门及两观灾。""徒骥"与鹤列对，"鹤列"当是步卒。《荀子·议兵篇》曰："齐之技击，不可以遇魏之武卒。"则魏固以步卒见长，故先言之。"徒骥"殆用车乘，故以"骥"名。"徒"者众也。"锱坛之宫"，宫名。宫内有坛曰"锱坛"，因以坛名其宫。凡上所举军陈与宫观之名，皆当时魏制如此，但今则不可详考耳。丽谯之间非陈兵之所，锱坛之宫尤非驰骋之地，其言此者，亦以戒武侯庙堂之上、宫廷之中，无事用兵之筹画云尔。故接言之曰"无藏逆于得"，"得"借作德，司马彪本作德可证。外曰为义，而内实争雄，是"藏逆于德"也。"藏逆"者，首则用巧，次则仗谋，终则决战，故曰"无以巧胜人，无以谋胜人，无以战胜人"。至"以战胜人"，则必杀人之士民，兼人之土地。其若是者，不过以养其私而已。然私得其养,而神则不受也,故曰"以养吾私与"。"与"读如欤。此喝起下文。

"吾神者其战",谓神与私战也。旧解皆读"以养吾私与吾神",至"者"字句绝,而以"其战"属下"不知孰善"为句。今知其不然者,上文云"神者好和而恶奸",夫好和而恶奸,则养之当以和,若以杀人士民、兼人土地为养,是以奸养也,可曰养神乎哉!且"不知孰善"云者,两相比较之辞也。如旧解,则只一杀人士民、兼人土地之战,无所谓两也。今惟分而读之,外则吾与人战以养其私,内则神与私战以受其病,两者相衡,取养私欤?取受病欤?是以曰"不知孰善"也。抑战则胜人,而神屈于战,是神负也。神者吾神也。吾神负吾乃独胜乎?故又曰"胜之恶乎在也?"私意此文当如是作解,然后前后文乃不龃龉,惟识者详焉。

"君若勿已矣","勿已",与孟子言"无以则王乎""无以"意同。以同已。见《梁惠王篇》。郭注云"若未能已,则莫若修己之诚",是也。"诚"与上"几且伪哉""伪"字相应。诚曰"胸中之诚"者,诚不在外也。"以应天地之情而勿撄","天地之情",即上所谓"天地之养",一也。使一国之民皆得天地之养而不扰之,是所以"应天地之情"也。"民死已脱"者,民已得免于死也。"君将恶乎用夫偃兵哉",言兵不偃而自偃,偃兵之说无所用之也。

黄帝将见大隗乎具茨之山,方明为御,昌寓骖乘,张若谐朋前马,昆阍滑稽后车。至于襄城之野,七圣皆迷,无所问涂。适遇牧马童子。问涂焉,曰:"若知具茨之山乎?"曰:"然。""若知大隗之所存乎?"曰:"然。"黄帝曰:"异哉小童!非徒知具茨之山,又知大隗之所存。请问为天下。"小童曰:"夫为天下者,亦若此而已矣,又奚事焉!予少而自游于六合之内，予适有瞀病，有长者教予曰：'若乘日之车，而游于襄城之野。'今予病少痊，予又且复游于六合之外。夫为天下，亦若此而已，又奚事焉！"黄帝曰："夫为天下者，则诚非吾子之事。虽然，请问为天下。"小童辞。黄帝又问，小童曰："夫为天下者，亦奚以异乎牧马者哉！亦去其害马者而已矣！"黄帝再拜稽首，称天师而退。

此寓言也。"大隗"以喻大道。"大"读太，司马、崔本作泰隗可证。"具茨"，喻道之无所不具，而又次第井井也。"方明"，明也。"昌寓"，盛美也。《齐风·猗嗟》之诗："猗嗟昌兮。"毛传："昌，美好也。""寓"同宇。"张若"，张大也。"謵朋"，所习者广也。"朋"音侈，今各本并作"朋"。《释文》作"朋"，云："崔本作朋。"朋朋一也，兹从崔本。《释文》又云："本亦作朋。"案：作"朋"者，古文"多"字作"夘"，形与"朋"相似而误也。"昆阍"，守其混同也。《说文》："昆，同也。"昆又与混同。阍，守门者，故用作守义。"滑稽"，言辞辩捷不穷屈也。"骖乘"谓车右。古乘车者居中，御者在左，一人陪乘在右，因曰车右。得车右而一车乃有三人，故又曰"骖乘"。"乘"读去声。"骖"者参也。"前马"，在马前为导。"后车"，在车后相从也。

"襄城之野"，"襄"之义取于反。《小雅·大东》之诗："跂彼织女，终日七襄。"毛传曰"襄，反也"，是也。"至于襄城之野，而七圣皆迷，无所问涂"者，喻言惑而不知反也。故后文称"黄帝再拜稽首，称天师而退"，更不言见大隗之事，盖反则得之，言退而不言进，其意固较然也。

"童子"，喻赤子之心。"牧马"，喻养生。"涂"与途同。"夫为天下者，亦若此而已矣"，"此"即指牧马。先不明出，至后乃曰"夫为天下者，亦奚以异乎牧马者哉！"此如《论语》或问禘之说，子曰："知其说者之于天下也，其如示诸斯乎！"指其掌。先说"示诸斯"，而后出"指其掌"，同一文章之妙。自郭象以下，率舍牧马本文，而别为作解，皆失也。"又奚事焉"者，言无取于有事有为也。"六合之内"，喻人境也。游于人境，因有"瞀病"矣。"瞀"者，眩瞑，亦惑义也。"长者"谓先觉也。"乘日之车"，乘乾而自强不息也。"游于襄城之野"，反其本也。反其本者，反其天也。故曰"今予病少痊，予又且复游于六合之外"。此处著一"复"字，则"襄城"之襄取义于反，亦可由是窥而得之，非无据矣。"又奚事焉"上各本多一"予"字，此涉上两"予"字而衍。"为天下亦若此而已"，乃答黄帝之问，非言己事，于文不当有"予"字以重叠上文。上文无"予"字，此何得独增！因删正。

"小童辞"者，言尽于上，无取费辞也。以黄帝未悟，故为点出，曰"亦去其害马者而已矣"。去其害而已矣，《德充符》所谓"常因自然而不益生"。为道只有损而无益，故《易·损卦》言"惩忿窒欲"。《益卦》言"见善则迁，有过则改"，亦犹是《损卦》之意，无所加也。"害马"之事，详见《马蹄篇》，不复释。"稽首"，首至地，礼敬之至也。

知士无思虑之变则不乐，辩士无谈说之序则不乐，察士无凌谇之辞则不乐，皆囿于物者也。招世之士兴朝，中民之士荣官，筋力之士矜难，勇敢之士奋患，兵革之士乐战，枯槁之士宿名，法律之士广治，礼乐之士敬容，仁义之士贵际。农夫无草莱之事则不比，商贾无市井之事则不比，庶人有旦莫之业则劝，百工有器械之巧则壮。钱财不积，则贪者忧；权势不尤，则夸者悲。势物之徒乐变，遭时有所用，不能无为也。此皆顺比于岁，不物于易者也。驰其形性，潜之万物，终身不反，悲夫！

思虑言"变"，不变不成其为思虑也。谈说言"序"，无序不成其为谈说也。《易·艮卦》六五爻曰："艮其辅，言有序，悔亡。"谈说而无序，悔尤之招也。凌谇言"辞"，离于辞无以见其为凌谇也。今各本"辞"皆作事，惟陈碧虚《阙误》引文如海、成玄英、张君房诸本作"辞"。《荀子·解蔽篇》云："传曰析辞而为察,言物而为辩,君子贱之。"然则察士之为察,其用正在于辞,"辞"字较实与切,兹故改正从"辞"。

"察士"者,当时名家之称也。《荀子·修身篇》曰："夫坚白同异、有厚无厚之察,非不察也,然而君子不辩,止之也。"《不苟篇》曰："君子说不贵苟察。山渊平,天地比,齐、秦袭,入乎耳出乎口。钩有须,卵有毛,是说之难持者也,而惠施、邓析能之。然而君子不贵者,非礼义之中也。"《儒效篇》曰："慎、墨不得进其谈,惠施、邓析不敢窜其察。"以察专属之惠施、邓析坚白同异、有厚无厚等论,此名家为察士之确证也。注家泛以明察或察察释之,去实远矣。

"凌谇",旧注以"凌"为凌轹,"谇"与讯同。此望文生义,非正解也。《列子·力命篇》有云："豂忦、情露、譁极、凌谇四人相与游于世,胥如志也,穷年不相晓悟,自以为才之得也。"《列子》此文列举四名,并两两相反。"凌谇"者,譁极之反。譁与謇同,难于言也,极,穷也,谓辞之穷。故张湛注云："此皆讷涩辩给之貌。"以"凌谇"为辩给,较为近之,然亦未尽。于《易·蹇》之反对卦为解,以是义求之,譁极为凝滞,则凌谇为解析。又譁极为否塞,则凌谇为通贯。盖察士之于辞,人之所混而同者,则析而别之。如墨家云"坚白不相外",见《墨经》。而察士则谓坚白不相盈。不相盈,即坚白离是也。见《公孙龙子·坚白论》又人之所画而分者,则贯而通之。如墨家画分同异,同有重体合类四者,异即有二不体不合不类四者,见《墨经》而察士则谓万物毕同毕异。毕同毕异,即合同异是也。见本书《天下篇》然则"凌"如凌虚、凌云之凌,谓抽而出之,超然于物象之上也。"谇"通萃,谓并而一之,归纳于理道之中也。言"凌谇",犹之言离合矣。

由智士而辩士,由辩士而察士,浅深内外之次,亦有不可紊者,而总括之曰"皆囿于物者也",则致慨于察士者尤至。盖察士历物之意,语见《天下篇》自以为能物物者,而不知其知不出乎物也。

"招"读如翘。"招世之士",谓翘异于世者。"兴朝",兴于朝廷也。成疏以"招"为招致,失之。"中"读如字。此文"中民"与"招世"相对,"中民"犹中人,谓无异材殊能者,故曰"荣官"。"荣"通营,谓营于一官,非曰以官显荣也。"矜难",以能御难自矜许也。"奋患",遇患则奋起也。"患"、"难"互文,"难"读去声。"乐战",不以征战为苦也。"枯槁",见《刻意篇》。"宿名","宿"犹守也,谓以高名自守。"广治","治"读去声,谓以治术自广。"敬容","容"所谓礼容也,"敬"者重也,与"贵际"之"贵"文对。"际",交际,如《孟子·万章篇》"敢问交际何心也",指士与诸侯之交际言。《释文》谓"际"为盟会。盟会诸侯之事,非士之所得主,其说固非。而如《庄子集释》郭氏之说以交际为寻常人与人之交际,即亦未是。仁义之士欲行其道,不得不周旋于列国之间,是所谓"贵际"也。自"筋力之士"以下七者,各以其类言之,与上"招世"、"中民"以其等言者异。

"草莱之事",谓辟草莱而为田亩也。"市井"即市易,成疏云"古者因井为市,故谓之市井",是也。"比"者亲也。不亲者,不与之习近也。"庶人",庶民也,此与《周官》书所谓"閒民"相当,在农工商之外,无常职而转移执事,见《天官·太宰》故曰"有旦暮之业则劝"。"旦暮之业",谓一日之计。"劝",勉也。"器械之巧",谓为器械而能尽其工巧。"壮",气壮也。贪夫殉财,故"钱财不积则贪者忧"。夸者死权,故"权势不尤则夸者悲","尤",异也,谓特异于众。

"势物之徒乐变",此一句总结前文。"势"即权势之势,"物"即囿于物之物,非囿于物则牵于势,故曰"势物之徒"。"乐"即上三"不乐"之乐,"变"即"思虑之变"之变。不独思虑之变为变也,自"谈说"以下,以至积财、揽权,皆变也。变者,一之反,定之贼也。观篇末"知大一"以至"知大定"之言,可以喻此节之文之意矣。旧注以"势物之徒"与上之知士、辩士、察士,后之贪者、夸者比类而齐观,失书旨矣。"遭时有所用",不没其长也。"不能无为",致惜于其短也。"顺比于岁,不物于易",乃设譬。此"比"如《论语》"义之与比"之比,从也。"易"如《尚书·尧典》"平秩南讹,平在朔易"之易,变易,变化也。"物"如《周官·草人》"掌土化之法以物地"之物,见《地官·司徒》物而制之也,谓但顺从于岁时之推移,而不能坐制其变化,盖所谓受役于物而不能役夫物者,故曰"驰其形性,潜之万物,终身不反,悲夫!""潜"犹没也。此与《天下篇》伤惠施"逐万物而不反"用意正同,故下文遂论及于惠施。

　　庄子曰:"射者非前期而中,谓之善射,天下皆羿也,可乎?"惠子曰:"可。"庄子曰:"天下非有公是也,而各是其所是,天下皆尧也,可乎?"惠子曰:"可。"庄子曰:"然则儒、墨、杨、秉四,与夫子为五,果孰是邪? 或者若鲁遽者邪? 其弟子曰:'我得夫子之道矣,吾能冬爨鼎,而夏造冰。'鲁遽曰:'是直以阳召阳,以阴召阴,非吾所谓道也。吾示子乎吾道。'于是乎,为之调瑟,废一于堂,废一于室;鼓宫宫动,鼓角角动,音律同矣。夫或改调一弦,于五音无当也。鼓之,二十五弦皆动,未始异于声,而音之君已。且若是者邪?"惠子曰:"今夫儒、墨、杨、秉且方与我以辩,相拂以辞,相镇以声,而未始吾非也,则奚若矣?"庄子曰:"齐人蹢子于宋者,其命阍也,不以完;其求钘锺也,以束缚;其求唐子也,而未始出域,有遗类矣! 夫楚人寄而蹢阍者,夜半于无人之时而与舟人斗,未始离于岑,而足以造于怨也。"

　　"期",约也。"前期"者,先共指定以某为鹄的也。不有前期,射无不中,斯射无不善矣,故曰"天下皆羿也"。"可乎"者,以是问惠子也。而惠子以为"可"者,可不可、然不然,《天下篇》所谓"以反人为实"者也。"公是",下文《则阳篇》云"合异以为同",又云"大人合并以为公",是公是之所生也。庄子齐物,以明、因是、两行,故虽泯是非而未尝废是非,此其与惠子异者。庄书屡云"故有尧、桀之是非",等尧于桀,似各是所是天下皆尧之说,未尝不可以立也,故以是问惠子,而惠子曰"可"。然惠子知其一而未知其二也。是非之齐,正为是非之公而发,若曰公是而可以无也,则黑白混淆,而形名失其用,天下且大乱矣。夫察士之察,欲以破世人之惑也,而孰知以察为惑,惑乃更甚于世人。庄子所以屡与惠子辩者,谆谆之意盖在于此。故此节之文,于一篇大旨甚关紧要。顾注家自郭子玄以下,轻轻以"自以为是"四字将惠子抹倒。若然,则庄子乃费如许唇舌,不亦多余乎哉!是必于庄、惠两家学术通观其全,然后判其同异,庶几得之,未可笼统盖过也。

"儒、墨",屡见前。"杨",杨朱。"秉",成玄英谓是公孙龙字,不知何据。《列子释文》有此语,而《庄子释文》无之。窃疑公孙子与惠子同为察士。《天下篇》列举惠子之说,云:"惠施以此为大,观于天下而晓辩者,天下之辩者相与乐之。"复举卵有毛、鸡三足诸说,云:"辩者以此与惠施相应,终身无穷。"然后云:"桓团、公孙龙,辩者之徒,饰人之心,易人之意,能胜人之口,不能服人之心,辩者之囿也。"一则曰"天下之辩者相与乐之",再则曰"辩者以此与惠施相应",龙之于施,其先后与学所自出,虽不能详考,至其为同一流派,则彰彰明甚。安得跻龙于儒、墨、杨氏之列,而与施对抗邪?故洪颐煊《读书丛录》谓"秉"字为宋之讹。"宋"者,宋钘。《汉书·艺文志》有《宋子》十八篇,书虽不传,其说见于庄子、荀子之书,自是当时显学之一。秉、宋字形亦略似,洪氏所考,颇为近之。梁玉绳《瞥记》亦有是说要之,"秉"非公孙龙,则断断然也。

"鲁遽"一喻,盖有深旨,当分三层看。"以阳召阳,以阴召阴",以喻同于己则是之,异于己则非之,是所谓"小知閒閒"者,故鲁遽曰"非吾所谓道"。若"鼓宫宫动,鼓角角动",则以喻所应非一,近于能兼是者,故曰"音律同矣"。"同"者,所谓合异以为同也。是其教弟子者,自是高弟子一等,而注家乃以鲁遽夸其弟子,实与弟子无二,殆失之矣。

447

"夫或改调一弦"以下,乃庄子因鲁遽之为而更进一解,此细玩下语用
"夫或"字可以见也。"于五音无当","当"读去声。虽于五音无当,而
鼓之则二十五弦皆动,则此改调之一弦,实总制夫二十五弦,故曰"未
始异于声而音之君已"。曰"音之君"云者,以喻是非不齐,亦自有其宗
主,即所谓公是者。故此文"果孰是邪"为一诘,"或者若鲁遽者邪"为
一诘,"且若是者邪"又为一诘。每诘而愈进,所以引惠子于当道,非仅
讥刺之而已也。"冬爇鼎而夏造冰",盖譬喻语,谓能用阴阳,而不为阴
阳所移耳。"废一于堂,废一于室","废"犹置也。置一瑟于堂、一瑟于
室也。"音律同",则"鼓宫宫动,鼓角角动",今物理声学所谓共鸣
者也。

　　"与我以辩","与"同举。举我以辩者,谓以辩推我也。"相拂以
辞,相镇以声","拂"读如弼,矫也;"镇"如镇压之镇,谓加其上也。
"声"与"辞"对,犹云言也。或以"声"为名声、声誉,误也。"而未始吾
非","非"谓非难,言无以难我。"吾"者,惠子自吾也。郭注云"未始吾
非者,各自是也",与上文"与我以辩",下文"则奚若矣"语气皆不合,其
失不待辩而可知。而后之注者,率沿用其说,不谓之粗疏不得也。

　　"齐人蹢子于宋者"以下,皆事之所不能有,以喻惠子有其辞而无
其实。"蹢"读如谪,责也。齐人而子在于宋,安从而罪责之!此一喻
也。"阍",守门户者。"完"谓完其管钥之事。令守门户而不曰完其管
钥,有是事乎?此又一喻也。"铏"音刑,似锺而长颈。"锺"同钟。"铏
锺"皆乐器,求得而束缚之,则何从而考击?是失铏锺之用也。此又一
喻。"唐子",《释文》谓失亡子也。求失亡之子而不出其境域,求安可
得!则求如不求也。此又一喻。凡此四喻,皆自相矛盾者,故总曰"有
遗类矣"。夫"遗类"云者,谓失其伦类也。旧读"夫"字属下"楚人"为
句,俞樾连上读,是也,兹从之。"寄"谓寄居他国。寄居他国,岂得有
阍者而谪之!夜半非济渡之时,何为入舟!且曰无人矣,而又云"与舟
人斗"。是所谓狂举也。"狂举",语出《公孙龙子》。言其语悖也。此二喻亦前

四者之类。前四者意在刺其"相拂以辞",此二者则意在刺其"相镇以声",故曰"蹢",又曰"斗"。"岑",《说文》云:"山小而高。"以喻诸家所造似高而实小,今惠子亦未免此,故曰"未始离于岑"。彼此争辩,小之谪,大之斗,能胜其口,不能服其心,故曰"而足以造于怨也"。其所以教惠子者,亦可谓至切矣。

抑此文曰"不以完",是所守者残阙也。曰"以束缚",是自梏其灵明也。曰"未始出域","未始离于岑",是自不能纵观而玄览也。盖皆隐有微旨,注家类以浅语视之,从而作解,至以为贱子而贵器,自是而怒人,庄子之言乃庸猥如是邪?昔梁时有傅大士者,名翕,作偈曰:"空手把锄头,步行骑水牛,人从桥上过,桥流水不流。"见《五灯会元》彼乃说禅,自非此比,然若语言之妙,则庄生、大士实乃同符。予因读大士之偈,有所会悟,故诠释此节,尽翻前人之说,别为新解,其然其否,以俟深于庄学者。

庄子送葬,过惠子之墓,顾谓从者曰:"郢人垩漫其鼻端,若蝇翼,使匠石斫之。匠石运斤成风,听而斫之,尽垩,而鼻不伤,郢人立不失容。宋元君闻之,召匠石,曰:'尝试为寡人为之。'匠石曰:'臣则尝能斫之。虽然,臣之质死久矣。'自夫子之死也,吾无以为质矣,吾无与言之矣。"

上节指摘惠子之病,一无宽假,兹乃谓"自夫子之死,吾无与言"者。惠子之才,实非常伦,傥能解其惑而进于道,则内圣外王之学有传人,非徒朋友之好而已,此庄子之深心也。

"郢",楚都。"垩",白垩。"漫"一作慢,并槾之假借,圬也,涂也。"若蝇翼",极言其薄而小也。"匠石",已见前。以其善斫,故使斫之。"运斤成风",言其速也。"听而斫之",目之所不能见,故废视而用听,耳之用则神也。"尽垩而鼻不伤",匠石之能。"立不失容",郢人之定也。"宋元君",见《田子方篇》。"尝试为寡人为之",上"为"读去声。
"尝"、"试"一意,欲一观其技之妙也。"臣则尝能斫之",此"尝",曾也,
谓曾能为之。"臣之质死久矣","质"指郢人。时郢人早死也,称之为
"质"者,质对斤言,又有当义,言足以当其斤斫也。"夫子",庄子以称
惠子。"无以为质",犹言无以为对当也。

管仲有病,桓公问之,曰:"仲父之病病矣。可不讳云,至
于大病,则寡人恶乎属国而可?"管仲曰:"公谁欲与?"公曰:
"鲍叔牙。"曰:"不可。其为人,絜廉善士也,其于不己若者,
不比之人;一闻人之过,终身不忘;使之治国,上且拘乎君,下
且逆乎民。其得罪于君也,将弗久矣。"公曰:"然则孰可?"对
曰:"勿已,则隰朋可。其为人也,上忘而下畔,愧不若黄帝而
哀不己若者。以德分人谓之圣,以财分人谓之贤。以贤临
人,未有得人者也;以贤下人,未有不得人者也。其于国有不
闻也,其于家有不见也。勿已,则隰朋可。"

此举隰朋以贤下人,盖为惠子好胜人作反鉴也。"讳",今各本作
谓。王引之据《列子·力命篇》以"谓"为"讳"之讹,是也,因改正。"可
不讳云",犹曰可不讳言也。引之又称其父念孙之说,谓"可不"为"不
可"误倒,"云"犹如也,当属下读,以《管子·戒篇》、《小称篇》并作"不
可讳"为证。不知各书文不必尽同,必强为一之,则泥矣,是以不从。
"仲父",桓公以称管仲。"病病"者,上"病",疾病;下"病",病甚也。
"至于大病",言不起也。"恶"读乌。"恶乎属国而可",问可以付属国
政之人。"公谁欲与"乃倒文,仲问公欲与谁也。《列子》"与"作欤。二
书不同,可各行,不必改也。

"鲍叔牙",姓鲍,名牙,字叔,故又称鲍叔,旧奉桓公奔莒,因以入
国,后荐管仲为相,盖公之旧臣而仲之良友也。"絜"同洁,不受污也。

惟其洁，故于"不己若者不比之人"。"不比之人"，谓不比于人数也。"廉"者有圭角之称。惟其廉，故"一闻人之过，终身不忘"。"人"各本作又，属下读，兹从《列子》改。人、又形近，"又"自是"人"之讹字也。"治国"之"治"读平声。"上且拘乎君"，"拘"，拘束，一作钩，"拘"本字，钩则假借也。桓公宠内而好侈，拘束非其所能受，故曰"得罪于君将弗久矣"。"下且逆乎民"，"逆乎民"，不为民之所戴，则公罪之，而民无复有非之者，叔之得罪，益无可免，故管仲阻公之相叔，亦所以为叔计也。

"隰朋"，"隰"姓，"朋"名，齐之公族大夫也。"上忘"，与上相忘。"下畔"，与下若离也。《列子》"畔"作叛，上有"不"字。彼谓"居上则忘其尊，居下则不叛乎上"，与此义别。若曰下不叛之，则自是下之事，与"其为人"之文不合矣。此亦当两存而各行，不得改此以从彼。"愧不若黄帝"，愧己之不若黄帝之德溥。"哀不己若者"，于不如己者则哀矜之而不敢轻也。"以德分人"以下四句，乃泛论。"财"与才同。孟子亦曰："有成德者，有达财者。"见《尽心篇》财德对举，固当是才。"以德分人"、"以才分人"者，谓不自专其德与才，而与人共之，其有德有才者，则分而任之，其无德无才者，则从而教之也。故曰"以贤临人，未有得人者；以贤下人，未有不得人者也"。"贤"，犹胜也，谓胜于人也。"其于国有不闻也，其于家有不见也"，此复论及隰朋。"有不闻也"，闻其大者，细者则置之。"有不见也"，见其大者，小者则遗之。前言上忘下畔，此正与之相应，皆极形其浑厚而不事察察也。《书》曰："如有一介臣，断断猗无他技，其心休休焉，其如有容。人之有技，若己有之。人之彦圣，其心好之，不啻如自其口出，是能容之。"若隰朋者，庶几近之矣。故曰"勿已，则隰朋可"。

吴王浮于江，登乎狙之山。众狙见之，恂然弃而走，逃于深蓁。有一狙焉，委蛇攫条，见巧乎王。王射之，敏给，搏捷矢。王命相者趋射之，狙执死。王顾谓其友颜不疑曰："之狙也,伐其巧,恃其便以敖予,以至此殛也。戒之哉！嗟乎,无以女色骄人哉！"颜不疑归,而师董梧,以锄其色。去乐辞显,三年,而国人称之。

"浮",泛舟也。"狙"已见《齐物论篇》。"狙之山"者,山多狙,因以狙名也。"恂"如《大学》"恂栗也"之恂,怖惧也。"弃"者,弃其所处。"蓁"同榛,小栗树也。"委蛇",曲行貌。"攫条",攀条而上下也。"条"各本作"捺"。"捺"即今"抓"字。《释文》云:"司马本作条。"兹从司马本。"见"读现。"见巧",示巧也。"给"如《论语》"御人以口给"之给,与敏同义。旧读"敏给"属上"王射之"为句,俞樾以属下读,曰:"敏给当以狙言。谓狙性敏给,能搏捷矢也。"俞说是也。惟又云:"捷读为接。捷与接声近义通。"则未然。成疏云:"搏,接也。"既言"搏",无为再言"接"矣。且惟能"搏捷矢",故以"敏给"加之。然则郭注训"捷"为速,未可易也。"王命相者趋射之","相者",王之左右。"趋"读如促,谓急射之也。"执死",见执而死也。

"颜不疑",姓颜,名不疑。"之狙",是狙也。"伐",矜也。"便"谓敏给,当读平声。"敖"同傲。"殛",死也。"以至此殛",谓死由自致也。"无以女色骄人哉!""色"即骄人之色,《列子》曰"色盛者骄",是也,见《列子·说符篇》观后文云"以锄其色"可知。"锄"如锄草然,不使稍有存留也。本亦作"助",与锄同。"董梧",吴之有道之士。师于有道故能去其矜骄。"去乐",就贫苦也。"辞显",甘淡漠也。贪于显乐,骄之所由起,故以"去乐辞显"卒言之。"三年而国人称之",言其久而后有成也。

南伯子綦隐几而坐,仰天而嘘。颜成子入见,曰:"夫子,物之尤也。形固可使若槁骸,心固可使若死灰乎?"曰:"吾尝居山穴之中矣。当是时也,田禾一睹我,而齐国之众三贺之。

我必先之,彼故知之;我必卖之,彼故鬻之。若我而不有之,彼恶得而知之? 若我而不卖之,彼恶得而鬻之? 嗟乎! 我悲人之自丧者,吾又悲夫悲人者,吾又悲夫悲人之悲者,其后而日远矣。"

"南伯子綦",即南郭子綦,已见前《齐物论篇》。"颜成子",即颜成子游。此文上半略与《齐物论》同,而取义则异。其云"形若槁骸、心若死灰",但以见不自炫露已耳,未若"嗒焉丧耦"之深至也。"夫子,物之尤"者,言其异于人也。不知稍有以异于人,即于道不相入,故下文子綦之言乃针对此而发,所以切教子游,非只悔其前行也。"田禾"即齐太公和。一见子綦"而齐国之众三贺之"者,贺其能得贤而下之也。人见其贤,则虽居山穴之中,曾不足以晦其迹,故曰"我必先之,彼故知之;我必卖之,彼故鬻之"。"鬻"者,卖之借字,买也。"若我而不有之","有"如老子"为而不有"之有。彼"有"谓自有其功,此"有"谓自有其德。自有其德,则炫露于不自觉,是以老子曰"上德不德"也。"我悲人之自丧者","自丧"之"丧",与"丧我"之"丧",文若同而指则判若天壤。"丧我"者,丧其情识之我。"自丧"者,丧其性命之真也。又曰"悲夫悲人"与"悲夫悲人之悲者",盖鞭辟近里,层层自反,不欲有一毫情识之存,而后本体始完始粹,故曰"其后而日远矣"。至于日远,斯可谓丧我也已。

仲尼之楚,楚王觞之,孙叔敖执爵而立,市南宜僚受酒而祭,曰:"古之人乎! 于此言已。"曰:"丘也闻不言之言矣。未之尝言,于此乎言之。市南宜僚弄丸,而两家之难解;孙叔敖甘寝秉羽,而郢人投兵;丘愿有喙三尺。"

彼之谓不道之道,此之谓不言之辩。故德总乎道之所一,而言休乎知之所不知,至矣。道之所一者,德不能同也;

知之所不知者，辩不能举也。名若儒墨，而凶矣。故海不辞东流，大之至也。圣人并包天地，泽及天下，而不知其谁氏。是故生无爵，死无谥，实不聚，名不立，此之谓大人。狗不以善吠为良，人不以善言为贤，而况为大乎！夫为大，不足以为大，而况为德乎！夫大备矣，莫若天地，然奚求焉，而大备矣？知大备者，无求、无失、无弃，不以物易己也。反己而不穷，循古而不摩，大人之诚。

此寓言也。孙叔敖为楚庄王相，时孔子尚未生。市南有熊宜僚者，可以当五百人，见哀十六年《春秋左氏传》，则孔子已于是年四月死矣。宜僚未尝仕于楚，孔子亦无由见之。孙叔敖曾见《田子方篇》。宜僚见《山木篇》。殆以楚昭王尝召孔子至楚，或有觞之之事，因衍为此一段文字，以为不道之道、不言之辩，描写生色耳。《庄子》书中如是者不鲜。马其昶《庄子故》乃谓："此所云执爵而立，亦如优孟为孙叔敖衣冠，抵掌谈语为乐。人象叔敖，而非真叔敖。"然此以解叔敖尚可，又何以解于宜僚！窃所不取也。

"觞"者，置酒以歆之，古所谓燕礼也。"爵"，酒器，受一升。"宜僚受酒而祭"者，古者饮食之先，必祭于豆间，所以不忘先代始为饮食之人也。"曰古之人乎，于此言已"者，养老乞言，遵古之制，意谓古之人皆然，以是诱孔子使言也。"养老乞言"，见《小戴礼记·文王世子篇》及《诗·大雅·行苇序》。"丘也闻不言之言矣"，"闻"谓闻之古人。"不言之言"，谓言不在于言也。"未之尝言，于此乎言之"，两"之"字，皆指此"不言之言"而言，谓今欲我言之，亦惟此"不言之言"一语而已。下引宜僚弄丸、孙叔秉羽两事，即就当人本事，以为"不言之言"作证。"两家之难解"，当时宜僚为人排难解纷，事当有之，今已不可考。注家自司马彪以下，皆以宜僚不从白公作难杀令尹子西、司马子期之事，牵合为说。若然，何得云两家难解乎！"丸"，今毽也。"羽"，羽扇。"甘寝"，安寝也。《淮南子·主术训》亦云:"昔孙叔敖恬卧,而郢人无所用其锋。用,各本皆作事,据王念孙说改正。市南宜僚弄丸,而两家之难无所关其辞。"关如关说之关恬卧即"甘寝"。"投兵",投弃兵刃,即无所用其锋也。"丘愿有喙三尺"者,鸟之长喙者皆不善鸣,故假以自况。《庄子故》因司马彪有"三尺匕首剑"语,谓:"唯口兴戎故以剑喻,犹言舌锋也。有者保有之有。"虽曲为之说,而以是为孔子之辞,亦太诬圣人矣。

"不道之道",不言道而道存也。"彼"谓孙叔与宜僚,"此"谓孔子。自此以下,皆庄子借上事而发挥之言。"总"谓要归也。"休",止也。"德不能同",德不能比也。"名若儒墨而凶"者,"而"犹则也。德荡乎名,名立而争起,故儒、墨相非不已,是则凶也。"而不知其谁氏",老子所谓"功成事遂,百姓皆谓我自然"。不知归功于圣人,故亦不知圣人之为谁氏也。"生无爵",不必为天子诸侯也。"死无谥",不必有尧、舜、文、武之号也。"实不聚",不敛其实也。"名不立",不居其名也。"此之谓大人","大人"即圣人。顾不谓之圣人,而谓之大人者,犹孔子称"大哉! 尧之为君! 惟天为大,惟尧则之"。故下文亦云"夫大备矣,莫若天地"。盖一大为天,以天为况,因谓之大人也。孟子亦曰:"有大人者,正己而物正者也。"正己而物正,固不在得位与否也。

又曰"为大不足以为大",何也? 大者盛德之所致,非有心勉强而为之者也。有心勉强而为之,是伪也,非诚也。非诚而可以法天乎哉! 又曰"而况为德",何也? "德"者天德,非有他也。"奚求焉而大备"者,大本自有,不待外求也。夫既为自有,则亦不自失之弃之已耳,故曰"无失无弃"。顾所以有失弃者,则以徇外逐物之故,故又曰"不以物易己也"。不以物易己,是为反己。"反己则不穷","反己"者古之道也。"循古则不摩","摩",灭也。"不摩"者,德成而己成,无有消灭时也,故曰"大人之诚"。《中庸》曰:"至诚无息。"无息不摩,一也。

子綦有八子,陈诸前,召九方歅曰:"为我相吾子,孰为

祥?"九方歅曰:"梱也为祥。"子綦瞿然喜,曰:"奚若?"曰:"梱
也将与国君同食,以终其身。"子綦索然,出涕,曰:"吾子何为
以至于是极也!"九方歅曰:"夫与国君同食,泽及三族,而况
于父母乎!今夫子闻之而泣,是御福也。子则祥矣,父则不
祥。"子綦曰:"歅!女何足以识之,而梱祥邪?尽于酒肉入于
鼻口矣,而何足以知其所自来?吾未尝为牧,而牂生于奥;未
尝好田,而鹑生于宎,若勿怪,何邪?吾所与吾子游者,游于
天地。吾与之邀乐于天,吾与之邀食于地。吾不与之为事,
不与之为谋,不与之为怪。吾与之乘天地之诚,而不以物与
之相撄;吾与之一委蛇,而不与之为事所宜。今也,然有世俗
之偿焉!凡有怪征者,必有怪行。殆乎!非我与吾子之罪,
几天与之也。吾是以泣也。"无几何,而使梱之于燕,盗得之
于道,全而鬻之则难,不若刖之则易,于是乎刖而鬻之于齐,
适当渠公之街,然身食肉而终。

　　"子綦"即南伯子綦,承上文而言,故不著其姓氏。成玄英疏谓是
楚司马子綦。綦与期同子期为楚公族,其子与国君同食,乃事之宜然,何
足为异,而曰:"以至于是极邪!"玄英亦未之思已。"九方歅",《淮南子·
道应训》作九方堙,伯乐之徒,善相马者。子綦以其善相马,因推而使
相其子也。

　　"孰为祥"者,孰为吉善也。"梱也为祥","梱",子綦子名,言惟梱
为祥也。"瞿然"一作戄然,谓奋然而喜也。"奚若"犹何如也。"与国
君同食",食与国君同也。"索然",如俗云索然寡味。前喜而今尽,故
曰"索然"。读之当略顿,不与下"出涕"相属。旧注以为涕下貌,非也。
"以至于是极","极"如《书·洪范》"五福六极"之极,福之反,亦祥之
反,谓凶恶也。"三族",父族、母族、妻族也。"御福",谓福来拒而不
受,故曰"子则祥矣,父则不祥"。

"歆",呼其名也。"何足以识之",何足以知之也。"而梱祥邪","而"与乃同。梱乃祥邪,不然之辞也。"尽于酒肉入于鼻口","尽"犹止也,谓不过酒肉入于鼻口而止耳。"而何足以知其所自来?"此"而"与尔、汝同,谓汝何足以知酒肉之所自来也。"奥",室之西南隅。"宾"音杳,室之东南隅。"牂",牝羊也。"田",田猎。牂鹑言生于奥宾者,"生",出现也。此因上酒肉之文而为言,指既成肴馔之牂鹑,非谓活羊活鹑也。不牧何从得羊?不猎何从得鹑?不当得而得之,是当惊异。故曰"若勿怪,何邪?""勿"犹无也。

"邀乐于天"、"邀食于地",两"邀"字并同徼,要求也,见上《庚桑楚篇》注。"不与之为事",不造作也,非不事事之谓。"不与之为谋",不营谋也。"不与之为怪",不为怪异非常之行也。"与之乘天地之诚,而不以物与之相撄",循乎天地真实之理,而不以物欲凌犯之也。"与之一委蛇,而不与之为事所宜",此"委蛇"谓随顺。"一",壹是也。一皆随顺乎人事,而不图己之所宜,《人间世》所谓不择地而安之,不择事而安之也。

"然有世俗之偿","然"犹若是,此倒文,谓有世俗之偿若是,谓"将与国君同食以终其身"也。"怪征","征"如《洪范》休征、咎征之征。"征",验也。"怪行","行"读去声。"殆乎",二字句,承"怪征"言,言危殆也。"非我与吾子之罪,几天与之也",承"怪行"言。本不为怪,则非其父子之罪。"几天与之"者,殆天与之也。"吾是以泣",泣非其罪而获咎于天也。

"无几何",无多日也。"之于燕",往于燕。"盗得之于道",涂中为盗所略得也。"鬻",卖也。全则可逃,故卖之难。"刖",刖其足。足残则无逃理,故曰"易"也。"鬻之于齐",鬻于齐国也。"渠公之街",盖街名,而为齐君出入之道。"适当渠公之街"者,齐因其刖而使之主街,如清之巡街御史下铺房然也。成疏用《释文》或说,以"渠公为齐之富室,为街正,买梱以自代"。若然,则与上"与国君同食"之语不相符。宣颖

《南华经解》则谓:"渠公为齐所封国,如楚叶公之类。适当君门之街为
阍者,故曰与国君同食。"齐有渠公,于载籍无征。若果有之,则亦薛公
之比,自有其国,当云鬻之于渠,不得混言之曰鬻于齐。且为阍者,直
曰为渠公之阍可矣,何取而谓"当渠公之街"云乎! 以是断知"渠公之
街"为街名无疑也。此节盖言倪来之名位,不足为福,以竟上大人不必
得位之义,而亦以解世人贪取名位之惑也。

　　啮缺遇许由,曰:"子将奚之?"曰:"将逃尧。"曰:"奚谓
邪?"曰:"夫尧畜畜然仁,吾恐其为天下笑。后世其人与人相
食与! 夫民不难聚也,爱之则亲,利之则至,誉之则劝,致其
所恶则散。爱利出乎仁义,捐仁义者寡,利仁义者众。夫仁
义之行,唯且无诚,且假夫禽贪者器。是以一人之断制天下,
譬之犹一覕也。夫尧知贤人之利天下也,而不知其贼天下
也,夫唯外乎贤者,知之矣。"

　　"啮缺"、"许由",并已见前。"逃尧",避尧而他往也。"奚谓"犹何
为。"畜畜然仁","畜畜"犹汲汲,言不能为之而无以为也。上仁为之而无
以为,见《老子》。故曰"恐其为天下笑"。"后世其人与人相食","其"犹将
也,已见《庚桑楚篇》。

　　"誉之则劝","誉"谓奖誉之。"劝",勉也。"致其所恶则散","恶"
读去声。反言以证爱之利之则聚,故曰"民不难聚也"。"爱利出乎仁
义",此与《墨经》言"仁,体爱也;义,利也"说相似。《墨子·兼爱篇》言
"兼相爱交相利",盖即本仁义以为说,然其源则出于《易》。《乾卦·文
言》曰:"君子体仁足以长人,利物足以和义。"以利说义,固《大易》之要
旨也,是故谓庄子之言与墨子有相通则可,谓此即撷取墨子之说而以
为自墨家出,则失之矣。"捐仁义者寡,利仁义者众",捐与利相对为文,则
"捐"者谓不以仁义为利,取其实而不取其名,非曰举仁义而弃捐之也。

"仁义之行","行"读平声。故郭注曰:"仁义既行,将伪以为之。"仁义既行者,仁义之名既行也。《释文》云"行,下孟反",读作去声,非是。"唯且无诚","且",将也,郭云"将伪以为之",是也。"且假夫禽贪者器",此"且"为而且之且。"禽"如禽荒之禽,谓田猎也。"禽荒",见《古文尚书·五子之歌》。田猎者无不贪于多获,故曰"禽贪"。《传》曰"唯器与名不可以假人",见成二年《春秋左氏传》《胠箧篇》亦曰"国之利器不可以示人",盖既以示之,则必有假之者矣。此曰"假夫禽贪者器",亦谓禽贪者得假之以为私耳。

"一人之断制天下",言以一人而断制天下,所谓专断专制,故曰"譬之犹一觏也"。"觏",郭注云:"割也。万物万形,而以一剂割之,则有伤也。"故"一觏"者,非曰一割之而已,谓割之不问精粗大小,惟用一法,则宜其有害也。郭以"觏"为割者,章太炎《庄子解故》云:"觏借为邟。《说文》:'邟,宰之也。'宰、割同义。"是也。各本"断制"下有"利"字,唐写本无之。案:郭注云:"若夫仁义各出其情,则其断制不止于一人。"成疏云:"荣利之徒,负于仁义,恣其鸩毒,断制天下,向无圣迹,岂得然乎!"注疏皆仅言"断制",不及于"利",明"利"涉上"制"字而误衍。后人以上文言"爱利"言"利仁义",遂以为"利"字所本有,不敢删之,而不知其非也,兹据唐写本删去。

"外乎贤者"之"外",与"捐仁义者"之"捐"一义,内其实而外其名,如是,则天下只蒙其利而不被其害,故曰"夫唯外乎贤者知之矣"。"知之"者,知夫利害之实也。

有暖姝者,有濡需者,有卷娄者。所谓暖姝者,学一先生之言,则暖暖姝姝,而私自说也,自以为足矣,而未知未始有物也,是以谓暖姝者也。濡需者,豕虱是也,择疏鬣长毛,自以为广宫大囿;奎蹄曲隈,乳间股脚,自以为安室利处;不知屠者之一旦鼓臂布草操烟火,而己与豕俱焦也。此以域进,以域退,此其所谓濡需者也。卷娄者,舜也。羊肉不慕蚁,蚁慕羊肉,羊肉膻也。舜有膻行,百姓说之,故三徙成都,至邓之虚,而十有万家。尧闻舜之贤,举之童土之地,曰冀得其来之泽。舜举乎童土之地,年齿长矣,聪明衰矣,而不得休归,所谓卷娄者也。

是以神人恶众至,众至则不比,不比则不利。故无所甚疏,无所甚亲,抱德炀和,以顺于天,此谓真人。于蚁弃知,于鱼得计,于羊弃意。以目视目,以耳听耳,以心复心。若然者,其平也绳,其变也循,古之真人。以天待人,不以人入天,古之真人。

此因上"贤人贼天下"之文,举世之所谓贤者三等,以见贼天下者亦以自贼,虽至于舜,且有不周不利之患,徒勤众事而野死_{舜勤众事而野死,见《小戴礼记·祭法篇》。}则何如"以天待人,不以人入天",己与人相忘于道术者之为愈哉!

"暖"借作媛。"媛"、"姝",皆女子美好貌。孟子曰:"以顺为正者,妾妇之道也。"学一先生之言,而不敢少逾其范围,是亦以顺为正者,故名之为"媛姝"。"媛媛姝姝而私自说","说"读如悦。此与妇人之搔首弄姿何异?故知"暖"者媛之借。《释文》云:"暖,柔貌。""暖"从日,何从有柔义?解作柔貌,则固以婵媛之媛视之矣。"自以为足",正《消摇游》所谓"小知不及大知"者,故曰"而未知未始有物也"。"未始有物"者,虚也。虚则无有足时矣。

"濡"、"需",皆懦耎义。此盖隐以刺夫当时之俗儒。何以见之?"儒"之字从"需",故许氏《说文》曰:"儒,柔也。"康成郑氏《小戴礼记目录》于《儒行篇》曰:"儒之言优也,柔也。"又曰:"儒者,濡也。"此之所诠,皆为古训,则儒之取名,原从濡、需得义,以"濡需"指儒,于文字有明征矣。**此其一**。康成于"儒者,濡也"下接云:"以先王之道能濡其身。"此则康成崇儒之意,别为之说,以为儒者文饰,非儒之名儒之本义,故略而不录。《荀子·儒效篇》云:"有俗儒者,有雅儒者,有大儒者。……逢衣浅带,解果其冠,略法先王,而足乱世术,缪学杂举,不知法后王而一制度,不知隆礼义而杀诗书;其衣冠行伪伪同为已同于世俗矣,然而不知恶者;犹云恶之其言议谈说已无以异于墨子矣,然而明不能别;呼先王以欺愚者,而求衣食焉,得委积足以掩其口,则扬扬如也;随其长子,此犹墨家之钜子,盖其类之魁率。事其便辟,举其上客,举与誉通傀然若终身之虏,而不敢有他志:是俗儒者也。"今试以此文"自以为广宫大囿"、"自以为安室利处",与"以域进,以域退"之言,与《荀子》"呼先王以欺愚者"以下之说两两对照,则抑何其辞意之相似也。是当时儒之假托者多,而真修者寡,故《田子方篇》庄子即有"鲁国而儒者一人"之叹,此以文义与情事推之,知"濡需"之隐刺俗儒,凿凿有据。**又其一也**。

或疑庄子剽剥儒墨,都无顾忌,何独于此而隐之?曰:辞虽隐而义则显矣。且比之豕虱,较于显刺,不尤有甚焉者乎!窃意庄子于此盖有隐痛焉。儒术之衰,乡原得志,是以委曲其文而出之,即与垂泣涕而道无异。若如注疏之说,以是为指偷安一时之利、流俗寡识之人,则置之"学一先生之言"者之后,而"舜有膻行"之前,亦几于非类矣。惟读者详之。

各本"疏鬣"下无"长毛"二字,而张君房本有之,成疏云:"择疏长之毛鬣。""鬣",毛之生于领者,举鬣不得包毛,是成本亦当有是二字,因据补。"奎",两髀之间。"曲",隐曲。"隈",边隅也。"奎蹄曲隈",疑为"奎曲蹄隈"之误,与"乳间股脚"为对文。然则"股脚",亦谓股之下耳,非曰股之与脚,上已言蹄,无为再言脚矣。"利处"犹善处。"鼓臂"犹攘臂。"布草操烟火",所以燕豕毛而去之,故曰"己与豕俱焦也"。"以域进,以域退",谓进退不逾其域,《秋水篇》所谓"拘于墟,束于教"者也。

"卷"读如拳。"娄"借为偻。"卷娄",谓拳曲伛偻,极形其劳瘁而不得休息也。"卷娄者舜",举舜以为此一类之表,非专为舜言也。"舜有膻行","行"读去声。舜虽未尝招徕百姓,而其行昭著,使百姓慕而说之,争归于舜,此无异于羊肉之以膻致蚁,故曰"有膻行也"。"说"读悦。"三徙成都",事详《史记·五帝本纪》,曰:"一年而所居成聚,二年成邑,三年成都。"《春秋穀梁传》曰:"民所聚曰都。"下云"十有万家"者,十又万家,是所谓"都"也。"邓",地名。"虚"同墟。始至邓无居人,故云"虚"也。"举之童土之地",即孟子云"舜发于畎亩之中",谓其无尺土之阶。向秀以地无草木为"童土",非也。"冀得其来之泽",冀其来,泽及于天下也。舜生三十征庸,见《尚书·尧典》五十摄行天子事,六十一代尧践帝位。践帝位三十九年,南巡狩,崩于苍梧之野。见《史记·五帝本纪》故曰"年齿长矣,聪明衰矣,而不得休归"。盖伤其残生损性,是以谓之"卷娄"也。"残生损性",语见《骈拇篇》。

"神人恶众至","恶"读去声,谓不欲也。"众至则不比"者,"比",周也。谓有至者,必有不至者,人不可以尽合,是不周也。"不比则不利"者,既有不周,则不能无伤害,是不利也。《庚桑楚篇》曰"至仁无亲",以无亲为至仁,则有亲即非仁之至。此言众至则不比、不利,盖言有亲之不仁,以申"至仁无亲"之旨,观下文曰"无所甚疏,无所甚亲"可见也。今各本"无所甚亲"句在"无所甚疏"句上。案:《淮南子·精神训》云:"是故无所甚疏,而无所甚亲,抱德炀和,以顺于天。"即袭用此文。又《文子·守虚篇》文亦同。此文"亲"与"天"与"人"协韵,则"无所甚亲"句自当在下,故据《淮南子》改正。又"以顺于天",今各本皆作"以顺天下",惟唐写本作"以顺天",无"下"字,合之《淮南子》,则作"天下"者实误,故并据改。"炀和",奚侗曰"炀假作养",是也。抱德养和,则不复彰显于外,故曰"以顺于天,此谓真人"。

"于蚁弃知"者,不慕于外也。"于羊弃意"者,无意于行也。"于鱼得计"者,人相忘于道术,如鱼相忘于江湖,自适其适,而不必适人之适，是计之得，故曰"得计"也。"以目视目"，目不外视也。"以耳听耳"，耳不外听也。"以心复心"，心不外驰也。"抱德炀和以顺于天"者盖如是。"其平也绳"，平对变言，谓平常也。"绳"者直也。直行其道，无迂曲也。"其变也循"，"循"者顺也。顺乎变以推移，无矫强也。"以天待人"，"人"旧作之。宣颖《南华经解》曰："之当作人。"案：郭注云："居无事以待事，事斯得成。"玄英疏云："用自然之道，虚其心以待物。"下文"不以人入天"，注云："以有事求无事，事愈荒。"疏云："不用人事取舍，乱于天然之知。"明其文正相对。"人"与"之"字极易相乱，"之"为"人"误无疑，因改正。"以天待人"，化人而为天也。"不以人入天"，不使天为人所撄也。两言"古之真人"，赞叹之不容已也。

得之也生，失之也死；得之也死，失之也生，药也。其实，堇也，桔梗也，鸡癕也，豕零也，是时为帝者也，何可胜言！句践也，以甲楯三千栖于会稽，唯种也，能知亡之所以存；唯种也，不知其身之所以愁。故曰："鸱目有所适，鹤胫有所节，解之也悲。"故曰："风之过，河也有损焉；日之过，河也有损焉。请只风与日相与守河，而河以为未始其撄也，恃源而往者也。"故水之守土也审，影之守人也审，物之守物也审。故目之于明也殆，耳之于聪也殆，心之于徇也殆。凡能，其于府也殆，殆之成也不给改。祸之长也兹萃，其反也缘功，其果也待久，而人以为己宝，不亦悲乎！故有亡国戮民无已，不知问是也。故足之于地也浅，虽浅，恃其所不蹍而后善，博也；人之于知也少，虽少，恃其所不知而后知，天之所谓也。知大一，知大阴，知大目，知大均，知大方，知大信，知大定，至矣。大一通之，大阴解之，大目视之，大均缘之，大方体之，大信稽之，大定持之。尽有天，循有照，冥有枢，始有彼，则其解之也,似不解之者;其知之也,似不知之也,不知而后知之。其问之也,不可以有崖,而不可以无崖。颉滑有实,古今不代,而不可以亏,则可不谓有大扬榷乎! 阖不亦问是已,奚惑然为! 以不惑解惑,复于不惑,是尚大不惑。

此首以药譬:用之宜,则可以回生;用之不当,则可以致死。故曰:"得之也生,失之也死;得之也死,失之也生,药也。"十八字当作一句读。"得"者得药,"失"者失药,文义甚明。郭注曰:"死生得失,各随其所居耳。于生为得,于死或复为失。未始有常也。"若然,于文当曰"生也得死也失,死也得生也失",不得倒生死字于得失下也。后之注家沿袭郭说,展转作解,愈失愈远,不可不察也。

"其实,堇也,桔梗也,鸡廱也,豕零也",举药之四名,曰"其实"者,犹曰其物也。"桔梗",今常用药。"堇",乌头也,今谓之附子。"豕零",一名猪苓。"鸡廱",《释文》引司马彪注云即鸡头,一名芡。案:芡谓之鸡头者,以形似得名。若鸡廱则非鸡头之比,似非芡也。《淮南子·主术训》有云:"天下之物,莫凶于鸡毒。"疑鸡廱、鸡毒一类。惟高诱注曰:"鸡毒,乌头也。"此已有堇,不当鸡廱复是乌头。案之"得之也死,失之也生"之文,鸡廱必为烈性之药,若鸡头可充常食,不得列之于此。古药名,今不能辨者多矣,姑著其所见,以俟识者考焉。"是时为帝者","帝"者主也,如今医家处方有君臣佐使,以时加减,各有所主用也。"何可胜言",言非言之所能尽也。

"种",越大夫文种也,为句践行成于吴,以臣事吴王夫差,退而守越,十年生聚,十年教训,二十年而卒沼吴,故曰"唯种也能知亡之所以存"。而功成之后,不知越王之可以共患难而不可以共安乐,不能偕范蠡俱去,卒为句践所诛以死,故曰"不知其身之所以愁"。"愁"者苦也。事详《吴越春秋》种之为句践谋也,可谓"得之则生"也;而其自为谋,则所谓"得之则死"者。何也? 不审夫时,失其进退也。

"鸥",鸺鹠也,目明于夜而昼则不见。"鹤",长胫,宜于涉,而不能游,故曰"有所适,有所节"。"节"亦"适"也。鸥鹤并以比种。"解之也悲"者,"解"即后文"解惑"之解。惑者自惑。解之则有所不堪,故曰"解之也悲"。悲与愁对。如种得范蠡书,终疑而不能自决,是盖深为种痛也。

"风之过,河有损焉"者,风以散之,水为之耗也。"日之过,河有损焉"者,日以暴之,水亦为之耗也。"请只风与日相与守河","只"犹是也。《诗·小雅》:"乐只君子。"郑笺曰:"只之言是也。""守"者,守之而不去。谓风日时时散之暴之,如是,"而河以为未始其撄",谓河不觉其侵扰,虽耗而不减。所以能然者,河有其源,更无竭理,故曰"恃源而往者也"。源以譬天,以譬道,人能本天遵道以行,则固无往而有失也。

"水之守土也审"三句,前二句皆为后一句发端,言物之守物,如水之守土、影之守人然。"审"者,定而不移也。上"物"谓外物,下"物"谓耳目,与孟子言"耳目之官不思而蔽于物。物交物,则引之而已矣"正同。"故目之于明也殆,耳之于聪也殆",惟明与聪所以与物交,而为所引,故曰"殆也"。又曰"心之于徇也殆",何也?"徇"者从也,谓从耳目也,心从耳目,则孟子所谓"从其小体"而非"从其大体"者,故亦曰"殆"也。此三"守"字,从上"风日相与守河""守"字来,则"守"自非佳语,与言"唯神是守"、"纯气之守"见《刻意篇》、《达生篇》诸"守"者不同。注家率谓水当守土,影当守人,物当守物,则与上下文全不连属,亦不考之甚矣。

"凡能其于府也殆","能"承上"耳目"言,"府"承上"心"言。"府"即《德充符篇》所谓"灵府"。此总一笔,谓不独耳目,凡五官之能皆足以危及其灵明也。及殆已成,则改之有不暇给,故曰"殆之成也不给改"。始止于殆,继则为祸矣,故曰"祸之长也兹萃"。"长"读上声。"兹"同滋,益也。"萃",聚也。祸皆中于灵府,故谓之"萃"。"萃",《释文》作莘,云:"本又作萃。"案:莘与殆、改、久为韵,作"莘"非是,故不从。殆成祸长而欲反之,则非大著功力不可,故曰"其反也缘功"。"缘",由也。虽著功力,亦必历久始收其效果,故曰"其果也待久"。盖极言败之易而救之难也。"而人以为己宝",以聪明与能为己之宝,而不知其为殆祸之阶也,故曰"不亦悲乎!"

天子诸侯以是亡其国,匹夫则以是戮及其身,故曰"有亡国戮民无已"。"无已"者,迭出而不止也。"不知问是","是"者内之之辞。曰"问是",犹曰自反也。自反者,反之于真,反之于天也。故下文先以"足之于地"为喻,而后言"人之于知",归本于天之所谓,其意可见已。

"足之于地也浅","浅"旧作践。俞樾曰:"践当作浅,或字之误,或古通用也。足之于地,止取容足而已,故曰:足之于地也浅。"案:俞氏说是也,然而未尽。"足之于地也浅",与"人之于知也少"相对为文。"浅"犹狭也。草书足傍与水傍极近,故以致误,非通用也。"虽浅,恃其所不蹍而后善","蹍",践也;"善"言安善。"博也"二字为句,不连上读,于文当重云"恃其所不蹍而后善,博也",省文,遂不复重耳。后《外物篇》曰:"夫地非不广且大也,人之所用容足耳。然则厕足而垫之致黄泉,人尚有用乎?"此云"博",与彼"广大"同。《中庸》曰:"博厚配地。""博",自言地,非言足也。

"人之于知也少",各本或无"于"字,误脱也。"于知也少",非谓知少。"虽少,恃其所不知而后知",譬之用财,用者虽少,而所不用者正多。因有彼不用之多,是以能有此用者之少。惟知亦然。谓之灵府,府者府库也。府库积而不用,所以用之不竭,是所谓"恃其所不知而后知",犹"河之恃源而往"也。下文亦当重云:"恃其所不知而后知,天之所谓也。"因循文可知,故不复重,旧以"天之所谓"连上读,遂失书旨,不可不察也。"天之所谓也"者,乃倒文,犹云"是所谓天也"。《齐物论》曰:"此之谓天府,注焉而不满,酌焉而不竭,而不知其所由来。"此文上云"府",兹云"天",合之即天府。天府、灵府,一也。

一天府也,分之则得七名:曰"大一",言其不贰也;曰"大阴",言其不显也；曰"大目"，大目非目也，犹大明云尔，言其不昧也；曰"大均"，言其无偏也；曰"大方"，言其无隅也；<small>大方无隅，语见老子书。</small>曰"大信"，言其无妄也；曰"大定"，言其无乱也。上云"恃其所不知而后知"，而此大一、大阴、大明、大均、大方、大信、大定之七者，皆以知言者，蒙上"不知而后知"之文，所谓不知之知，非通常之所谓知也，此观下文"则其解之也，似不解之者；其知之也，似不知之也；不知而后知之"之言，亦可见也。

大一曰"通之"者，道通为一。<small>见《齐物论篇》</small>惟一为能通之，即孔门言"一贯"之旨也。大阴曰"解之"者，"解"者解惑，惑多起于欲自显，惟阴为能解之。阴者坤也，即老子守归藏之学也。大目曰"视之"者，如《古文尚书·太甲篇》之言："视远惟明。"以承目言，故言"视"，实则其视非目之能也。大均曰"缘之"者，"均"即"天均"之均，"缘"则"缘督"、"缘于不得已"之缘。<small>"缘督"，见《养生主篇》。"缘于不得已"，见《人间世篇》及上《庚桑楚篇》。</small>"均"本取陶均为义。陶均之用在旋转，故以"缘"言之，谓其圆转而无碍也。大方曰"体之"者，"体"如《中庸》"体物不遗"之体。若有所遗，即是体之未尽。故由通而解，由解而视，由视而缘，犹是以我应物，物自物，我自我，至于体之，则会万物为一己，触处是道矣。盖前犹为悟边事，此则由悟到证，其中次第不可不知也。大信曰"稽之"者，"稽"者稽考，考其所体无妄，则大信矣。大定曰"持之"者，考之无妄，则惟定以守之而已。

至是而其功尽矣，故曰"尽有天"，所谓上达乎天德也。上达乎天德，则循天德以为用，故曰"循有照"，所谓照之于天也。<small>"照之于天"，见《齐物论篇》。</small>照之于天，则虽冥冥之中自有枢轴，故曰"冥有枢"，所谓"枢始得其环中，以应无穷"者也。<small>亦见《齐物论篇》</small>既以应夫无穷，则未始有始者，于是而有始，未始有物者，于是而有物；有始有物，于是而彼是起矣，<small>并见《齐物论篇》</small>故曰"始有彼"。

此独言"彼"者，"彼"者外之之辞。上曰"问是"，以对"是"言，故曰

"彼"。此"彼"盖指惑说,故下云"解之也"。《庄子故》用姚鼐之说,以"则其解之也""解"字属上,读"尽有天循"为句,"有照冥"为句,"有枢始"为句,"有彼则"为句。天循、照冥、枢始、彼则诸名,既于《庄》书无征,而解"彼则"为因彼为则,与上下文义尤不连属,其误甚显,未敢苟从也。

"其解之也,似不解之者",惑解而忘其为解,故曰"似不解之"。不解之解,是乃真解。何则?若认以为解,有解之见存,则是解即足以蔽其知,亦一惑矣。"其知之也,似不知之也",下"也"字读与"者"字同。知惑而忘其为知,故曰"似不知之"。不知之知,是乃真知。何也?若执以为知,有知之见存,则是知亦足以蔽其天,犹一惑也,故曰"不知而后知之"。"不知而后知之",所以贵乎"问是"也。

"其问之也,不可以有崖"者,"崖"犹涯也。"有涯"则在物一曲,而非大方之道,"在物一曲",见下《则阳篇》。故不可也。又曰"而不可以无崖"者,无涯则漫无统纪,而非大一之道,故亦不可也。"颉滑"犹滑稽,言其出之无穷,详见前《胠箧篇》。但彼指名家之说言,此则指问是之言。大方之道如是。"有实",言其中有实理,大一之道如是。出之无穷,故"古今不代"。"代"与贷通,"不代"者,不相假贷也。中有实理,故"不可以亏"。"不可以亏",不可与易也。《骈拇篇》曰:"古今不二,不可亏也。"义盖与此同。

"则可不谓有大扬榷乎!"案:《释文》引许慎云:"扬榷,粗略法度。"《淮南子·俶真训》"物岂可谓无大扬榷乎",高诱注曰:"扬榷犹无虑。大,数名也。"《广雅》曰:"扬榷,都凡也。"王念孙因之,遂曰:"大扬榷者,犹言大略也。"窃以为"都凡"、"无虑"云者,并有赅备之义,释作总持,总持,字出释典,此借用之较为近之。且此曰"大扬榷"者,实与上大一、大阴、大目、大均、大方、大信、大定诸"大"字相应。彼析之为七,此合之为一,故曰"大扬榷",犹云大总持也。大总持,释典亦有是名。如是,则其名重而核,于上下文为称。若曰大略,不独义轻,亦与原旨为悖矣。今注家多用王说，故特为辩之。

"阖不亦问是已"，"阖"通盍，亦通曷。"阖不"犹"何不"也。"阖不亦问是已"，犹孟子云"盖亦反其本矣"，盖读盍。盍，缓读之则为何，急读之则为何不。所以诱道之。"奚惑然为"，"惑然"犹惑焉，所以开示之，皆非诘责之之辞也。故曰"以不惑解惑，复于不惑，是尚大不惑"。"尚"者，庶几也。不惑而曰"大"者，欲动之之辞。《天地篇》云："知其惑者，非大惑也。大惑者终身不解。"今知其惑而解之，则非大惑矣。非大惑，则谓之"大不惑"，孰曰不宜！

则阳第二十五

王夫之《庄子解》谓《则阳篇》杂引博喻，文义不相属。今详玩之，一篇之义，尽于"道者为之公"一语。以是求之，则前后自相贯串，且与上二篇有足相发明者。郭象以三篇相次，或亦沿其旧欤？

则阳游于楚，夷节言之于王，王未之见，夷节归。彭阳见王果曰："夫子何不谭我于王？"王果曰："我不若公阅休。"彭阳曰："公阅休奚为者邪？"曰："冬则擉鳖于江，夏则休乎山樊，有过而问者，曰：'此予宅也。'夫夷节已不能，而况我乎！吾又不若夷节。夫夷节之为人也，无德，而有知不自许，以之神其交。固颠冥乎富贵之地，非相助以德，相助消也。夫冻者假衣于春，暍者反冬乎冷风。夫楚王之为人也，形尊而严；其于罪也，无赦如虎。非夫佞人正德，其孰能桡焉！故圣人其穷也，使家人忘其贫；其达也，使王公忘爵禄而化卑；其于物也，与之为娱矣；其于人也，乐物之通而保己焉。故或不言而饮人以和，与人并立而使人化，父子之宜。彼其乎归居，而

470

一闻其所施。其于人心者若是其远也。故曰：待公阅休。"

"则阳"姓彭，先出其名，后曰"彭阳"，则姓名并见，司马彪注云"名则阳，字彭阳"，恐未然也。"游于楚"，因游宦而入楚也。"夷节"，《释文》云"楚臣"，然以下"夷节归"之文推之，则似未尝仕于朝者。"王"，不知何王，成疏以为楚文王。下王果云："夫楚王之为人也，形尊而严；其于罪也，无赦如虎。"即于文王不类，而与灵王为近，然亦无确据，窃谓此等处阙之可也，若必欲指实之，徒为附会而已。"王果"，司马彪云："楚贤人。""公阅休"，《释文》云："隐士也。"谓之贤人，谓之隐士，并从本文推详而得，不必有他证也。"夫子何不谭我于王?""谭"本亦作谈。欲其荐己于王也。"公阅休"，公阅为姓，此如《孟子》之公明高、公都子，《墨子》之公输般，"休"则其名也。问公阅休"奚为者"，以为其人见重于王，必有大过人者也。而王果但曰："冬则擉鳖于江，夏则休乎山樊，有过而问者，曰：'此予宅也。'"注者读者皆不免疑其太略，不知详在下文，此特发端，而一顿便转入夷节、楚王，以见王不易说，然后公阅休之德足以化及于王，为王所重，乃真觉不可及，而其曰"我不若公阅休"者，始不为空言也。此正王果之善于为辞，亦庄子之妙于为文处，非细心玩之，不易得也。

"擉"与籍同。《周礼·天官·鳖人》"以时籍鱼鳖龟蜃"注："籍谓以权刺泥中搏取之。"是也。"樊"，《诗》所谓樊圃也。见《国风·齐风》山有林圃果蔬之类，足以取给，故夏休乎山樊。旧解"山樊"为山边山阴，意不明矣。曰"此予宅"者，言其能安之。故后文"圣人其穷也，使家人忘其贫"，乃直接此文，若非联贯看之，则后文为突兀，而此为语气未完矣。"吾又不若夷节"与"我不若公阅休"文两两相对。先言"夷节已不能，而况我"者，答则阳"何不谭我于王"之求，告以谢之之故也。

"夫夷节之为人也"一段，旧解咸谓其交结人主，情驰富贵；司马彪注语任知以干上，苟进，故德薄而名消。郭象注语此盖误会下"佞人正德"之语，以夷节为便佞之辈，故以种种恶辞加之，即陆德明断夷节为楚臣,亦由于此。不知春秋战国时,"佞"实非恶名,《论语》或曰:"雍也仁而不佞。"若"佞"如后世之所谓巧佞,则不佞正所以称之,何以孔子曰:"焉用佞!"为雍作辩护邪!且子曰:"御人以口给,屡憎于人。"明明说"佞"是口才便给,以是取憎于人,亦非谓其谄媚也,故《说文·人部》"佞"下云:"巧讇,高材也。"讇与谄同其曰巧讇,则当时之义;曰高材,则古训也。明乎此,庶几可以论夷节矣。

曰"无德"、曰"非相助以德"者,既以正德归之公阅休,则夷节自不须以德称,非其人果有悖德之行也。"有知不自许",此其视挟智以傲于人者,高下何若? 而郭子玄乃责其任知,非相诬之甚邪?"以之神其交","交"自是交于侯王。然交而曰"神",其中有多少妙用,岂当时以事君为容悦者所可比拟! 而司马彪乃诋其交结人主,情驰富贵,不又诬之甚邪! 惟坐其情驰富贵,故解"颠冥"为迷惑。司马云:"颠冥犹迷惑也。"见《释文》。不知夷节果迷惑于富贵,则其人复何所可取! 王果何为而有"吾又不若夷节"之言! 王果之自视,果如是之卑邪? 窃意此言"颠冥",犹《山木篇》之言"猖狂妄行"。"颠"有狂义,"冥"则妄行,言其视富贵如无有,是以掉臂游行,往来自在,不独于己如此,于人亦然,虽不能有德及人,而可令人消其鄙吝之心,故曰"非相助以德,相助消也"。"消"即《田子方篇》"使人之意也消"之消。若如郭注"德薄而名消",是则则阳一己之事,何言"相助"? 毋乃不辞之甚乎! 惟夷节为人如此,是以足当高材佞人之名,又不在以口给称也。抑不独夷节已也,即则阳之游楚,亦非营营于富贵者。何以见之? 若则阳专为富贵来也,则以王果之贤,直拒之而已,何为曰"待公阅休"乎! 然则郭注云"欲其释楚王而从阅休,将以静泰之风镇其动心"云云,其误解"待"字,失原书之旨,不辩而可明也。

"冻者假衣于春,暍者反冬乎冷风",此如《楚辞》云:"吉日兮辰良。"韩愈《罗池庙碑》云:"春与猿吟兮,秋鹤与飞。"乃颠倒为对。"反冬乎冷风",犹曰反冷风乎冬。"反"之为言复也。暍者病暑,得冷风而旧疾自平,故曰"反"也。是为后文"非佞人正德孰能桡焉""桡"字作喻。"桡"同挠,谓矫而正之。冻而得春,喝而得风,皆反也,即皆矫也。言"假衣"者,比之于挟纩也。挟纩,见春秋宣十二年《左氏传》。

"楚王之为人也",与"夷节之为人也",亦两两相对。"形尊而严",言其威。"其于罪也,无赦如虎",言其暴。威而暴,则言不易入,而势易相屈。故曰"非夫佞人正德,其孰能桡焉!"玩一"桡"字,即夷节之佞非夫望颜色承意志,如当时阿谀逢迎者之所为,亦可见也。

"圣人"谓公阅休,顾不斥名公阅休,而混曰"圣人"者,公阅休穷则有之,而不得谓之达,今欲穷达兼言,曰"圣人",则可该休,曰"公阅休",则不足以尽圣人,故不得不易其辞也。"忘爵禄而化卑",忘其爵禄而与卑贱者同化也。"于物也,与之为娱",犹言"与物为春"也。"与物为春",见《德充符篇》。"于人也,乐物之通而保己焉",犹言"命物之化而守其宗"也。"命物之化而守其宗",亦见《德充符篇》。"不言而饮人以和","饮"读去声。饮和犹《诗·大雅·既醉篇》言"饱德",此初不待于言语,故曰"不言而饮人以和"也。三国时,程普谓"与周公瑾交,如饮醇醪,不觉自醉",盖略似之。"与人并立而使人化","并立"言不待共处之久。"父子之宜",犹言父子是宜,汉时严遵与父言慈,与子言孝,盖略似之。此文和、化、宜为韵。郭注以"父子之宜"连下"彼其乎归居"作解,郭注:"使彼父父子子,各归其所。"固非。或以之连上,读作"使人化父子之宜",宋罗勉道《庄子循本》曰:"与人并立,而化为父子之亲。"亦误也。"彼其乎归居,而一閒其所施","彼其"叠言,犹彼也。"乎"者,赞叹之辞。"归居",谓隐居而不出。"施"谓施及于物。"一閒"者,一出之于閒暇从容,若无事然也。"其于人心者若是其远也",此总结上说。"远"犹深也。谓其入于人心如是之深,斯其进言于王,必见听用,故曰"待公阅休"也。

圣人达绸缪,周尽一体矣,而不知其然,性也。复命摇作,而以天为师,人则从而命之也。忧乎知,而所行恒无几时,其有止也若之何！生而美者,人与之鉴,不告则不知其美于人也。若知之,若不知之,若闻之,若不闻之,其可喜也终无已,人之好之亦无已,性也。圣人之爱人也,人与之名,不告,则不知其爱人也。若知之,若不知之,若闻之,若不闻之,其爱人也终无已,人之安之亦无已,性也。旧国旧都,望之畅然;虽使丘陵草木之缗,入之者十九犹之畅然。况见见闻闻者也,以十仞之台县众间者也。冉相氏得其环中以随成,与物无终无始,无几无时。日与物化者,一不化者也,阖尝舍之！夫师天而不得师天,与物皆殉,其以为事也若之何？夫圣人未始有天,未始有人,未始有始,未始有物,与世偕行而不替,所行之备而不洫,其合之也若之何？汤得其司御门尹登恒,为之傅之,从师而不囿,得其随成,为之司其名。之名嬴法,得其两见。仲尼之尽虑,为之傅之。容成氏曰:"除日无岁,无内无外。"

　　此庄子因上王果之言从而引申之,以明圣人未尝自圣,虽曰"以天为师",而亦与天相忘,无有天之见存,盖必至是而后情识俱遣,独露本真。其间杂举冉相以至容成诸圣,皆以证明此事,与内篇《齐物论》、《人间世》、《大宗师》、《应帝王》皆足相发明者也。

　　"绸缪"犹缠绵,谓人情之不容已处。"达"者通也。惟通乎此,所以能"周尽一体"。"周尽一体"者,视万物为一体,而无有不到也。此为下文"圣人爱人无已"发端。旧注以"绸缪"为辀辖,释作通达事理,则前后文不相应,不知此以性言,不以理言,故曰"不知其然,性也"。"不知其然"者,发于自然者也。自然之谓命,故曰"复命摇作"。作而曰"摇"者,作于不得不作,如有摇之者然。"摇"者,鼓荡也。命本于天,故又曰"以天为师"。"以天为师",即以天为宗。_{"以天为宗",见《天下}

篇》。曰师曰宗,一也,合之则曰大宗师。"人则从而命之"者,"命",名也。圣人无名,人则名之圣人,非圣人意也,故曰"忧乎知而所行恒无几时"。"忧乎知"者,忧乎人之知之,如庚桑楚闻畏垒之民将尸祝社稷之而不释然,是也。旧读"知"为智,误也。"所行恒无几时"者,"几"如《诗·小雅·楚茨》"如几如式"之几,谓期也。"无几时",与下文云"无几"、"无时"正同。盖虽不欲人知,而行之则未尝稍有间歇,故曰"恒无几时"也。"其有止也若之何",系倒文,若之何其有止,言不可止也。"有止"与下"无已"文对。无已者圣人,有止则非圣人矣。

"生而美者"一段,设譬以明之,以见出于性者,若知若不知,人虽告之,亦若闻若不闻,此就圣人一边言。旧国旧都之譬,则就人之向往圣人一边言。"虽使丘陵草木之缗",郭注"缗,合也",是也。"人之者十九犹之畅然",九字为句。"十九犹之畅然",言畅然者犹十人而九也。望之者如彼,入之者如此,则亲见亲闻者可知,故曰"况见见闻闻者也"。"见见闻闻"者,见所见、闻所闻也。以旧国旧都喻圣人者,"圣人先得人心之同然",语见《孟子·告子篇》故见圣人识其本心,则如返其故里也。"以十仞之台县众间者也",此喻圣人虽不欲人知,而其德行显著,如高台县筊于众人之间,无有不见之知之者。旧注读"间"作"閒静"之閒,非也。

"冉相氏",古圣人名。"环中"已见《齐物论篇》。"随成"者,随顺于物,因而成之也。"与物无终无始",是为环中;与物"无几无时",是为随成。惟随成,故"日与物化"。惟得其环中,故"一不化"。"阖尝舍之"者,"阖"与盍同。"尝",试也。化与不化,本乎自然,执之则滞,滞则堕于一边,故欲其舍之也。"夫师天而不得师天",八字为句。"而"犹则也。言有心师天,则师天反不得矣。师天不得,斯其于物非是随顺,而为从逐,故曰"与物皆殉"。殉则失其不化,而非环中以应无穷者矣。推其由来,全坐有心,有心是有为也,是有事也,故曰"其以为事也若之何"。《消摇游篇》言藐姑射之神人也曰:"孰肯以物为事。"又曰:

"孰弊弊焉以天下为事。"此云"为事"与彼两"为事"同义。"若之何其以为事",言不可有事有为,《天地篇》所谓"无为为之之谓天"也。

"未始有天,未始有人",天即人,人即天,天人非有二也。"未始有始,未始有物",物即始,始即物,物始非有二也。"与世偕行而不替","不替"者,无偏废也。《天地篇》所谓"不同同之之谓大,行不崖异之谓宽"也。"所行之备而不洫","洫"借作恤。"不恤"者,无忧也。《天地篇》所谓"循于道之谓备,不以物挫志之谓完"也。上言"以天为师",此则云"未始有天",上言"忧乎知",此则云"不洫",节节进则节节舍,以见道之无止也。"其合之也若之何",我所本有,不待于合,一也;本非有二,何言乎合,二也。故曰"若之何其合之"。

三"若之何"皆为学者指点亲切,是文中眼目,最为紧要处。郭注于后二者曰:"虽师天,犹未免于殉,奚足事哉!"曰:"都无,乃冥合。"尚于书旨不悖,而于前一者曰"任知而行,则忧患相继",则全失之。然即亦未尝以"若之何"为发问之辞,至章太炎《庄子解故》乃云"设此三难",并援用释典作解。其援用释典当否且置,而使读者迷于辞句,并文章之义法而乱之,误人实甚,不可不辩也。

"汤得其司御","司御"之名,他篇所不见,以文义推之,与"得其环中"、"得其随成"、"得其两见",正同一例,则亦谓道之要可以主天下,御万物,而汤得之,名之"司御"而已。《释文》于此无说。郭注有曰:"司御之属,亦能顺物之自成。"则已以"司御"为众官之称,于是本以指道者成为指人。宋道士林疑独承之,遂与"门尹"齐观,断作官名。见疑独《庄子注》后之注家沿用不改,而不知其非也。"门尹登恒",《释文》引向秀云:"门尹,官名。登恒,人名。""门尹"之为官名无疑。若"登恒",则以下文"仲尼之尽虑,为之傅之"例之,疑言门尹者登于恒道云尔。举其官不必定举其名也。《大宗师篇》云:"是知之能登假于道也。"彼言"登假于道",此言"登恒",文有繁简,义自相类。

"为之傅之",成疏云"为师傅",此以释门尹之为之傅之,或可通,以释仲尼之为之傅之，则窒碍而非理。仲尼去汤千余年，安得曰为之傅邪！且本文云"为之傅之"，上"为"读去声。见《释文》"为之傅之"，与"为之傅"，于文相去亦远矣，而玄英混之，其误甚显，乃无有正之者，真不可解也。郭注于"仲尼之尽虑为之傅之"下，曰："以辅万物之自然。"亦不得解而强为之辞。窃疑"傅"或"传"字之讹。不然，则"傅"如"傅籍"之傅，言为之傅著于简册耳。《汉书·高帝纪》"萧何发关中老弱未傅者悉诣军"。颜注曰："傅，著也。言著名籍，给公家徭役也。"案：《周官书》天官以八成听邦治，已有傅别之说，则著于文字谓之"傅"，其由来尚矣。且下文云"为之司其名"。"司其名"者，掌其名字也。是亦一证。门尹固不必与汤同时也。若如是解，则"从师而不囿"，直是门尹以汤为师，而不为师说所囿，因以得其随成。注家反以门尹为汤师傅，慎矣。

"之名嬴法"，"之名"者，是名也。名者实之宾，得其实，则名为多事，故曰"嬴法"。"嬴"与赢通。嬴法者，剩法也。"得其两见"，"两见"如《齐物论》之言"两行"。见其实以名显，是一；见其名不尽实，又一，故曰"两见"也。"得其两见"，盖谓仲尼也。以连"之名嬴法"言，故倒之在上。子曰："有鄙夫问于我，空空如也，我叩其两端而竭焉。"见《论语·子罕篇》"两端"犹"两见"。"空空如"，则所谓尽虑。"尽虑"者，子所云"何思何虑"也。见《易·系辞传》是故在冉相氏则谓之环中，在汤则谓之司御，在门尹则谓之随成，在仲尼则谓之两见，其实一而已。

"容成氏"，黄帝时造历者。岁者日之所积，故曰"除日则无岁"。外者内之所运，故曰"无内则无外"。外者物，内者心也。此引容成氏之说，以总结上文。注者或以"无内无外"平看，不独与"除日无岁"之文不相对，亦与上文了无关涉，吾知其非已。

魏䓨与田侯牟约，田侯牟背之。魏䓨怒，将使人刺之。犀首闻而耻之，曰："君为万乘之君也，而以匹夫从仇！衍请受甲二十万，为君攻之，虏其人民，系其牛马，使其君内热发于背,然后拔其国。亡也出走,然后抶其背,折其脊。"季子闻而耻之,曰:"筑十仞之城,城者既十仞矣,则又坏之,此胥靡之所苦也。今兵不起七年矣,此王之基也。衍乱人,不可听也。"华子闻而丑之,曰:"善言伐齐者,乱人也;善言勿伐者,亦乱人也;谓伐之与不伐乱人也者,又乱人也。"君曰:"然则若何?"曰:"君求其道而已矣!"

惠子闻之,而见戴晋人。戴晋人曰:"有所谓蜗者,君知之乎?"曰:"然。""有国于蜗之左角者,曰触氏,有国于蜗之右角者,曰蛮氏,时相与争地而战,伏尸数万,逐北旬有五日而后反。"君曰:"噫!其虚言与?"曰:"臣请为君实之。君以意在四方上下,有穷乎?"君曰:"无穷。"曰:"知游心于无穷,而反在通达之国,若存若亡乎?"君曰:"然。"曰:"通达之中有魏,于魏中有梁,于梁中有王。王与蛮氏有辨乎?"君曰:"无辨。"客出,而君惝然若有亡也。客出,惠子见。君曰:"客,大人也,圣人不足以当之。"惠子曰:"夫吹莞也,犹有嗃也;吹剑首者,吷而已矣。尧、舜,人之所誉也;道尧、舜于戴晋人之前,譬犹一吷也。"

"罃",魏惠王名。"田侯牟",司马彪云:"齐威王也。"案:威王名因齐不名牟。彪以"田侯"为威王者,特以威王曾有伐魏之师,与背约之言相应耳。《史记·田齐世家》惠王父桓公名午,其字与牟相近。据《年表》,惠王十三年当桓公十八年。是时齐未为王,故称田侯。"牟"或是午字之讹。不然,则《史记》作"午"乃牟字之残也。当时各国有约而背者多矣,此所言当有其事,不必见之史册一一可征也。

"犀首",魏官名,官名"犀首"者,司马彪云"若今虎牙将军",是也,时公孙衍为此官。"闻而耻之"句绝。"曰"者,言之于惠王也,下并同。

"以匹夫从仇",指使人刺田侯言。"从仇"者,从事于报仇也。"内热发
于背",谓怒而火动,中于背,发而为痈疽也。"拔其国",拔其国都也。
"亡也出走",亡而出走也。今各本"亡"皆作忌,《释文》云"忌畏而走"。
夫既已拔其国矣,复何言于"忌畏"?又云"元嘉本忌作亡"。古"忘"与
"亡"通,则似是作"忘",误而为"忌"耳。兹从元嘉本,以还其旧。其注
家有以"忌"为齐将田忌者。将而兵败,非死则虏,不得以"出走"言也。
且下云"抶其背,折其脊",皆谓田侯,何从而中间横入一"忌",以是益
知作"亡"为是,断断然也。"抶"音秩,击也。

"季子"亦魏臣。"城者既十仞矣","城者",谓为城者。为城多用
刑徒,故坏之为胥靡所苦也。"胥靡"见《庚桑楚篇》。"此王之基",
"王"当读去声,谓王天下之基也。

"华子",当即《让王篇》之子华子,时客于魏也。"丑"亦耻也。"善
言"犹好言,谓一意主张也。言"伐齐者乱人",为用兵也。言"勿伐者
亦乱人",为求王也。用兵,胜心也。求王,亦胜心也。"谓伐之与不伐
乱人也者又乱人",则华子自谓。欲齐人之是非,必先自齐其是非;欲
祛人之胜心,必先自祛其胜心也。"君求其道而已矣"者,求其道,则胜
心自祛,而是非自齐也。

"惠子闻之而见戴晋人","见"读现,谓引见于王。"戴晋人",魏之
贤者也。"蜗",蜗牛。"曰触氏",言其抵触而不宁。"曰蛮氏",言其蛮
野而不文也。"伏尸数万",言杀伤之众。"逐北旬有五日而后反",言
争战历时之久而涉地之远也。凡此皆所谓卮言,漫衍支离,故君以"虚
言"斥之。"臣请为君实之"者,以今事证之,则虚言为实录矣。

"以意在四方上下","在"之为言察也。"反在通达之国","在"义
亦同。"通达之国",谓舟车所至、人力所通之诸国,若山林未启,荒服
之地,固所不及。旧注以为四海之内,尚嫌含混未清也。"若存若亡",
言其不足数。"于魏中有梁"者,惠王由安邑迁都于梁,"魏"以国言,
"梁"以都言也。"王与蛮氏有辨乎","辨",别也。比魏于蛮氏者,魏在

齐之右也。"悄"与懹同。"若有亡",若有失也。

"客出,惠子见",重言"客出"者,明客一出而惠子即见,非衍文也。"大人",即所谓"达绸缪,周尽一体"者,顾不以圣人称客,而进而称之曰"大人"者,圣以表智,大则所以表德也。"吹筦者犹有嗃也,吹剑首者映而已矣","筦"同管。"嗃"音嚣,吹管声。"剑首",剑环头小孔也。"映"音血,亦音缺,吹剑首声。嗃声长而过缓,故曰"犹有嗃也"。映声促而过疾,故曰"映而已矣"。嗃、映皆当以声求之,不劳作释。"道",称道。"道尧、舜于戴晋人之前,譬犹一映"者,言过耳而不留,闻如未闻也。

孔子之楚,舍于蚁丘之浆。其邻有夫妻臣妾登极者,子路曰:"是稯稯,何为者邪?"仲尼曰:"是圣人仆也。是自埋于民,自藏于畔。其声销,其志无穷,其口虽言,其心未尝言。方且与世违,而心不屑与之俱,是陆沈者也。是其市南宜僚邪?"子路请往召之。孔子曰:"已矣!彼知丘之著于己也,知丘之适楚也,以丘为必使楚王之召己也,彼且以丘为佞人也。夫若然者,其于佞人也,羞闻其言,而况亲见其身乎!而何以为存?"子路往视之,其室虚矣。

"蚁丘",地以丘名。"浆",卖浆之家。"舍",止也。"登极",《七月》之诗所谓"亟其乘屋",因葺屋而登其极。"极",屋脊也。司马彪云"升之以观",非是。彼方且避孔子不及,岂有登屋以观者哉!"臣妾",已见《庚桑楚篇》,盖从之游学者,故后有"是圣人仆也"之言。称"仆",犹庚桑之称"老聃之役"也。"稯稯"一作总总。众聚而有秩,如禾束之整列然,故子路怪而问之。

"自埋于民,自藏于畔",乃互文。"畔",田垄之间。言隐于田亩而甘为农民也。"其声销",不自彰显也。"其志无穷",志存乎大也。"其口虽言,其心未尝言",言以顺物,心无黏滞,故如未尝言然也。"方且与世违"，方欲避世也。"而心不屑与之俱"，心不屑与俗同也。"是陆沈者"，不离世而避世，如在陆而沈于水，故曰"陆沈"也。"市南宜僚"，已见前，疑即其人，故曰"是其市南宜僚邪?"

"子路请往召之"者，以为既知其人，可召与相见也。"已矣"，"已"，止也。止勿往召。"彼知丘之著于己也"，"己"指宜僚，代宜僚自言，故称"己"。"著"，明也，谓明识之。"以丘为必使楚王之召己也"，此"己"亦与上同。谓疑孔子将荐之于王，而使召己也。"彼且以丘为佞人也"，此"佞"与《论语》微生亩谓孔子"无乃为佞乎"之"佞"同，见《宪问篇》犹后世言阿世、媚世，与"不屑"意正反，观孔子对微生亩言"非敢为佞也，疾固也"，以"佞"与"固"对，可见也。"羞闻其言"，"言"即指使楚王召己之言。见之则疑于请属，故曰"而况亲见其身乎!"既不可得见，则"何以为存"。"存"者，存问。"何以为存"，犹云何以问为。此申上止勿往召之意。成疏以"存"为"在"，云"汝何为谓其犹在"，逆探下文"其室虚矣"之云，而为之解，大非也。

"子路往视之"，往探之也。"其室虚矣"，与《论语》记荷蓧丈人，"使子路往见之，至则行矣"，见《微子篇》是一样文字。当时隐遯者往往有之，不必尽寓言也。

长梧封人问子牢曰:"君为政焉勿卤莽，治民焉勿灭裂。昔予为禾，耕而卤莽之，则其实亦卤莽而报予;芸而灭裂之，其实亦灭裂而报予。予来年变齐，深其耕而熟耰之，其禾繁以滋，予终年厌飧。"庄子闻之，曰:"今人之治其形，理其心，多有似封人之所谓。遁其天，离其性，灭其情，亡其神，以众为。故卤莽其性者，欲恶之孽，为性萑苇，蒹葭始萌，以扶吾形，寻擢吾性，并溃漏发，不择所出，漂疽疥痈、内热溲膏，是也。"

481

　　"长梧封人",当即是长梧子,已见上《齐物论篇》。"子牢"即子琴张,见上《大宗师篇》。封人为守封疆之官,无人民政事之责,而子牢似亦未仕;即仕,封人亦不得称之为君。则此之所言,合是泛论当时国君之所为,非封人教子牢,亦非子牢教封人也。明乎此,乃知以"问"字发端,正示彼此互作商量之语。注家或有欲改"问"字作"谓"字者,盖未尝就文与事而细详之也。

　　"为政勿卤莽,治民勿灭裂",系互文,"卤莽"如今云草率,"灭裂"如今云胡乱。"为禾",犹为稼也。"耕而卤莽",土不发,禾不易长,故"其实亦卤莽而报予","实"者秋实,谓稼也。"芸"借作耘,除草也。"芸而灭裂",草未去,禾则已伤,故"其实亦灭裂而报予"。"变齐","齐"读如剂,司马彪注"谓变更所法",是也。"深其耕",则非卤莽矣。"熟耰之",则不灭裂矣。"熟"者细也。"耰"者,锄其草而覆之,即用以壅禾,所谓覆种也。"其禾繁以滋","繁"言其盛,"滋"言其坚好也。^既坚且好,见《小雅·大田》之诗。"终年厌飧","厌"读如餍,谓终岁饱食也。

　　"今人之治其形,理其心,多有似封人之所谓",本言为政治民,而庄子乃引归之治形理心者,内外无二理。且身不治、心不理,未有能为政治民者也。"遁",失也。遁天离性,卤莽之为也。灭情亡神,灭裂之致也。"以众为"者,逐物徇人,纷纷而无有止也。本卤莽灭裂兼言,而云"卤莽其性",独侧重于卤莽者。有先之卤莽,必有后之灭裂。言卤莽,则灭裂不待言也。

　　"欲恶之孽,为性萑苇","欲恶"犹好恶。"孽"者,言其非正也。"为性萑苇",犹孟子言"茅塞子之心",譬喻之辞也。"萑",今谓之荻,字本作"萑",作萑者,省也。"苇",今谓之芦。苇粗而萑细。"蒹葭始萌,以扶吾形,寻擢吾性","蒹葭"即萑苇,《说文》:"萑,薍也。蒹,萑之未秀者。"又:"苇,大葭也。葭,苇之未秀者。"则长大者为萑为苇,^{长读}^{去声}其幼小者为蒹为葭,今以"始萌"言,故变萑苇而曰蒹葭,非萑苇自萑苇,蒹葭自蒹葭也。俞樾《诸子平议》以郭象为失读,而读"为性萑苇兼葭"六字为句。若然,则萑苇兼葭为四物。汉学家最守《说文》,不知于此何以失之。后之注家,反信俞而改郭,盖未深考也。"扶"如扶养之扶。始以养形,继以伤性,故曰"寻擢吾性"。俞氏谓:"寻与始相对为义,寻之言寖寻也。"此则是也。"擢"即《骈拇篇》"擢德塞性"之擢,孟子所谓"揠苗助长"者。性伤,而形亦随之而伤。卤莽之终,遂成灭裂,可以见矣。"并溃漏发","并"与旁通,谓四溃而漏发,故曰"不择所出"。"漂疽疥痈",则发之于外者。"内热溲膏",则漏之于内者。历历言之,所以深致其痛惜也。"漂"本亦作瘭,"瘭"其本字,"漂"则假借也。瘭亦疽类,其来忽然,故曰"漂"。"痈",痈字之别体。《大宗师篇》曰"决疣溃痈",则作痈。"痈"之为言壅也,气血壅塞而不通,发为毒疮也。"疥",痒疥。"内热溲膏",详见《人间世》"叶公子高将使于齐"下。

柏矩学于老聃。曰:"请之天下游。"老聃曰:"已矣!天下犹是也。"又请之,老聃曰:"女将何始?"曰:"始于齐。"至齐,见辜人焉,推而彊之,解朝服而幕之,号天而哭之,曰:"子乎子乎!天下有大菑,子独先离之。曰莫为盗,莫为杀人。荣辱立,然后睹所病;货财聚,然后睹所争。今立人之所病,聚人之所争,穷困人之身,使无休时,欲无至此,得乎!古之君人者,以得为在民,以失为在己;以正为在民,以枉为在己;故一形有失其形者,退而自责。今则不然,匿为物,而愚不识;大为难,而罪不敢;重为任,而罚不胜;远其涂,而诛不至。民知力竭,则以伪继之;日出多伪,士民安得不伪!夫力不足则伪,知不足则欺,财不足则盗。盗窃之行,于谁责而可乎?"

此正言当时为政之卤莽、治民之灭裂也。上节引以修己,此节则推之天下。本末先后,次第厘然矣。"柏矩",柏姓矩名也。曰"学于老聃",则亦老子之弟子也。"请之天下游",欲以行其所学也。知其志在行之者,以下"解朝服"语而知之,惟见国君乃备朝服,否则无取于是也。老聃曰"天下犹是"者,见道必不行,故沮之也。

"始于齐",齐大国,且天下之士之所聚也。"见辜人焉","辜"如《周官·大宗伯》"以疈辜祭四方百物"之辜,谓披磔罪人之尸而张之以示众。《汉书·刑法志》云:"诸死刑皆磔于市。景帝中二年,改磔曰弃市,勿复磔。"然则在战国时,磔人为常事矣。磔者竖立,故"推而强之"。"彊"借作僵,仆也。磔者露尸,故"解朝服而幕之","幕"者,覆也。"号天而哭之",呼天而哭之也。

"菑"同灾。灾莫大于僇死,故曰"天下有大菑"。"离"通罹,遭也。曰"子独先罹之"者,见遭刑者众,后之继之者将不绝也。"曰莫为盗,莫为杀人",国之常法所诏如是也。"荣辱立,然后睹所病",病夫在上者荣,在下者辱。干进而不得,则变而为倍乱矣。"货财聚,然后睹所争",争夫求生之厚,食税之多。厚积而不施,则激而为攘夺矣。故曰:"今立人之所病,聚人之所争;穷困人之身,使无休时,欲无至此,得乎!"此谓为盗与杀人也。

"古之君人者,以得为在民,以失为在己;以正为在民,以枉为在己",汤所谓"万方有罪,罪在朕躬",武王所谓"百姓有过,在予一人"也。见《论语·尧曰篇》"一形有失其形者,退而自责",禹思天下有溺者由己溺之,稷思天下有饥者由己饥之也。见《孟子·离娄篇》"一形"犹言一物。"失其形",言不获其生也。

"匿为物而愚不识","律令烦多,自明习者不知所由,况于众庶!"语本《汉书·刑法志》是所谓"匿为物"也,"匿"者隐也,"物"者事也。"愚不识"者,"于以罗元元之不逮",亦本《刑法志》犹孟子言罔民也。"大为难而罪不敢,重为任而罚不胜,远其涂而诛不至",皆言强人以所不能,而以刑罚驱其后也。"难"读如字。"胜"读平声。"涂"与途同。孔子曰"不教而杀谓之虐,不戒视成谓之暴,慢令致期谓之贼",见《论语·尧曰篇》意略与此同矣。"民知力竭则以伪继之","知"读智,言民欲避诛罚,不得不以伪应上。"日出多伪,士民安得不伪!"言民之伪,由上之以伪召之、启之也。于"民"上又增言"士"者,士下无以强民之行,上无以副上之令,则亦有相与为伪而已矣。"力不足则伪,知不足则欺,财不足则盗",又反复言之者,见罪实不在士民,故曰"盗窃之行,于谁责而可乎?"不明言罪上,而其罪上之意益深至矣。

蘧伯玉行年六十而六十化,未尝不始于是之,而卒诎之以非也;未知今之所谓是之非五十九非也。万物有乎生,而莫见其根;有乎出,而莫见其门。人皆尊其知之所知,而莫知恃其知之所不知而后知,可不谓大疑乎! 已乎已乎! 且无所逃。此则所谓然与,然乎?

"蘧伯玉",已见《人间世篇》。"行年"犹历年。"六十而六十化",言无年不在变化中也。"未尝不始于是之,而卒诎之以非"者,"诎"同黜。始之所是,卒以为非而黜之,是所谓化也。"未知今之所谓是之非五十九非也",言今方且变化而未已。《寓言篇》亦有此文,但作孔子而非蘧大夫。案:《淮南子·原道训》有云"蘧伯玉年五十而知四十九年非",所言年岁与此有异,此传闻异辞,未可以彼而疑此也。

"万物有乎生而莫见其根,有乎出而莫见其门",借万物为喻,以见知亦有所自生、有所自出,而知之所不知也。知之所知,今之所谓是也。若知之所不知,则与化日新。今之是,移时有见其为非者矣,故曰"人皆尊其知之所知,而莫知恃其所不知而后知"。"莫知恃其知之所不知而后知",常人之所以滞于故而不能化也。"可不谓大疑乎!""大疑"犹大惑也。虽惑,而实日在此迁化之中,故曰"且无所逃"。欲人知其不可逃而反之,故曰"此则所谓然与,然乎?""与"读如欤。曰"然与",又曰"然乎"者,在人自知,非可代决,诱之使疑,实诱之使信也。

仲尼问于大史大弢、伯常骞、狶韦曰："夫卫灵公饮酒湛乐，不听国家之政；田猎毕弋，不应诸侯之际。其所以为灵公者，何邪？"大弢曰："是因是也。"伯常骞曰："夫灵公有妻三人，同滥而浴。史鰌奉御而进所，搏弊而扶翼。其慢若彼之甚也，见贤人，若此其肃也，是其所以为灵公也。"狶韦曰："夫灵公也，死，卜葬于故墓不吉；卜葬于沙丘而吉。掘之数仞，得石椁焉。洗而视之，有铭焉。曰：'不冯其子，灵公夺而里之。'夫灵公之为灵也久矣，之二人何足以识之！"

"大史"之"大"读如太。"大弢"、"伯常骞"、"狶韦"，皆人名。"伯常"，复姓，《晏子春秋》作柏常骞。史官明于故事，故孔子从而问之。"卫灵公"，已见《人间世篇》。"湛乐"，沈迷于乐也。"田"同畋。"毕弋"，已见《胠箧篇》。"际"谓交际，如聘问、盟会之事是也。"其所以为灵公者，何邪？"疑其无道，不应谥灵也。

"是因是也"，上"是"指谥灵，下"是"即指饮酒湛乐之类。言正因无道，所以谥灵。盖谥法"乱而不损曰灵"，大弢专就乱之义言也。

"滥"同鉴，《说文》："鉴，大盆也。"以其铜制，故字从金；以其贮水，故字或从水，非泛滥之滥也。"史鰌"，卫大夫，字鱼，孔子称"直哉史鱼，邦有道如矢，邦无道如矢"，见《论语·卫灵公篇》即其人也。"奉御"，如后世之番上当直。"进所"者，进于公所也。"搏弊"，今各本皆作"搏币"，因郭注作"币"而改。案：奉御不必用币，且币者所以将礼，谓曰"搏币"，亦嫌不辞。《释文》出"弊"字，则是原本作"弊"。"弊"者，疲困也。公虽疲困，而犹自把持不懈，是之谓"搏弊"，至使人扶之翼之，故曰"见贤人若此其肃也"。"若"如郭注，则"肃"字无著矣。"慢"谓无礼。"是其所以为灵公也"。伯常骞则专以不损之义言。《论语》子言卫灵公之无道也，康子曰："夫如是，奚而不丧？"孔子曰："仲叔圉治宾客，祝鮀治宗庙，王孙贾治军旅，夫如是，奚其丧？"亦此意也。

"故墓",故所作墓,如后世所谓寿藏也。"沙丘",地名。"椁",外棺也。"铭"犹记也。"不冯其子","冯"读同凭,言不能凭其子以自保。"里"如里居之里。"灵公夺而里之",言灵公夺而居之也。此文"里"与"子"协韵。狶韦之言,盖以灵公之谥"灵"已由前定,故曰"之二人何足以识之!"其言荒诞,庄叟所以引之者,特以证人之于化固无所逃,因蘧伯玉遂及卫灵耳,是亦所谓厄言,不得以正论视之也。

少知问于大公调曰:"何谓丘里之言?"大公调曰:"丘里者,合十姓百名而以为风俗也。合异以为同,散同以为异。今指马之百体,而不得马;而马系于前者,立其百体而谓之马也。是故丘山积卑而为高,江河合流而为大,大人合并而为公。是以自外入者,有主而不执;由中出者,有正而不距。四时殊气,天不赐,故岁成;五官殊职,君不私,故国治;文武殊能,大人不赐,故德备;万物殊理,道不私,故无名。无名,故无为,无为,而无不为。时有终始,世有变化。祸福淳淳,至有所拂者而有所宜;自殉殊面,有所正者有所差。比于大宅,百材皆度;观乎大山,木石同坛。此之谓丘里之言。"

少知曰:"然则谓之道,足乎?"大公调曰:"不然。今计物之数,不止于万,而期曰万物者,以数之多者号而读之也。是故天地者,形之大者也;阴阳者,气之大者也;道者为之公,因其大以号而读之则可也,已有之矣,乃将得比哉!则若以斯辩,譬犹狗马,其不及远矣。"

少知曰:"四方之内,六合之里,万物之所生恶起?"大公调曰:"阴阳相照,相盖相治;四时相代,相生相杀;欲恶去就,于是桥起;雌雄片合,于是庸有。安危相易,祸福相生,缓急相摩，聚散以成，此名实之可纪，精微之可志也。随序之相理，桥运之相使，穷则反，终则始，此物之所有。言之所尽，知之所至，极物而已。睹道之人，不随其所废，不原其所起，此议之所止。"

少知曰："季真之莫为，接子之或使，二家之议，孰正于其情？孰遍于其理？"大公调曰："鸡鸣狗吠，是人之所知；虽有大知，不能以言读其所自化，又不能以意其所将为。斯而析之，精至于无伦，大至于不可围。或之使，莫之为，未免于物，而终以为过。或使则实，莫为则虚。有名有实，是物之居；无名无实，在物之虚。可言可意，言而愈疏。未生不可忌，已死不可阻。死生非远也，理不可睹。或之使，莫之为，疑之所假。吾观之本，其往无穷；吾求之末，其来无止。无穷无止，言之无也，与物同理；或使莫为，言之本也，与物终始。道不可有，有不可无。道之为名，所假而行。或使莫为，在物一曲，夫胡为于大方？言而足，则终日言而尽道；言而不足，则终日言而尽物。道物之极，言默不足以载。非言非默，议其有极。"

此节凡四问答，其精深足与《秋水篇》河伯海若之文相比，而要在"道者为之公"一语。"公"者，上文所谓"圣人达绸缪，周尽一体"者也。故托言少知问于大公调。"少知"者，知之少也。知之少者，其私心亦少。故惟少知为能问。"大"读太。太公者，大公也。大公而曰"调"者，"调"者和合。不和不合，则无以成其为公也。

公议恒起于微贱，故以丘里之言发端。"丘里"，犹言乡曲也。孟子曰："得乎丘民而为天子。"民曰丘民，言曰丘里之言，其取意盖一也。"十姓百名"，言其众也，众必有异。然和而合之，则同者出焉，故曰"合

异以为同，散同以为异"。《易》之《同人》，说同之卦也，而象曰"君子以
类族辨物"。《易》之《暌》，说异之卦也，而象曰"君子以同而异"。是故
无同不足以见异，而无异亦不足以为同也。"指马之百体而不得马"，
所谓"散同以为异"。"马系于前者，立其百体而谓之马也"，所谓"合异
以为同"。"系"犹悬也。"马系于前者"，马之像悬于前也。

"合流"一作合水。"流"谓川流。水亦百川之水也。"大人合并而
为公"，"合并"即所谓调。"自外入者，有主而不执；由中出者，有正而
不距"，是则调与合并之道也。"自外入者"，人言也。闻人言，中虽有
主而不之执，所以能从也。"由中出者"，己意也。用己意，外或有正而
不之拒，所以能舍也。孟子曰："大舜有大焉，舍己从人，乐取于人以为
善。""乐取于人以为善"，与"合并而为公"，无二道也。

"天不赐"，"赐"谓有所偏厚，犹私也。"五官"，谓司徒、司马、司
空、司士、司寇。见《小戴礼记·曲礼篇》"文武"下旧缺，宣颖《南华经解》补
"殊材"二字，但观郭注云："文者自文，武者自武，非大人所赐也。若由
赐而能，则有时而阙矣。"又成疏云："文相武将，量才授职，各任其能，
非圣与也。"则原文似是"能"字，故今定作"殊能"。然曰大人、曰德备，
是谓大人一身备文武之德。"不赐"，特言无偏重耳，与上云"五官殊
职"，意在任贤者有别，则注疏之说未为允当，亦不可不知也。"万物殊
理，道不私，故无名"，此句乃主旨所在，以上三者皆为此句作引。"无
名"者，道合万物，不得以一名名之也。是故老子曰："道可道，非常道，
名可名，非常名。""无名故无为"者，"为"则有名，有名则为物而非道
矣。"无为而无不为"者，道者所以任物，凡物之所为，皆道之所为也，
故曰"无为而无不为"。

"时有终始，世有变化"，天命流行，所谓生生之谓易也。"祸福淳
淳"，"淳淳"，言茫昧而难测也。知淳淳为茫昧者，老子曰："其政闷闷，
其民淳淳；其政察察，其民缺缺。""淳淳"与"闷闷"为类，而与"察察"、
"缺缺"相反，则是茫昧也。郭注云："流行反复。"特因老子祸福倚伏之

言而为之辞,非"淳淳"本义也。下文"至有所拂者而有所宜",正于祸福难定之中,喻人以祸福可知之道,曰极有所拂戾者,未始无所宜适。若已先知祸福相反复,则此文为赘语矣。"自殉殊面"者,各自从其所殊异之向也。各自从其所殊异之向,即各自以为正也。于是喻之曰"有所正者有所差"。凡以救其偏也。偏则不公,偏则非道矣,故曰"比于大宅,百材皆度"。"比"犹譬也。为"大宅"者,梁栋之大,枅栌之细,量材而用,无有废弃,是为"百材皆度"。"度"读入声,与宅为韵,谓相度其宜也。"宅"一本作泽。以"百材皆度"言之,作"宅"为长,故兹从"宅"。"观于大山,木石同坛","坛"与"山"为韵。"大"当读太。惟太山为帝王封禅之所,故得有坛也。"百材"犹同类也,木石则异类矣。异类而得同坛,大山之所以为大也。丘里之言亦然,故曰"此之谓丘里之言"。

"然则谓之道足乎?"以谓之道为足,是著于道也。著于道则非道,所谓"道可道,非常道"也,故直断之曰"不然"。"期曰万物者","期"犹要也。要约之而曰万物,故曰"以数之多者号而读之"。"号"读去声,谓为之记号。"读之"者,诵言之也。天地以形言,故曰"形之大者"。阴阳以气言,故曰"气之大者"。道则包天地、合阴阳、兼形气,故曰"道者为之公"。"为之公"者,为其公也。为其公,故得以天地言,而天地非道也;得以阴阳言,而阴阳非道也;得以形气言,而形气非道也。又岂特天地、阴阳、形气而已,道得以道言,而言道则非道。得以道言,故曰"因其大以号而读之则可也"。而言道则非道,故曰"已有之矣,乃将得比哉!""已有之"者,已有其号,已有其名也。有其号,有其名,则与夫无名之朴、不道之道,不无径庭矣。_{"无名朴",语本老子。"不道之道",见前}《徐无鬼篇》"乃将得比哉"者,言不可与比也。"则若以斯辩","辩"谓判也。"譬犹狗马,其不及远矣",言名号之与道相去之远,犹若狗马之不同类也。

少知复问"万物之所生恶起"者,"恶"读如乌。道不离物,不知物,即亦无以知道,故问之。郭注云:"问此者,或谓道能生之。"此据老子"道生万物"为说,非此书之旨也。"阴阳相照",谓日月也。日阳而月阴,故曰"相照"。"相盖"犹相胜。"相治"者相理也。"相生相杀",犹后世言相生相克。"桥起",轩起也。"片合",胖合也。《仪礼·丧服传》云:"夫妇,胖合也。"本判而后合,是谓之胖合。"片"与胖通。"庸有",常有也。"相摩"犹相迫。"以成"犹相成也。老子云:"难易相成。""名实之可纪","纪"谓董理之。"精微之可志","志"与誌同,谓书识之。各本"精"下无"微"字,依覆宋本补。"随序",以序之先后相从言,故曰"相理"。"相理"者,相次理也。"桥运",以运之升降相替言,故曰"相使"。"相使"者,相驱使也。"桥运"之"桥",与"桥起"之"桥"同义。古名桥即桔槔。桔槔一轩一轾,乍升乍降;物理之运行,有似于此,故曰"桥运"。大抵"随序"言其渐,"桥运"言其骤。曰序曰运,互文见义也。"穷则反",承"桥运"言。"终则始",承"随序"言。"此物之所有"者,言此皆不能离于物,故曰"言之所尽,知之所至,极物而已"。若夫道,则无先后,无升降,亦无正反,无终始,故曰"睹道之人,不随其所废,不原其所起"。"随"谓追寻,"不随其所废",知其无终也。"不原其所起",知其无始也。"此议之所止"者,言议之所不及,无名实之可纪,无精微之可志也。

"季真",疑即上言"衍,乱人也"之季子,"真",其名也。"莫为",无为之主者。接子尝客于齐,《史记·田完世家》云:"宣王喜文学游说之士,自如驺衍、淳于髡、田骈、接子、慎到、环渊之徒七十六人,皆赐列第,为上大夫。不治而议论,是以齐稷下学士复盛。"《孟子荀卿列传》亦言:"稷下先生,慎到、环渊、接子、田骈之徒,各著书言治乱之事。"《汉书·艺文志》道家有《捷子》二篇。捷子即接子也。《史记正义》:"《艺文志》云:《接子》二篇在道家流。"是捷子本亦作接子。"或使",有使之者。太公调言"议之所止",有似于莫为,又言"桥运之相使",有似于或使,故少知因举二家之议以问之。"孰正于其情?孰遍于其理?""正"者正确,

"遍"者周遍。以情言，当以正确为尚；以理言，则以周遍为至。"孰正"、"孰遍"，亦互文也。

"鸡鸣狗吠"，举例以明之。"大知"之"知"读智。"不能以言读其所自化"，即不原其所起之意也。"又不能以意其所将为"，"意"与亿同，谓意度之，即不随其所废之说也。"斯而析之"，"斯"，此也，承"鸡鸣狗吠"言，谓若于是而剖析之，则精可至于无伦，大亦可至于不可围，孰从而定之准之？故曰"或之使，莫之为，未免于物，而终以为过"。"未免于物而终以为过"者，犹是从物上起见，故终为过论也。旧解"斯"如《诗·陈风》"斧以斯之"之"斯"，此于"析"字则合，而与上下文全不关涉，则此数语几等闲文，故别以意说之，读者详焉。

"或使则实"，言有使之者，是实也。"莫为则虚"，言莫为之者，是虚也。然虽虚实不同，而有莫为、或使之名，有名斯有实，则二者之著于物则同也，故曰"有名有实，是物之居"。"是物之居"者，"居"如《天下篇》关尹言"在己无居"之居，谓留滞而不化也。"无名无实，在物之虚"，此"虚"与上"虚"义别，上"虚"对实言，此云"在物之虚"，用《易》"变动不居，周流六虚"义，对"居"而言，言道非言物也，故旧解以"有名有实，是物之居"为说"或使"之过，"无名无实，在物之虚"为说"莫为"之过，此大非也。夫曰"在物之虚"，则其非物明矣。且"莫为"明是有名，安得以"无名无实"者当之！下文"可言可意，言而愈疏"，正反言以见"无名无实"之为至，以无名则不可言，无实则不可意，言而愈疏则不言为亲，不甚较然乎哉！

"未生不可忌"，"忌"犹避也。《周官·地官》："诵训掌道方慝，以诏辟忌。""辟"古用为"避"。"辟忌"连文，是其义通也。《达生篇》云"生之来不可却"，此云不可避，意正相同。"已死不可阻"，"阻"一作徂，"阻"义长，故从之。"不可阻"，不可止也。"死生非远也，理不可睹"，此以死生为例，以明或使、莫为二说之各有过，曰"不可忌"、"不可阻"，则似有使之者，而不得谓之莫为，然理不可睹，则又似莫之为，而不得谓之或使。以死生之近，尚且如是，况于天地之远、万物之众哉！故曰"或之使，莫之为，疑之所假"。"疑之所假"者，谓因疑而假为是说，不得便认以为真实也。

"吾观之本，其往无穷"，是无始也。"吾求之末，其来无止"，是无终也。"无穷无止，言之无"者，言其无也。无者道，而物不能外，故曰"与物同理"。"同理"者，道与物无二理也。"或使莫为，言之本"者，言其本也。二说皆欲穷其始，故曰"言其本"。夫有始则有终，有始有终，则离道而泥于物，故曰"与物终始"。"道不可有"，无者道也。"有不可无"，有者物也。"道之为名，所假而行"，"名"者假名，所谓"号而读之则可"，若执其名，以为道即在是，则非矣。以是论之，则知或使、莫为堕于二边，而大方之所不取也，故曰"在物一曲，夫胡为于大方？""一曲"与"大方"对。"大方"者道其全，"一曲"者守其偏也。

"言而足，则终日言而尽道；言而不足，则终日言而尽物"，"足"者，《天下篇》所谓"充实不可以已"也。言而发自充实不可以已，则尽乎道矣。而非然者，则尽于物矣。"道物之极，言默不足以载"，此又进而言之。言固不足以载道，默亦不足以载道。如是，则道不在言，道亦不在不言，故曰"非言非默，议其有极"。"议其有极"者，议有所穷。上文所以言"此议之所止"也。于此更有不可忽者，言默不足以载，言道之极可也。何为兼物而言之曰"道物之极"乎！此文始终言道，未尝离物，如曰"无名无实，在物之虚"，曰"言之无也，与物同理"，皆可见也。盖执物以为道，道固不足言；而离物以为道，道更无可言也，故曰"道物之极"。以见物之极即道，而道之极亦未始不在于物也。

外物第二十六

此篇首言"外物不可必",盖欲人保生以自适耳。然保生亦不在绝外也,故篇中屡以"游"言。游者,无入而不自得也。《中庸》曰:"君子素其位而行,不愿乎其外。"其旨大略相同矣。

外物不可必,故龙逢诛,比干戮,箕子狂,恶来死,桀、纣亡。人主莫不欲其臣之忠,而忠未必信,故伍员流于江,苌弘死于蜀,藏其血三年而化为碧。人亲莫不欲其子之孝,而孝未必爱,故孝己忧,而曾参悲。木与木相摩则然,金与火相守则流。阴阳错行,则天地大絯,于是乎有雷有霆水中有火,乃焚大槐。有甚忧两陷而无所逃,蹢躅不得成,心若县于天地之间,慰暋沈屯,利害相摩,生火甚多,众人焚和,月固不胜火,于是乎有僓然而道尽。

"龙逢","比干",已见《人间世篇》。"箕子",已见《大宗师篇》。"恶来",蜚廉之子,父子并以强力事纣;周武王既诛纣,并杀恶来,见《史记》。此言龙逢、比干、箕子,复言恶来、桀、纣者,以见恃其勇力与

494

权位,亦不可必保其身命也。"伍员",伍子胥,已见《胠箧》、《至乐》两篇。"苌弘",见《胠箧篇》。"蜀",地名,当是周之小邑,非今四川也。"化为碧"者,血凝成块,如碧玉然也。"孝己",名己,殷高宗武丁子。武丁惑于后妻,放之以死,后人以其有贤孝之行,因称为孝己。"忧"者,忧其不得于亲也。"曾参",曾皙子,父子皆孔子弟子。曾子芸瓜,误斩其根,曾皙怒,援大杖击之,曾子仆地,有顷始苏,见《骈拇篇》注。是曾子亦不得于其父,故曰"悲"。

"木与木相摩",所谓钻燧取火也。"然"即燃字,故下从火。后以"然"为语辞,乃更加火傍作"燃"耳。"金"谓金属,铜锡之类。"与火相守"者,言冶炼。"流",金融而流也。"阴阳错行",行之反其常也。"絯"借作硋。天地大硋,谓否塞而不通。"于是乎有雷有霆","霆",疾雷也。"水中有火,乃焚大槐",承上雷霆言。司马彪注云:"水中有火谓电也。焚,谓霹雳时烧大树也。"树独言"槐"者,取与絯为韵,无他义。此以上皆喻,为下"生火"、"焚和"发端。

"有甚忧两陷而无所逃",转入人心言。不陷于阳,则陷于阴,《人间世篇》叶公子高所谓"有阴阳之患"是也。"甚忧"犹云大患。"螯"、"蟬"皆忧意。"螯"读如《诗·草虫》"忧心忡忡"之忡。"蟬"读如《小雅·正月》"忧心茕茕"之茕。其字从虫者,如虫之蠢蠢不安宁也。"不得成",不得平也。《春秋》隐六年:"郑人来渝平。"《左氏传》曰:"郑人来渝平,更成也。"古谓成亦曰平。惟不得平,故曰"心若县于天地之间"。"慰"读若郁。"慰暋"者,郁结而不解。"沈屯"者,沈滞而不伸。"利害相摩",心盘旋于利害二者之间,无有已时,若相摩切然也。"生火甚多",叶公子高所谓内热也,以是伤其和德,故曰"焚和"。"月固不胜火"者,月者阴水,水本可以胜火,而火之盛则非杯水之所能灭,如孟子言"夜气不足存",为其旦昼之所为,梏亡之太甚也。"债"同積。今作"頽",兹从《说文》作穨者,见其相通也。"債然",谓自废堕也。"道尽"者,不终其天年而中道夭也,此甚慨之之辞。郭注云:"唯債然无矜,遗形自得,道乃尽也。"与书旨悖矣。

　　庄周家贫,故往贷粟于监河侯。监河侯曰:"诺。我将得邑金,将贷子三百金,可乎?"庄周忿然作色曰:"周昨来,有中道而呼者。周顾视车辙,中有鲋鱼焉。周问之曰:'鲋鱼来!子何为者邪?'对曰:'我,东海之波臣也。君岂有升斗之水,而活我哉?'周曰:'诺。我且南游吴越之王,激西江之水,而迎子,可乎?'鲋鱼忿然作色曰:'吾失我常与,我无所处。吾得升斗之水,然活耳,君乃言此,曾不如早索我于枯鱼之肆。'"

　　"贷",借贷。"监河侯",《说苑》作魏文侯。案:庄子,魏惠王时人,惠王,文侯孙,则与文侯非同时。且文曰:"我将得邑金。""邑金"者,一邑租赋之所入。若文侯,为万乘之君,安得作是言!知《说苑》误也。"监河",当是监理河道之官,以其自有封邑,故曰"监河侯"耳。

　　"忿然",不悦貌,非即忿也。"作色",犹变色。"中道",道中也。"辙",车轮所陷,时有积水,故得有鱼。"鲋",鰿鱼,鰿今作鲫。"波臣",司马彪云"波荡之臣",谓荡而失水者也。"升斗",各本皆作斗升,《白帖》《艺文类聚》《太平御览》引文则多作"升斗",下成疏亦云:"升斗之水,可以全生,乃激西江,非所宜也。"是成本原亦作"升斗",因并据改。"游",谓游说也。"激"如孟子"激而行之,可使在山"之激。见《告子篇》时鲋鱼在陆,故云激江水以迎之也。江曰"西江"者,对东海言,江在西也。成疏云"西江,蜀江也",失之矣。"失我常与","常与"者,常所与共,指水而言。"我无所处",言方无计以处此。"得升斗之水然活耳","然"者如是,谓有升斗之水,如是便活,不求多也。"曾不如",乃不如也。"索",求也。"枯鱼之肆",干鱼市场也。

　　任公子为大钩巨缁,五十犗以为饵,蹲乎会稽,投竿东海,旦旦而钓,期年不得鱼。已而大鱼食之,牵巨钩,錎没而下,惊扬而奋鬐,白波若山,海水震荡,声侔鬼神,惮赫千里。

任公子得若鱼,离而腊之,自制河以东,苍梧已北,莫不厌若鱼者。已而后世轻才讽说之徒,皆惊而相告也。夫揭竿累,趣灌渎,守鲵鲋,其于得大鱼难矣;饰小说以干县令,其于大达,亦难矣。是以未尝闻任氏之风俗,其不可与经于世,亦远矣。

此寓言也。托名于"任公子"者,见其能任大也。春秋任国,汉为任城,今山东济宁。"缁",黑纶。"犗"音介,阉牛也,牛阉则壮硕。"会稽",已见《徐无鬼篇》。惟此云"蹲乎会稽,投竿东海",则专指会稽之山言。"旦旦"犹朝朝也。"期"本亦作期,字同。"期年",周年也。

"已而",犹既而。"食之",食其饵也。"錎没而下",《释文》引吕忱《字林》云:"犹陷字也。"然其字从金,言钩之陷没其颚,非谓鱼之陷没于水,不可不辨也。"惊"各本作骛,《释文》云:"一本作惊。""惊"者,惊其钩之錎没也。本下也,因惊而复上,故曰"惊扬而奋鬐"。"扬"者,起而上也。"鬐",鱼之脊尾与腹下,用以排水而行进者。"奋",动之激也。此文一"惊"字,为生动传神之笔。若作骛,则精彩全失矣,故兹改从"惊"。"声侔鬼神"者,其声威与鬼神相侔也。"惮赫千里","赫"与吓同。千里之地为之吓畏,故曰"惮赫千里"。

"若鱼"犹此鱼。"离而腊之",分割之,曝而为脯也。"制"同浙,浙河即浙江。古制、折同声,故浙亦作浙也。"苍梧",山名,在今广西梧州。"已北","已"同以。"莫不厌若鱼者","厌"读如餍,谓皆得饱食此鱼也。"轻",车轮之无辐者,若椎轮,以此喻才,言其粗也。"讽说"犹诵说,《论语》所谓"道听而涂说"也。始则狂而不信,既则惊而相告,极形容此辈之见小也。

"累"各本作累,乃"纍"之省,兹从其本字。"纍"亦钓纶也。"趣"读如趋。"灌渎"犹沟渎。"鲵",见《庚桑楚篇》。"守"如守株待兔之守,谓守候也。"饰",文饰。"小说",《齐物论》所谓"小言詹詹"者是。

"县"同悬。"县令",国家所悬之功令,以征召于下者。"干",谓求合也。"大达",显达也。"任氏之风俗","俗"字当是衍文,但无左证,不敢臆删。"经世",已见《齐物论篇》。"远",谓悬远也。

　　儒以诗礼发冢,大儒胪传曰:"东方作矣,事之若何?"小儒曰:"未解裙襦。口中有珠。""诗固有之,曰:'青青之麦,生于陵陂。生不布施,死何含珠为!'接其鬓,擪其颒,而以金椎控其颐,徐别其颊,无伤口中珠!"

　　上节讥小知小言,其非易见,其文易为也。此斥假圣人之术以济其奸私者,其恶不易知,其迹亦不易写。不得已乃设为诗礼发冢之谈,一若实有其事然者。不知乃此老以天下沈浊,不可与庄语,因以卮言为曼衍,其辞虽谐,其意则几于垂泣涕而道之矣。

　　"大儒",谓贼儒之渠魁。"胪",《尔雅·释言》:"叙也。""胪传"者,以叙相传,是其所谓礼也。"东方作矣,事之若何",问天将明,发冢事何如也。"小儒",其党类也。"未解裙襦",答事之若何。"口中有珠",告以新发现也。古者死人以玉含敛,故口中得有珠。"珠",玉之圆者,非蚌所产珠也。

　　"诗固有之"以下,为大儒之言。"青青之麦,生于陵陂",此诗之所谓"兴"也。"陵",大阜。"陂",阪也。"生不布施,死何含珠为!"讥死者生吝于财,死何用以珠为含。意谓取其珠不为悖也。前叙其依礼传言,兹又叙其引诗,所谓"以诗礼发冢"也。"诗",逸诗。"为"古读讹音。"施"读施之去声,与"陂"协韵。"接",引也。"擪",按也。"颒"同哕,故字亦作哕,谓颐之下,司马彪云"颐下毛",非也。"而"各本皆作儒,王念孙据《艺文类聚》宝玉部引作"而",谓"而、儒声近,上文又多儒字,故而误为儒",是也,兹改正。但王曰:"而,汝也。"则非是。"而"自是承上联下之辞,观"接其鬓,擪其颒"、"控其颐,别其颊",其文一例,可见也。"控",击也。"以金椎控其颐"者,"颐"为下颚与上颚衔接处,击之,则下颚张而口得启也。"徐",缓也。"别",谓别开之。言"徐别"者,以"无伤口中珠",故亦不欲伤其颊也。

　　老莱子之弟子出薪,遇仲尼,反以告曰:"有人于彼,修上而趋下,末偻而后耳,视若营四海,不知其谁氏之子。"老莱子曰:"是丘也。召而来。"仲尼至。曰:"丘!去女躬矜,与女容知,斯为君子矣。"仲尼揖而退。蹙然改容,而问曰:"业可得进乎?"老莱子曰:"夫不忍一世之伤,而骜万世之患,抑固窭邪?亡其略弗及邪?惠以欢为,骜终身之丑,中民之行进焉耳,相引以名,相结以隐。与其誉尧而非桀,不如两忘而闭其所誉。反无非伤也,动无非邪也。圣人踌躇以兴事,以每成功。奈何哉其载焉,终矜尔!"

　　"老莱子",楚人,见《史记・老子列传》,云:"著书十五篇,言道家之用。"《汉书・艺文志》道家有《老莱子》十六篇。书今不传。案:《路史》商之裔有莱侯莱子,当是其后,故以莱为氏。其称"老莱子"者,则以其老寿也。

　　"出薪",出采薪也。"修上",言容之修饬也。"趋下","趋"读如促,言行之急遽也。"末偻",背微俯,言其恭也。"后耳",听向内,言其谨也。"视若营四海",瞻视高远,言其有忧世之思也。若老莱子之弟子,亦可谓善于观人者矣。老莱子于孔子为前辈,故曰"召而来",非倨也。

　　"去女躬矜与女容知","知"读如智。矜曰"躬矜",矜之见于躬也,如"修上"以至"末偻"皆是。知曰"容知",知之见于容也,如"趋下"以至"视若营四海"皆是。"揖而退",拜受其言也。"蹙然改容"句,改其躬矜容知之容,见圣人变化之速也。问其"业可得进乎"者,求教以更进其业。"业"者,道业。《释文》云"问可行仁义于世乎",此出陆氏揣测，非问意也。

　　"夫不忍一世之伤"，谓欲救当世之急。"而骜万世之患"，"骜"一作敖。《天地篇》有曰"警然不顾"。骜、警、敖并通。谓不顾其患之中于万世也。《庚桑楚》曰："大乱之本必生于尧、舜之间，其末存乎千世之后；千世之后，其必有人与人相食者也。"此云"万世之患"，大旨盖与彼同，故道贵于无名无迹，有名有迹，则假夫禽贪者器，于是救天下者反以祸天下后世矣。此经世者所不可不知，亦为道者所不可不知，故特借老莱之言以发之。"抑固窭邪？亡其略弗及邪？"设为两边之辞以质孔子。"窭"，穷也。"亡"同无。谓岂其穷而不得不然邪？无亦轻略而不之及也？

　　"惠以欢为"四字为句，此倒文，犹言以欢为惠。"欢"如孟子云"容悦"、云"媚世"。以媚悦为惠，微生亩所讥孔子为佞者也，此意亦略同矣。"骜终身之丑"，与"骜万世之患"同一句法。"万世之患"，就天下言；"终身之丑"，则就一己言。"丑"犹耻也。媚世以为惠，君子所不为，故曰"骜终身之丑"。旧以"骜"字属上读，作"以欢为骜"，既与上"骜"字义不合，又嫌"惠"字义不相属。或遂以"惠"为发声，亦牵强附会之至已。"中民"犹中人。"中民之行进焉耳"，谓此不过中人之行较进一步者耳，不足取也。"行"读去声。"相引以名，相结以隐"，皆"惠以欢为"之失。"隐"，俞樾云"当训作私"，是也。外则相引以名，内则相结以私，是虽欲救一世之急，而亦不可得。不必言失，失可知矣。

　　"与其誉尧而非桀"，《大宗师篇》亦有是文，但彼云"不如两忘而化其道"，此则云"不如两忘而闭其所誉"，盖义各有主，彼主在化，故曰"化其道"，此主在无名，故曰"闭其所誉"。"闭其所誉"，则无誉。无誉，则名无得而立矣。"反无非伤也"，"反"谓反己，承"终身之丑"言。"动无非邪也"，"动"谓用世，承"万世之患"言。"圣人踌躇以兴事"，"踌躇"者，不得已而后为者也。"以每成功"，言以是每有成功。《庚桑楚篇》末云："不得已之类，圣人之道。"盖谓是也。"载"则有意而为之，故曰"奈何哉其载焉终矜尔"。"终矜尔"者,不免以骄矜而终,言无由而进也。然言不进,乃正所以进之,读者宜善会焉。

宋元君夜半,而梦人被发窥阿门,曰:"予自宰路之渊,予为清江使河伯之所,渔者余且得予。"元君觉,使人占之,曰:"此神龟也。"君曰:"渔者有余且乎?"左右曰:"有。"君曰:"令余且会朝。"明日,余且朝。君曰:"渔何得?"对曰:"且之网得白龟焉,箕圆五尺。"君曰:"献若之龟。"龟至,君再欲杀之,再欲活之,心疑,卜之,曰:"杀龟以卜吉。"乃刳龟,七十二钻,而无遗策。

仲尼曰:"神龟能见梦于元君,而不能避余且之网;知能七十二钻而无遗策,不能避刳肠之患。如是,则知有所不周,神有所不及也。虽有至知,万人谋之。鱼不畏网而畏鹈鹕。去小知,而大知明;去善,而自善矣。婴儿生无所师而能言,与能言者处也。"

此承上节"去女容知"之言,借神龟之事以明知之不足恃也。"去小知而大知明,去善而自善矣"二语最要。"小知"者,自用。"大知",则任人也。"善"者,自以为善。自以为善,犹是小知之见,而非善之至也,故曰"去善而自善矣"。"自善"之善,是则人之所同善也,故曰"虽有至知,万人谋之"。"万人谋之"者,谋之于众也。读者识得此意,即获益无量,若神龟事之有无,虽不问可也。

"宋元君",已见《田子方篇》。"阿门",寝门名。"宰路之渊",渊名。"宰路",神龟所居处也。"予为清江使河伯之所","为"、"使"皆读去声。"河伯"已见《秋水篇》。江曰"清江"者对河之浊而言,亦见由清江而入浊河,所以不习,而为渔者所得也。"余且",《史记·龟策传》作豫且,"且"皆读苴音。"使人占之",此"占"谓占梦也。《小雅·正月》

之诗曰:"讯之占梦。"《周官书》春官之属有占梦中士二人。《艺文类聚》《太平御览》引此文作"召占梦者占之",疑后人所增改,实则不须言"占梦",自知此人指占梦者也。"令余且会朝","朝"音潮。令余且于朝时来会也。"箕"谓龟甲,以其形如箕,故名之"箕"。"圆"者,围也。"献若之龟",令献此龟也。"心疑卜之",因疑而卜以决之也。曰"杀龟以卜吉",此卜辞。谓杀龟留作占卜之用则吉也。"刳"者,去其脏而空之。"七十二钻而无遗策",古者龟卜,用火灼以观其兆,灼之先,钻之以定其处。"七十二钻",言其卜次之多。"无遗策",犹曰无遗算,言其卜屡中,未尝有失也。

"见梦"之"见"读如现。"知"同智。"知有所不周,神有所不及"为对文。"不周"之"周",各本皆作困。困疑即"周"之讹,又脱"不"字。传写者因其义可通,故沿用之耳。《释文》云:"一本作有所不周。""不周"义长,故据一本改正。"鹈鹕",水鸟善捕鱼者,单名曰鹈,《曹风·候人》之诗曰"维鹈在梁",是也。以其颈下有胡,可以贮鱼,故亦曰"鹈鹕",旧亦名淘河,渔者多畜之。"鱼不畏网而畏鹈鹕",鹈鹕,其知之所及,网则其知之所不周也。"所师"之"所",各本皆作石,盖"所"字缺其半为户,因讹为石。其作"硕"者,又因"石"而补之。"硕师"之义于此实无所取。《释文》云"一本作所师",作"所师"是也,因据改。"与能言者处",凡能言者皆其师也。皆其师而无师之名,故曰"生无所师"也。

惠子谓庄子曰:"子言无用。"庄子曰:"知无用,而始可与言用矣。夫地非不广且大也,人之所用容足耳。然则厕足而垫之,致黄泉,人尚有用乎?"惠子曰:"无用。"庄子曰:"然则无用之为用也亦明矣。"

《人间世篇》曰:"人皆知有用之用,而莫知无用之用也。"此所以发明其旨。"厕"读如侧。"厕足",侧足也。"垫之",斩其土使成坑堑也。

"致黄泉",以至于黄泉也。"黄泉"已见《秋水篇》。此喻与《徐无鬼篇》"足之于地,恃其所不蹍而后善",所说略同。"堲"各本作垫。《释文》云:"本又作堲。""堲"字义长,故兹从"堲"。

　　庄子曰:"人有能游,且得不游乎? 人而不能游,且得游乎? 夫流遁之志,决绝之行,意其非至知厚德之任与! 覆坠而不反,火驰而不顾,虽相与为君臣,时也,易世而无以相贱。故曰:至人不留行焉。夫尊古而卑今,学者之流也。且以豨韦氏之流,观今之世,夫孰能不波! 唯至人乃能游于世而不僻,顺人而不失己。彼教不学,承意不彼。目彻为明,耳彻为聪,鼻彻为颤,口彻为甘,心彻为知,知彻为德。凡道不欲壅,壅则哽,哽而不止则跈,跈则众害生。物之有知者恃息,其不殷,非天之罪。天之穿之,日夜无降,人则顾塞其窦。胞有重阆,心有天游。室无空虚,则妇姑勃溪;心无天游,则六凿相攘。大林丘山之善于人也,亦神者不胜。德溢乎名,名溢乎暴,谋稽乎誸,知出乎争,柴生乎守官,事果乎众宜。春雨日时,草木怒生,铫鎒于是乎始修,草木之到植者过半,而不知其然。"

　　"能游"、"不能游"之"游",以无滞无著为义,"得游"、"得不游"之"游",以自得自适为义。《中庸》曰:"君子素其位而行,不愿乎其外。素富贵行乎富贵,素贫贱行乎贫贱,素夷狄行乎夷狄,素患难行乎患难。君子无入而不自得焉。"无入而不自得,在于素位而行不愿乎外。不愿乎外,是此篇之本旨。故篇末再三以"游"为言。"能游"者,素位而行也。素者,无染义,即无滞无著义也。"且得不游"者,无入而不自得也。庄子屡言自适其适,自得与自适一也。"不能游"者反是。《庄子》与《中庸》多通者,《中庸》出于《易》,《庄子》亦出于《易》也。

"流遁之志,决绝之行"为互文。"流"如流亡之流。"流遁"犹遁逃也。以世之浊乱,惧其污己,故思远离,是为"流遁"。以世之浊乱,不可振拔,忍与弃置,是为"决绝"。"意其非至知厚德之任与","与"读欤。"意"各本作噫,唐写本则作"意",据唐写本改。"意"如《骈拇篇》"意仁义其非人情乎"之意。不欲作决辞,故上曰"意"而下曰"欤"。"至知"对"流遁"说。世岂可逃?故非"至知"。"知"读智。"厚德"对"决绝"说。绝则不仁,故非"厚德"。"任"者,以天下为己任也。流遁者不能任,决绝者不肯任。提一"任"字,而其非不待言而已明。故辞虽缓而意则峻,读者善体之当自知也。

"覆坠不反",承上"流遁"、"决绝"言。"火驰不顾",则谓当时任智术急功名之士,如纵横法家者流。"火驰",已见《天地篇》,所谓尊知而火驰是也。"相与为君臣","君臣"乃譬况之辞,犹言贵贱上下也。当功名之士有所成就,志得意满,视彼山林枯槁者,盖蔑如也;及其功高而贾祸,事败而杀身,于是山林枯槁者,亦得以神其先见,而讥彼为冥顽,是所谓"相与为君臣"也。然遭休明之世,以伊、周之业位,未尝不可以全身,而纪他、申徒狄之伦,转成残生而伤性。然则枯槁之士,与夫功名智术之徒,何所用其高下?故曰"时也"。"易世而无以相贱","易世"犹言易地也。若夫"至人",则二者皆所不处,故曰"至人不留行焉"。行而不留,所谓游也,所谓素位而行也。

"夫尊古而卑今,学者之流也",则又因上"易世"之言而发,以见古今异宜,不可不与日化。不化,则非游之道也。"尊古卑今",是不知化者,故曰"学者之流"。谓之"学者"犹韩非以孔墨为显学,见《韩非子·显学篇》盖当时之所谓学,非庄子之所谓学也。"流"如流辈之流。"学者之流",轻之之辞。"狶韦氏",见《大宗师篇》所谓狶韦氏得之以挈天地者,非《则阳篇》之狶韦也,其人尚在伏羲之前,故特引之,意谓彼时之人视今之世,不能免于惶惑必矣,故曰"夫孰能不波"。"波"如《应帝王篇》"因以为波随"之波,复言之曰波随,单言之则曰波,一也。特在彼则形其变动不居,此则言其张皇无主,是则异也。

"游于世而不僻","不僻"者,中也。"顺人而不失己",顺人者和也。游于世而不失己,合中和而一之,所谓与物化者,一不化者也。"与物化者,一不化者也"。语见上《则阳篇》。"彼教不学"二句,指学者之流言,言其所以尊古而卑今,由于彼之教者不知学,而学者又承教者之意,不知教者之偏,相从而不敢背。所谓"不彼"者,"彼"者外之之辞,犹言不敢外也。以是规规自守,知不能彻,失夫游世之能,故叠举"耳彻"、"目彻"、"鼻彻"、"口彻"、"心彻"为比,而以"知彻为德",亟致其丁宁之意。"彻"者通也。"德"者得也。谓不彻则不足以为得也。"心彻为知,知彻为德",两"知"字皆读智。"鼻彻为颤","颤"谓其能审臭,此自当时常言,与耳之聪、目之明等。以其不见于他书,或遂以膻字释之,又以膻为恶辞,疑其声误,而改为馨字以释之,要之皆用己意揣测。存其本字,义自可明,无取劳攘为也。

"凡道不欲壅","壅"者彻之反,亦即不留行之反,游之反也。"壅则哽","哽"者梗塞。"哽而不止则跈","跈"与抮通,戾也,偝也。至于偝戾,则阴阳错行失其中,生火、焚和失其和,故曰"跈则众害生"也。

"物之有知者恃息","息"与《孟子》"牛山之木"章"是其日夜之所息"息字同,"牛山之木"章见《告子篇》亦即此书首篇"生物以息相吹"之息。谓得天地自然之气,而复其生生之机也。"其不殷非天之罪","殷"者中也,《尔雅·释言》:"殷,齐中也。"是也。中者戾之反。故不中承"跈"而言。"天之穿之,日夜无降","穿之"谓通之也。"无降",无减也。"人则顾塞其窦",人反自塞之,故曰"非天之罪"也。

"胞有重阆","胞",胎胞。"阆",空处。胞内外皆有之,故曰"重阆"。此原人之始胎,即非空虚不生,以见"心有天游"之不可缺。"天游"者,游于天也。"室无空虚",居室湫隘,无余隙也。"妇姑勃溪",因争处而诟谇也。此更设喻以明之。"心无天游,则六凿相攘","凿"即《应帝王篇》"日凿一窍"之凿。凿有六者,耳、目、口、鼻之外,益之以身、意,故六也。"相攘",相凌夺也。"大林丘山之善于人也,亦神者不胜","胜"读去声。神谓人之神明,亦即心之游于天者。游于天者,不借助乎外,故人有遇山林而善之,乐其閒旷者,亦由内不足之故,《刻意篇》言圣人之德有曰"无江海而閒",盖谓是也。郭子玄注云"自然之理,有寄物而通也",则适得其反矣。

"德溢乎名",即《人间世篇》所云"德荡乎名"。"知出乎争",亦见《人间世篇》。"名溢乎暴","暴"读如表襮之襮。因于表襮,名乃过乎其量,孟子所谓"声闻过情,君子耻之"者也。"谋稽乎谞"与"知出乎争"文对。"知出乎争"者,由知而生争,则"谋稽乎谞"者,亦谓因谋而致谞。"谞"从言,训言急也。言之急,讼之纷也。故"稽"当如《消摇游》"大浸稽天"之稽,谓至也。旧注并云:"急而后考谋,争而后见智。"若是,则与本书"不谋"、"去智"之旨悖矣。"柴生乎守官"句。荀子曰:"官人守官,君子守道。"是"守官"为当时之恒言,旧从"守"字断句,误也。"守官"者,局于常例,往往不知应变之权,于是有窒碍难行之弊,是之谓"柴生乎守官",故下句反言以见义,曰"事果乎众宜"。"众宜"者,无所不宜也。无所不宜,则事得遂矣。"果"者,遂也,成也。

"春雨日时",天之穿也。"草木怒生",物之息也。"铫鎒于是乎始修",人事之宜也。"铫"所以削土,今曰锹。"鎒"所以耨草,今之锄也。"草木之到植者过半",留嘉禾而去恶草也。"到"与倒通。"而不知其然",终归之于天也。

静默可以补病,揃搣可以沐老,宁可以止遽。虽然,若是,劳者之务也,非佚者之所,未尝过而问焉。圣人之所以骇天下,神人未尝过而问焉;贤人所以骇世,圣人未尝过而问焉;君子所以骇国,贤人未尝过而问焉;小人所以合时,君子

未尝过而问焉。演门有亲死者，以善毁爵为官师，其党人毁
而死者半。尧与许由天下，许由逃之；汤与务光，务光怒之；
纪他闻之，帅弟子而踆于窾水，诸侯吊之；三年，申徒狄因以
踣河。

"静默"各本作"静然"。宋林疑独《庄子注》本作"静默"。"然"、
"默"形近，"然"自是"默"字之讹，兹从林本改。病必有所亏损，惟静默
可以补益之，故曰"补病"。"揗搣"各本皆作"眥搣"，《释文》云："眥亦
作揗，搣亦作搣。"案：《说文》："揗，搣也。搣，批也。批，本或作"批"，谩
也。《说文·手部》无"批"字。批搣颊旁也。"三字互训，则"揗搣"或"批搣"
连文，义并同，作"眥搣"者非"批搣"之误，则借"眥"为"批"，借"搣"为
"搣"耳，而汉史游《急就篇》有"沐浴揗搣，寡合同语"，是"揗搣"尤为习
用之语，唐写本正作"揗搣"，故此定作"揗搣"。"揗搣"者，后世之所谓
按摩也。《广韵》："搣，案也，摩也。"可证。按摩面部，消其皱纹，故曰"可以沐
老"，"沐"者涤治义。成玄英疏云："衰老之容，以此而沐浴。"唐写本作
"沐"，与成疏合。各本作"休"，则与"沐"形似而误也。"宁"，安定也。
"遽"，匆迫也。安定者不匆迫，故曰"可以止遽"。

"若是"指上三者言。"劳者之务"，谓此形神素劳者所当从事。若
夫为无为者，形神闲逸，《刻意篇》所谓"不道引而寿"，无病可补，无老
可沐，无遽可止，则安用夫此！故曰"非佚者之所，未尝过而问焉"。
"所"字当读断。"所"犹所以也。"佚"同逸。"未尝过而问"者，谓不以
经意也。

"骇"与骇同，震动也。圣人初无意于骇天下，顾其所为，天下之人
见不能及，则不得不为之震动，因曰"骇天下"云尔。下"贤者骇世"、
"君子骇国"亦然。至小人则曰"合时"。"合时"者，投时所好。同乎流
俗，合乎污世，若是，何骇之有！此言人之度量相越，而以神人为至者，
惟神人能游，而不劳于为天下也。

507

庄子发微

"演门"，宋城门名。"毁"，哀毁。"善"犹能也。"爵为官师"者，宋君旌其孝行，而用之为官师也。"官师"为一官之长，当时以中士、下士任之。《小戴礼记·祭法篇》"官师一庙"，郑注云"官师，中士、下士"，是也。此云"爵"者，亦以其由庶民而爵为士言之。"党人"，里党之人。古五百家为党。"毁而死者"，冀赏而毁，毁不当情，因以致死也。

"许由"，见《消摇游篇》。"务光"，见《大宗师篇》。曰"务光怒之"者，《让王篇》云"非义非仁，吾不忍久见，乃负石而自沈于庐水"，与许由之逃异，故曰"怒也"。"纪他"，亦见《大宗师篇》。"窾水"，地以水名，其地不可考。"踆"同逡，遁也。古从辵之字，或从足，如迹之与跡，逾之与踰皆是。《释文》引吕忱《字林》以为古"蹲"字，非也。"诸侯吊之"，吊其穷困也。"三年"二字别为句，意谓三年之后也。"申徒"复姓，"狄"其名。"蹈"，毙也。"因以蹈河"，因慕务光、纪他而至蹈河以毙也。此《大宗师》所谓"适人之适"者，慕外则然，故篇终痛言之以垂戒。

> 荃者所以在鱼，得鱼而忘荃；蹄者所以在兔，得兔而忘蹄；言者所以在意，得意而忘言。吾安得夫忘言之人，而与之言哉！

此节疑《寓言篇》文，郭子玄纂辑时误入于此。"荃者所以在鱼"，"荃"，各本从艸作荃。《释文》引崔撰云："香草也，可以饵鱼。"案：曰香草，则与《离骚》"荃不察余之中情"之荃同。荃可饵鱼，未之前闻。道藏各本、覆宋本并作"筌"，《文选》注及《初学记》、《太平御览》引文亦多作"筌"，释玄应《一切经音义》亦作"筌"，且引司马彪注云："筌，捕鱼具也。"今《释文》不列彪注，然有"一云：鱼笱也"之语。既为鱼笱，其字从竹不从艸，何疑！且下文"蹄者所以在兔"，《释文》云："蹄，兔罥也。"又云："兔弶也，系其脚，故曰蹄也。"惟"筌"为捕鱼之具，故与猎兔之蹄对言；若香草之"荃"，则非其类矣，故今断从竹作"筌"。

　　"忘筌"、"忘蹄"、"忘言"，"忘"者遗忘之忘，犹言遗也。子曰："书不尽言，言不尽意。"见《易·系辞传》言已不足以尽意，而况执泥于言，则不得其意者多矣，故曰"得意而忘言"。又曰："吾安得夫忘言之人而与之言哉！"虽然，忘言难，得意尤难。后世读《庄子》而得其意者有几人！吾于此不得不感此老之言之痛也。

寓言第二十七

王夫之《庄子解》以此篇与《天下篇》为全书之序例。案之《天下篇》云："以天下为沈浊不可与庄语,以卮言为曼衍,以重言为真,以寓言为广。"即此篇首节之大意,则全书序例之说,的然似有据依。然此专就首节言则可,若夫"庄子谓惠子"以下,博引杂出,颇难明其条贯,且如罔两问景云云,与《齐物论篇》之文大致无甚差异,郭子玄编入杂篇,诚哉其为杂也。以统篇言,作全书序例观,未免失之矣。

寓言十九,重言十七,卮言日出,和以天倪。寓言十九,借外论之。亲父不为其子媒。亲父誉之,不若非其父者也;非吾罪也,人之罪也。与己同则应,不与己同则反;同于己为是之,异于己为非之。重言十七,所以已言也,是为耆艾。年先矣,而无经纬本末以期来者,是非先也。人而无以先人,无人道也;人而无人道,是之谓陈人。卮言日出,和以天倪,因以曼衍,所以穷年。

不言则齐,齐与言不齐,言与齐不齐也,故曰"无言"。言无言,终身言,未尝言;终身不言,未尝不言。有自也而可,有自也而不可;有自也而然,有自也而不然。恶乎然?然于然。恶乎不然?不然于不然。恶乎可?可于可。恶乎不可?不可于不可。物固有所然,物固有所可;无物不然,无物不可。非卮言日出,和以天倪,孰得其久!万物皆种也,以不同形相禅,始卒若环,莫得其伦,是谓天均。天均者,天倪也。

　　"十九"、"十七",有两解。寄之他人,则十言而九见信;世之所重,则十言而七见信。此郭象之说也。"寓言十九",则非寓而言者十一;"重言十七",则非重而言者十三而已。此吕惠卿之说也。郭以十九、十七属闻者言,吕以十九、十七属言者言。案之"卮言日出"之例,及后"借外论之"、"所以已言"之释,则吕是而郭非甚明。故后之注家,除成疏外,鲜有用郭说者。然推郭所以为此说之意,亦自有故,既以十之九属之寓言,又以十之七属之重言,以数而论,是不能并存者也。

　　予之怀此疑者亦有年矣,反复思之。《天下篇》曰:"以卮言为曼衍,以重言为真,以寓言为广。""曼衍"者,无穷者也。无穷,则不可以数稽也。故于此曰"卮言日出"。日出不已,犹曼衍也,故不言十之几。卮言之中而有重言焉,有寓言焉。

　　"重言"者,考诸古圣而不悖,质诸耆硕而无疑,是则可信今传后者,故曰"以重言为真"。然而多闻阙疑,多见阙殆,即不敢谓重言之皆真之必真也,故曰"重言十七"。此庄子之矜慎,非如吕氏所云"余十之三不在重言之数",若是之拘拘也。

　　"寓言",非空语无事实也。孔子作《春秋》曰:"我欲载之空言,不如见之行事之深切著明也。"故就二百四十二年之间,别嫌疑,明是非,善善恶恶,进退褒贬,以为天下仪表,庄子之寓言盖亦犹是也,故曰"借外论之"。自后世读者,误以鲲鹏蜩鷽之文为寓言,而卮言、寓言乃混而莫别,于是而曰十言而九见信,岂徒诬庄子,亦且诬郭象矣!不知

"以寓言为广"者,广人之意,使不为轻才小说之所囿,而庶几其进于大方也。惟其旨在于是,故首曰"寓言十九",此如内七篇以《消摇游》居第一,申大知、大年、至人、神人之论,所以为广,而非如史公之言"洸洋自恣,徒以适己"已也。由是观之,"十九"之云,特以表其深切,以发人得意忘言之悟。若如吕说"寓者九而非寓者一",一之与九,试问将从何而定之? 尝闻善读书者,莫如以意逆志;不善读书者,莫如信斯言也。_{"以意逆志"、"信斯言也",并孟子语,见《万章篇》。}予以信斯言也,至怀疑者有年,而其得之也,则由以意逆志,乃益知"筌者所以在鱼"一段文字固当在《寓言篇》内,不然,不能得意忘言,即《寓言篇》不可得而通,遑论《庄子》全书哉!

"卮言"者,支离之言也。_{参阅《消摇游篇》注语}"卮言日出"下接云"和以天倪"者,此语甚要。曰"天"又曰"倪"者,"倪",小儿也。天机之动,于小儿为能见之,老子所以言"婴儿",孟子所以言"赤子之心"也。惟其"和以天倪",卮言是以日出,而支者不支,离者不离,其曰支离者,就世人言之则然,自真人言之,则固妙道之行也。_{"妙道之行",语见《齐物论篇》。}

"亲父不为其子媒","媒"之为言谋也,谋,求合于人也。求合于人,先当誉之,故曰"亲父誉之,不若非其父者也"。"不若非其父者",所谓"借外论之"也。"借外论之",而或获罪,则罪在所借而不在我,故曰"非吾罪也,人之罪也"。所以知如此释者,《人间世篇》云:"成而上比者,与古为徒。其言虽教谪之,实也古之有也,非吾有也。若然者,虽直不为病。"此云"非吾罪也,人之罪也",与彼云"古之有也,非吾有也",于文则同,于义又合,言罪言病,一也。旧解云"非吾谈者不实,而人不信之过",则是是己而非人,殊乖庄子"不遣是非,以与世俗处"之意,_{"不遣是非,以与世俗处",语见《天下篇》。}必不然矣。

"与己同则应"四句,当连下"重言十七,所以已言也",一气读之。盖同则应、不同则反,同为是之,异为非之,是争议之所起也。惟取彼此素所尊信之言而断之,则争议顿息,故曰"重言十七,所以已言也"。

"已言"者，止息争议之谓。亦惟其能止息争议，所以得为重言也。若如旧解，以"与己同则应"四句划入上解说寓言之文，则"所以已言"之言为无根矣。"是为耆艾"，《尔雅·释诂》："耆，长也。艾，历也。"长者多更历。然则取于重言者，为其言者年长而更历多，足以指导人也。若年虽在前，而更历无足以指导人者，即有言，何所重！故曰"年先矣，而无经纬本末以期来者，是非先也"。"非先"之"先"，谓先导也。"经纬本末"，言学也。直之为经，横之为纬，始之为本，卒之为末。"来者"，各本皆作"年耆"者。"年"为"来"之讹字，"耆"则"者"之衍文，郭注云："其余本末无以待人，则非所以先也。期，待也。"明不得有"年耆"之文，故古钞卷子本改"年耆"为"来者"，又原无"者"字，是也，兹据改。"人而无以先人无人道"者，言未能尽人之道。"人而无人道是之谓陈人"，"陈人"者，陈死之人，言其不足取也。观于此言，则知庄子择取之慎，而所以言"重言十七"，初不在数之比例明矣。

"和以天倪"下，又言"因以曼衍，所以穷年"者，《齐物论篇》已见之，盖言者所以明道，道在保身全生，而极之于尽年。_{语见《养生主篇》}"穷年"犹尽年也。尽年者，所谓终其天年而不中道夭，是知之盛者也。_{语见《大宗师篇》}不然，如惠子之其书五车，其言不中，于身何益！于人又何益！故曰"所以穷年"，明卮言之出皆为穷年而出，其有无益于穷年者，皆在所弃。又不独卮言也，即重言、寓言亦然。此庄子吃紧为人语，而注家乃曰"聊以尽我之年岁"，甚且曰"聊以消遣岁月"，其孤负此老苦心，亦甚矣哉！

"不言则齐"者，虽告人以言之为寓、为重、为支离矣，而犹惧夫人之执于言也，故穷夫无言之始，而曰"不言则齐"，盖言起而是非生，是非生则各执一是，而不睹道之大全，故曰"是非之彰也，道之所以亏也"。_{语见《齐物论篇》}欲道之不亏，莫如齐是非；欲齐是非，莫如不言。何者？说齐即与言对立，对立斯不齐矣。有言亦与齐对立，对立亦不齐矣。故曰"齐与言不齐，言与齐不齐也"，此所以归于无言也。然言果可无乎?《则阳篇》曰:"言而足,则终日言而尽道;言而不足,则终日言而尽物。"岂特言而不足终日言而尽物哉!终日不言,而终日尽物者多矣。是知明于无言之意,虽言可也;不明于无言之意,即无言亦非也。因又下一转语曰"言无言"。"言无言"者,虽言而不悖于无言,无言而亦不妨于有言也。故曰"终身言,未尝言;终身不言,未尝不言"。"终身言未尝言",如"夫子之言性与天道不可得而闻也",是也。子贡之言,见《论语·公冶长篇》。"终身不言,未尝不言",如"吾无隐乎尔!吾无行而不与二三子者,是丘也",是也。盖至是而后知不言固齐,言亦未始不齐,于是然不然,可不可,可以纵横在手,予夺从心,而自不越乎大本、大宗之外。"大本"、"大宗",见《天道篇》。故复重述《齐物论》然然可可之言,而曰"非卮言日出,和以天倪,孰得其久"。"久"者恒也。《庚桑楚篇》曰:"人有修者,乃今有恒。""乃今有恒",正言之;"孰得其久",反言之,非有二也。旧解率谓惟此可以传久。可以传久,岂得曰"得其久"乎!抑此曰"有自也而可,有自也而不可;有自也而然,有自也而不然"。"有自"之云,非如郭注"由彼我之情偏,故有可不可"之说也。是所谓"自",谓自乎天倪,亦即谓自乎此久也。使非自乎此久,则可不可、然不然之间偏而不齐,与世俗之论无以异,而得谓之"言无言"乎!

　　"万物皆种也"下,释"久",即释"天倪"。"以不同形相禅,始卒若环",非言久邪!"莫得其伦",非言天倪邪!《中庸》引《诗》曰"德辅如毛",而谓"毛犹有伦,'上天之载,无声无臭',至矣"。"无声无臭",是为无伦,知无伦之为天载,则知孰得其伦之为天倪,非强为附会者也。顾不即目为天倪,而曰"是谓天均",再转乃曰"天均者天倪也"何?"均"者,陶均之均,其圆如盘,而可以旋转者也。泥之在均,惟陶者之所为;万物之在宇内,亦惟天之所为。其"始卒若环",有似于均之圆转。又"均"者平义,平则齐,是皆惟"均"可以表之。故先言夫"天均"也。然天之为名,在人所取。对卮言言,则天倪为洽。始分之以求其各当,终合之以见其非殊。此庄子修辞之密,而其运意之圆也。深明夫此,其于读《庄》书无难矣。

　　庄子谓惠子曰:"孔子行年六十,而六十化,始时所是,卒而非之,未知今之所谓是之非五十九非也。"惠子曰:"孔子勤志服知也。"庄子曰:"孔子谢之矣。而其未之尝言。孔子云:'夫受才乎大本,复灵以生。鸣而当律,言而当法。'利义陈乎前,而好恶是非,直服人之口而已矣。使人乃以心服而不敢蘁,立定天下之定。已乎已乎!吾且不得及彼乎!"

　　"行年六十而六十化",已见《则阳篇》,蘧伯玉亦如是。在万物则曰禅,在一身则曰化。天地之道恒久而不已,惟于禅于化见之,非以不变为恒久也,故《易·恒卦象传》曰:"利有攸往,终则有始也。日月得天,而能久照。四时变化,而能久成。圣人久于其道,而天下化成。"圣人之化成天下,自其身之能化始,未有己不能化而能化人者也。以此与上天倪、大均及"孰得其久"、"始卒若环"语相印证,则思过半矣。

　　"勤志服知",谓勤于志而服于知。"知"读如智。"服",服习也。惠子之意,盖以为孔子之六十而六十化,实由勤习而然,智进则化耳。此似知孔子,而非真知孔子也,故庄子曰"孔子谢之矣"。"谢之",犹过之也。《大宗师篇》曰:"以德为循者,言其与有足者至于丘也,而人直以为勤行者也。"人以为勤行,而在孔子则只是顺而循之,则何勤志服知之有!故曰"谢之"也。

　　又曰"而其未之尝言"者,此事不在言,又非言所可表,故孔子不之言。孔子之所可言者,为学之大纲而已,故复引孔子云:"夫受才乎大本,复灵以生者。""才"如孟子"非天之降才尔殊"之才。见《孟子·告子篇》自天言则曰降,自人言则曰受。"大本"即天也。"灵"者善也。才无有不善。而既生之后,人知开而天知损,善而入于不善者有之矣,若

是,则所谓罔之生也幸而免,见《论语·雍也篇》故曰"复灵以生",言惟复
其善,而后始为遂其生也。"鸣而当律,言而当法"者,两"而"字与则字
同。"当"读去声,中也。"律",乐律。"法",礼法也。言"言"先言"鸣"
者,"鸣"者声而"言"者义也。声则中乐,言则中礼,是"复灵以生"之验
也。孔子之言止此。

"利义陈乎前,而好恶是非直服人之口而已矣",此以讽惠子也。
知其为讽惠子者,《天下篇》说辩者之囿即云:"能胜人之口,不能服人
之心。"以彼证此,其为讽惠子何疑! 旧解以此连接上文,谓亦孔子之
言。夫"鸣而当律,言而当法",则岂直服人之口而已哉! 以"鸣而当
律,言而当法"为直服人之口,则"使人乃以心服而不敢蕰,立定天下之
定"者,将何如? 又岂有出于"鸣而当律,言而当法"之外者乎? 以此断
之,则此三言者非孔子之言,又何疑!

"使人乃以心服而不敢蕰","蕰"通"罿"。今作罿罿从芇。芇,逆
也。《说文》:"罿,哗讼也。"哗讼谓争。心服则不敢争,故曰"使人乃以
心服而不敢蕰",此谓孔子也。知其为谓孔子者,孟子亦曰:"以德服人
者,中心悦而诚服也。如七十子之服孔子也。""立定天下之定",旧以
"立"属上句读,非是。"立定天下之定",犹后世言"坐定天下",极形其
为效之速,而不劳用力也。子贡曰:"夫子之得邦家者,所谓立之斯立,
道之斯行,绥之斯来,动之斯和。"见《论语·子张篇》立斯立,道斯行,绥斯
来,动斯和,是所谓"立定天下之定"也。

"已乎已乎! 吾且不得及彼乎!""且不得及",犹颜子言:"虽欲从
之,末由也已。"此庄子叹服孔子之辞,发乎中心之诚,故曰"已乎已
乎!"然亦所以诱导惠子,而惜乎惠子之莫能领取也。

曾子再仕而心再化,曰:"吾及亲,仕三釜而心乐,后仕三
千钟而不洎,吾心悲。"弟子问于仲尼曰:"若参者,可谓无所
县其罪乎?"曰:"既已县矣。夫无所县者,可以有哀乎? 彼视

三釜三千钟，如观鸟雀蚊虻相过乎前也。"

曾子名参，已见《骈拇》、《外物篇》。此称"曾子"者，后学者之辞也。"釜"，六斗四升。"钟"，六斛四斗。古者仕禄以粟，故用量计焉。"及亲"者，逮亲存也。"不洎"者，亲不及也。

"若参者，可谓无所县其罪乎？""县"如《养生主篇》"帝之县解"之县，系也。"罪"，网也。《说文·辛部》"皋"下云："犯法也，从辛从自。自，古鼻字。言皋人蹙鼻苦辛之忧。秦以皋似皇字，改为罪。"又网部"罪"下云："捕鱼竹网，从网非声。秦以罪为皋字。"然则此云系其罪者，犹后世云挂于尘网之比，亦谓曾子心既再化，能超然于贫富之外，不为利禄所笼罩云尔。注家不察，乃以罪作犯皋解。夫即系于禄仕，何皋之有哉！

孔子曰"既已县矣"者，谓系于哀乐，是亦一网也。故继之曰"夫无所县者，可以有哀乎？"《养生主篇》曰："安时而处顺，哀乐不能入也，古者谓是帝之县解。"哀乐不入，乃为县解。则哀乐关情，得不谓之有系乎！夫世人之视三千钟重于三釜远矣。曾子则以三千钟不如三釜之乐，度量自是过于世人。然其于三釜、三千钟终有多寡之见存，衡以齐物，即与世人未始有异也。故更从而进之曰"夫无所县者"，"彼视三釜、三千钟，如观鸟雀蚊虻相过乎前也"。"观鸟雀蚊虻过乎前"者，以喻视若无睹，更不为之判别大小多寡，是所谓齐也。"观"本或作鹳，又本或无鸟字，《释文》出"如鹳"字，云："本亦作观。"案："观"字是也。其作鹳者，则以观字阙其半，因合鸟字为一耳。郭注云："视荣禄若蚊虻鸟雀之在前。"成疏云："鸟雀大，以喻千钟；蚊虻小，以比三釜。"则有鸟字甚明，故改正。

《韩诗外传》曾子曰："吾尝仕齐为吏，禄不过钟釜，而犹欣欣而喜者，非以为多也，乐其逮亲也。亲没之后，吾尝南游于楚，得尊官焉，堂高九仞，榱题三围，转毂百乘，犹北乡而泣涕者，非为贱也，悲不逮吾亲也。"文虽与此不同，而曾子曾为显仕，则知其有征矣。然《史记·仲尼弟子列传》云:"曾参少孔子四十六岁。"孔子卒时年七十三,时曾子尚未及三十,其游楚即在中年,孔子卒已久矣,则安得有弟子问及而孔子论之之事,倘亦所谓寓言者邪?

颜成子游谓东郭子綦曰:"自吾闻子之言,一年而野,二年而从,三年而通,四年而物,五年而来,六年而鬼入,七年而天成,八年而不知死、不知生,九年而大妙。生有为死也。劝公。'以其死也有自也,而生阳也无自也。'而果然乎? 恶乎其所适? 恶乎其所不适? 天有历数,地有人据,吾恶乎求之? 莫知其所以终,若之何其无命也? 莫知其所以始,若之何其有命也? 有以相应也,若之何其无鬼邪? 无以相应也,若之何其有鬼邪?"

"颜成子游",已见《齐物论》及《徐无鬼》两篇。"东郭子綦",《齐物论篇》作南郭子綦,《大宗师篇》作南伯子葵,《徐无鬼篇》作南伯子綦,此作"东郭"者,成玄英疏云:"居在郭东,号曰东郭,犹是《齐物论篇》中南郭子綦也。"案:古以所居为氏,无为居移而氏亦改,本书南郭、东郭二氏杂出,如《田子方篇》有东郭顺子,《知北游篇》亦有东郭子问于庄子之文,疑此本作南郭,而传写者误作东郭耳。《释文》于此不出东郭字,则陆元朗作《释文》时尚未误,至成作疏始误也,顾此外无佐证,故仍其旧而不改。

"野"之为言放也,取《消摇游》"广莫之野"为义,盖非放其胸襟,则暖暖姝姝,守一先生之言,见《徐无鬼篇》决无由以入道,故工夫之次,以此为始也。"从",顺也,谓顺于人也。《外物篇》云:"顺人而不失己。""通",通于一也。《齐物论篇》云:"道通为一。"又云:"唯达者知通为一。""物"者,物物而不物于物也。见《山木篇》"来",神明大来也。《人间世篇》云:"鬼神将来舍。"鬼神以喻神明。《管子·心术篇》亦云:"虚其欲,神将入舍。"《内业篇》云:"思之思之,鬼神通之,非鬼神之力也,精气之极也。"可见鬼神非言鬼神。"鬼入",鬼之为言归也。《尔雅·释训》文《易·系辞传》所谓"退藏于密",老子所谓"归根复命",本书《缮性篇》所谓"反一无迹,深根宁极"也。"天成",独成其天也。见《德充符篇》"不知死、不知生",入于不死不生也。见《大宗师篇》"大妙","妙"犹神也。神之又神而能精也。见《天地篇》此自入手以至成功,其次有九,然大概分之,亦可为三:由"野"而"通",《易》之所谓"穷理",故从、通为韵;由"物"而"鬼入",《易》之所谓"尽性",故物、来、入为韵;由"天成"而"大妙",《易》之所谓"至命",故成、生为韵。"穷理尽性以至于命",《易·说卦传》文。古人之文,往往以韵自为段落,此亦是也。

"生有为死也"以下,阐发不知生、不知死之旨。"为"当读去声。《大宗师篇》两言"善吾生者乃所以善吾死也",此云"生有为死也",正善生以善死之意。"劝公"者,致力于公也。"公"即《则阳篇》"道者为之公"之公,亦即《齐物论篇》"道通为一"、"万物与我为一"之一,不知公与一,则一身乍生乍死,如何能无生死!知公与一,则死于此者复生于彼,彼犹此也,更何生死之有!此王骀所以视丧其足犹遗土,见《德充符篇》而子犁所以说鼠肝虫臂为无往而不可也,是故惟公可以善生,亦惟公可以善死。"生有为死也"下,著"劝公"二字,岂徒然哉!郭象注曰:"今所以劝公者,以其死之由私耳。"语既不明,又以"有自"为有为,"无自"为无为,于是"而果然乎?"本为反诘之辞者,乃作为肯定之语,展转成误,后之注者纷纷,几不知从何断句,皆由不从《庄子》全书通其大义,而惟执一二句之文,强求其解,则宜其触处窒碍也。

"以其死也有自也",有生而后有死,故曰"有自"。"而生阳也无自也","阳"即《知北游篇》"天地之强阳气也"之阳,言其自动而然,故曰"无自"。此当时一种议论。不知万物以不同形相禅,始卒若环,有生则有死,亦有死则有生,所谓神奇化为臭腐,臭腐复化为神奇者是也,故曰"而果然乎?"言其不然也。"恶乎其所适?恶乎其所不适?""恶"读如乌,"适"即《大宗师篇》子犁云"又将奚以女为?将奚以女适"之

适。言人之生死无所不之,而亦实无所之也。"地有人据"为倒文,谓
人据有地,各为畛域也。知其为倒文者,盖此以人对天言,非以地对天
言也。以"天有历数",故有无命、有命之论;以人据有地,故有无鬼、有
鬼之论。"吾恶乎求之"者,言将求之于终,则"莫知其所以终";将求之
于始,又"莫知其所以始";求之精神之感,则"有以相应也";求之形质
之著,又"无以相应也"。然则有命无命、有鬼无鬼,亦如"或使"、"莫
为"两家之说,执之必在物一曲,非合之不成其为融通也。

"莫知其所以终","莫知其所以始",今各本并无两"以"字,惟古钞
卷子本有之。案:有者意较备,因据补。

众罔两问于景曰:"若向也俯,而今也仰;向也括,而今也
被发;向也坐,而今也起;向也行,而今也止。何也?"景曰:
"搜搜也,奚稍问也! 予有而不知其所以。予,蜩甲也? 蛇蜕
也? 似之而非也。火与日,吾屯也;阴与夜,吾代也。彼,吾
所以有待邪? 而况乎以有待者乎! 彼来则我与之来,彼往则
我与之往,彼强阳则我与之强阳。强阳者,又何以有问乎!"

"罔两"、"景",并已见《齐物论篇》。此罔两言"众"者,多一光则多
一微阴,以其非一,故曰"众"也。"若"与女同。"括"谓括发。"搜搜",
摇动貌,指众罔两言。"稍"借作屑。奚屑问,奚足问也。"予有而不知
其所以","有",谓有此俯仰括发被发等相。"不知所以",不知所以然
也。"予,蜩甲也? 蛇蜕也?"两"也"字皆读如邪。影生于形,犹甲出于
蜩,蜕出于蛇,故以相况。然甲蜕有质,而影则无质,故又曰"似之而非
也"。"火与日,吾屯"者,"屯",顿也。有火日则影留,故曰"吾屯"。
"阴与夜,吾代"者,"代"犹谢也。值阴夜则影隐,故曰"吾代"。"彼"字
当读断。"彼"指形也。"彼,吾所以有待邪",犹言吾所以有待者彼邪。
"而况乎以有待者乎","以"读如已。言彼形者已自有待,非能无所使

而然也。"强阳",动而不息也,已见上。动而不息,则又岂止俯、仰、括发、被发、坐、起、行、止之变而已。故曰"强阳者,又何以有问乎"!

　　阳子居南之沛,老聃西游于秦,邀于郊,至于梁,而遇老子。老子中道仰天而叹曰:"始以女为可教,今不可也。"阳子居不答。至舍,进盥漱巾栉,脱屦户外,膝行而前,曰:"向者弟子欲请夫子,夫子行不闲,是以不敢。今闲矣,请问其过。"老子曰:"而睢睢,而盱盱,而谁与居?大白若辱,盛德若不足。"阳子居蹴然变容曰:"敬闻命矣!"其往也,舍迎将其家,公执席,妻执巾栉,舍者避席,炀者避灶。其反也,舍者与之争席矣。

　　"阳子居",即杨朱也,已见《应帝王篇》注。居、朱一声之转。张湛《列子注》疑子居为朱之字,非也。"沛",老子所居,今徐州也。时老子游秦,已西行,故阳子邀之于郊。"邀"与要通,谓要截之于途。《易·同人》:"上九,同人于郊。"王弼注:"郊者,外之极也。"《说文》亦云:"距国百里为郊。"则凡远地皆可曰郊,非必如《尔雅·释地》"邑外谓之郊"也。至梁而遇老子,"梁"即大梁,今开封。盖追迹久而始及。必叙此者,以见子居欲见老子之心之切,不得作闲文看也。"中道",道中也。时与老子同行,老子察见其睢睢盱盱之容,故有不可教之叹。

　　"舍",旅舍也。"盥",盥洗。"漱",漱口。"巾",以备盥洗之用。"栉",以理发也。"膝行而前",表其敬畏而请罪之诚也。"不闲",不得闲也,当读间之去声。"闲矣"之"闲"同。"过"犹罪也,本有作故者,非是。若仅问故,则无用膝行而前也。"睢睢",仰目视;"盱盱",张目视,皆骄慢之发于不自觉者。"而"与尔同。各本"盱盱"上无"而"字,古钞卷子本有之,《列子·黄帝篇》此文亦有之,因据补。"而谁与居"者,言将无人与之共处也。"大白若辱","若",似也。"辱"谓污。不曰污而曰辱者,与"盛德若不足"协韵也。"盛德",《老子》书作"广德"。盛、广一义。举此二文者,意谓平昔习闻之语,不应忘之,故"子居蹴然变容",而为之不安也。"敬闻命",犹言敬闻教也。

"舍迎将其家","舍"下各本有"者"字,盖涉下"舍者"而误。"舍者",谓同舍之人;"舍"则指旅舍主人。两者义各不同,于文自当有别。古钞卷子本无"者"字,《列子·黄帝篇》亦无"者"字,是其证也,因删。"迎将",迎送也。"公"对妻言,谓主人公。"席",坐席。"避席",让坐也。"炀",炙也,今谓烤火。"避灶",让与炙也。《释文》以炀为炊,误。"其反",谓送老子行后再来时也。"舍者与之争席"者,去其骄慢,人遂不复畏而避之也。

庄子发微卷之五

让王第二十八

篇名"让王",而甘贫贱、辞爵赏皆入之,盖甘贫贱、辞爵赏之心,即让天下、让国之心也。中间颇存孔门弟子逸事,虽亦得之传闻,而却为极有关系文字。苏子瞻乃欲去之,虽谓之无识,不为过也。

尧以天下让许由,许由不受。又让于子州支父,子州支父曰:"以我为天子,犹之可也。虽然,我适有幽忧之病,方且治之,未暇治天下也。"夫天下至重也,而不以害其生,又况他物乎! 唯无以天下为者,可以托天下也。

舜让天下于子州支伯,子州支伯曰:"予适有幽忧之病,方且治之,未暇治天下也。"故天下大器也,而不以易生,此有道者之所以异乎俗也。

舜以天下让善卷,善卷曰:"余立于宇宙之中,冬日衣皮毛,夏日衣葛絺;春耕种,形足以劳动;秋收敛,身足以休食;日出而作,日入而息,消摇于天地之间,而心意自得。吾何以天下为哉! 悲夫,子之不知余也!"遂不受。于是去而入深山,莫知其处。

舜以天下让其友石户之农,石户之农曰:"卷卷乎后之为人,葆力之士也!"以舜之德为未至也。于是夫负妻戴,携子以入于海,终身不反也。

尧让许由,已见《消摇游篇》。"子州支父","子州"姓,"支父"其字也。"幽忧"犹隐忧。"病"犹患也。谓忧夫生之不养,徒恃以法治天下,祸将中于后世也。旧解即作疾病说,失之。"夫天下至重也"以下五句,为作者之言。"唯无以天下为者,可以托天下",与《在宥篇》"贵以身于为天下,则可以托天下;爱以身于为天下,则可以寄天下"语略同。先言"不以害其生",即贵身爱身义也。

"支伯"即支父。舜时支父年长矣,故称之支伯。"故天下大器也"三句,亦作者之言。既曰"天下至重",又曰"天下大器",则其不满于当时之卤莽灭裂以为政,而冀有真可以托天下、寄天下者,意固较然甚明。说者乃谓庄子之学教人遗弃民物,而不屑理,不亦悖乎!

"善卷",姓善名卷。两"衣"字皆读去声。"葛",葛布。"绤",葛之细者,《国风·葛覃》之诗云"为绤为绤,服之无斁"是也。"形"与"身"互文。"休食",休且食也。"何以天下为",言无用乎天下也。"子"以称舜。"悲夫"者,卷与舜旧识,而竟不相知,所以可悲也。"处"读去声。"莫知其处",莫知其所也。

"石户之农",石户之地之农也。古隐者多不欲以名传,故人仅得以其地其业名之,如《论语》之晨门、荷蒉、楚狂接舆皆是。"卷卷"与拳拳同。《国语·齐语》:"有卷勇股肱之力。"卷勇即拳勇也。拳拳,专一用力之貌。"后",君也,以称舜。"葆"亦作保。保力犹恃力。"力"谓其勤,非勇力之力也。"以舜之德为未至"者,自石户之农视舜,所谓"弊弊焉以天下为事"者。语见《消摇游篇》其去神人之德远矣,故云"未至"。"负",负于肩。"戴",戴于首。古人荷物,或用首戴,故孟子亦云:"斑白者不负戴于道路矣。"后以男子必冠,于戴不便,故戴多女子为之,今朝鲜及南洋各地犹然也。"入海",谓入居海岛之中。《论语·微子篇》亦云"少师阳、击磬襄入于海"。

大王亶父居邠,狄人攻之。事之以皮帛,而不受;事之以犬马,而不受;事之以珠玉,而不受;狄人之所求者,土地也。大王亶父曰:"与人之兄居,而杀其弟;与人之父居,而杀其子;吾不忍也。子皆勉居矣!为吾臣,与为狄人臣,奚以异!且吾闻之:'不以所用养害所养。'"因杖筴而去之,民相连而从之,遂成国于岐山之下。夫大王亶父,可谓能尊生矣。能尊生者,虽贵富,不以养伤身;虽贫贱,不以利累形。今世之人,居高官尊爵者,皆重失之,见利,轻亡其身,岂不惑哉!

"大"读太。"大王亶父",《大雅·绵》之诗所称古公亶父者也。古公犹先公也。此称"大王"者,武王受命,周公追王大王王季,见《中庸》从追王以后之辞也。"追王"之"王"读去声"邠",《诗·豳风》作"豳",亶父之封也,今陕西邠县。"狄",北方种族名,其大名曰狄,其别名曰獯鬻,孟子曰"大王事獯鬻"是也。见《梁惠王篇》"皮帛",《孟子》作"皮币"。亦见《梁惠王篇》币、帛一也。"不受"犹不纳。

"大王亶父曰",《孟子》作"乃属其耆老而告之曰",故此云"子皆勉居矣"。"子"即所以称耆老,"勉居"谓强留也。"奚以异",何以异也。"不以所用养害所养","所用养"谓土地,"所养"谓人。《孟子》作"君子不以其所以养人者害人"。"筴"同策,马棰也。知其为马棰者,《绵》之诗曰:"古公亶父,来朝走马。率西水浒,至于岐下。"夫曰走马,则自当用马棰矣。故"杖"与仗同,谓持也。旧解作拄杖而去之,实误。"民相连而从之","连",连属。犹云民从之者相属。《孟子》作"从之者如归市"。"岐山",在今陕西岐山县东北六十里,以顶分两岐,故谓之岐山,今名箭括岭,亦曰箭括山。"成国于岐山之下",因谓之岐,岐周之名由此起,今岐山县东北峡阳镇是也。

"尊生"犹贵生。"重失之","重"犹难也,《论语》所谓患失之。见《阳货篇》"重失之",是"贵富"而"以养伤身"者。"见利轻亡其身",是"贫贱"而"以利累形"者。

越人三世杀其君,王子搜患之,逃乎丹穴。越国无君,求王子搜,而不得,从之丹穴。王子搜不肯出,越人薰之以艾,乘以玉舆。王子搜援绥登车,仰天而呼曰:"君乎君乎!独不可以舍我乎?"王子搜非恶为君也,恶为君之患也。若王子搜者,可谓不以国伤生矣,此固越人之所欲得为君也。

"杀",各本皆作"弒",此从古钞卷子本。杀、弒古通也。案:司马贞《史记索隐·越句践世家》引《竹书纪年》云:"王翳三十三年迁于吴。三十六年七月,太子诸咎弒其君翳,粤杀诸咎。粤同越粤洎,吴人立子错枝为君。明年,大夫寺区定粤乱,立无余之。十二年,寺区弟思弒其君莽安,次无顓立。无顓八年薨,是为菼蠋卯。"因曰:"故《庄子》云:'越人三弒其君,王子搜患之,逃乎丹穴不肯出,越人薰之以艾,乘以王舆。'乐资云:'号曰无顓。'"然则搜为君后,号曰无顓,其又曰菼蠋卯者,则越人语耳。若《吕氏春秋·贵生篇》作王子翳,其为传闻之误无疑。

"丹穴",采丹后所遗之穴也。故越人以艾薰之迫其出。"薰"与熏同,今加火傍作燻。"而不得",各本"而"字在"越国无君"上,兹据《吕氏春秋·贵生篇》移下。"乘"读去声,载也。"玉舆",舆有玉为饰,《礼》所谓玉路也。见《周官·春官·巾车》。"路"与"辂"通。"玉"本或作王。古"玉"字作"王",与"玉"形似而讹。"绥",车中把。《论语》:"升车必正立,执绥。"见《乡党篇》古者立乘,绥所以安也。"援"犹执也。"独不可以舍我乎","舍"读如"捨"。两"恶"字,皆读去声。"为君之患",患乎见杀,故曰"可谓不以国伤生矣"。言"此固越人之所欲得为君"者,上文云"唯无以天下为者,可以托天下"者也。

　　韩、魏相与争侵地。子华子见昭僖侯,昭僖侯有忧色,子华子曰:"今使天下书铭于君之前,书之言曰:'左手攫之,则右手废;右手攫之,则左手废。然而攫之者,必有天下。'君能攫之乎?"昭僖侯曰:"寡人不攫也。"子华子曰:"甚善!自是观之,两臂重于天下也,身亦重于两臂。韩之轻于天下,亦远矣,今之所争者,其轻于韩又远。君固愁身以忧戚之不得也!"昭僖侯曰:"善哉!教寡人者众矣,未尝得闻此言也!"子华子可谓知轻重矣。

　　"侵地",两国交界,各以为己属之地也。"子华子",即《则阳篇》之华子。此云"子华子"者,从其弟子尊其所师之称也。"昭僖侯",即韩昭侯。《淮南子·要略篇》云:"申子者,韩昭釐之佐。"釐通僖。案:《史记·韩世家》:昭侯八年,申不害相韩,实先昭侯卒。以是证之,知昭侯又谥昭僖也。"铭"犹约也。谓之铭者,书而刻之,以示不改移也。"攫",捉取。"废",斩而去之也。"身亦重于两臂",身又重于两臂也。"忧戚之不得","之"与其同,忧戚其不得也。今各本无"之"字,古钞卷子本有之,据补。"昭僖侯曰",各本作"僖侯曰",盖误脱"昭"字,兹据上文补之。"子华子可谓知轻重矣",为作者之言。

　　鲁君闻颜阖得道之人也,使人以币先焉。颜阖守陋闾,苴布之衣,而自饭牛。鲁君之使者至,颜阖自对之。使者曰:"此颜阖之家与?"颜阖对曰:"此阖之家也。"使者致币,颜阖曰:"恐听者谬,而遗使者罪,不若审之。"使者还,反审之,复来求之，则不得已。故若颜阖者，真恶富贵也。

故曰："道之真，以治身；其绪余以为国家；其土苴以治天下。"由此观之，帝王之功，圣人之余事也，非所以完身养生也。今世俗之君子，多危身弃生以殉物，岂不悲哉！凡圣人之动作也，必察其所以之，与其所以为。今且有人于此，以随侯之珠，弹千仞之雀，世必笑之。是何也？则其所用者重，而所要者轻也。夫生者，岂特随侯珠之重哉！

"鲁君"一本作"鲁侯"，李颐云"哀公"，是也。"颜阖"，已见《人间世篇》。"币"，礼币。将欲召而用之，故以币先。"闾"，里门。"陋闾"，犹言陋巷。"苴布"，子麻布也。"饭牛"，饲牛。"自对之"，自应之也。"听者"之"者"，同之。"听者谬"，听之谬也。或以"者"为衍文，非也。"遗"读去声。"遗使者罪"，谓使使者获罪，若己有以遗之，今俗云"带累"者是。"审之"，审查之也。"还"读旋。"求之"，寻之也。"不得已"，"已"读如矣。"故若颜阖者"句，结此节之文。"故曰"以下，则总结篇首以来诸节。

"真"，本真。"绪余"犹剩余。"土苴"，糟魄也。"苴"读如今"渣"字。"绪余"、"土苴"上，并著"其"字，"其"即谓道。司马彪以土苴为粪草，可谓道之粪草乎？成疏用司马说，后之注家多沿之，盖未之思也。"所以之"，"之"犹"至"也，谓其后果。"所以为"，"为"当读去声，谓其目的。"随"，春秋时汉上国名，相传得大蛇之珠甚贵，世因谓之随侯珠。"千仞之雀"，雀之飞翔于千仞之上者，言其不必弹中也。"要"，求也，读平声。"岂特随侯珠之重哉"，各本无"珠"字。俞樾引《吕氏春秋·贵生篇》为证，谓当有"珠"字，是也，因据补。

子列子穷，容貌有饥色。客有言之于郑子阳者，曰："列御寇，盖有道之士也，居君之国而穷，君无乃为不好士乎？"郑子阳即令官遗之粟。子列子见使者，再拜而辞。使者去，子列子入，其妻望之而拊心曰："妾闻为有道者之妻子，皆得佚乐，今有饥色，君过而遗先生食，先生不受，岂不命邪?"子列子笑谓之曰："君非自知我也。以人之言而遗我粟，至其罪我也，又且以人之言。此吾所以不受也。"其卒，民果作难，而杀子阳。

"穷"，困也。"容貌有饥色"，饥饿至见于容貌，言困之甚也。"子阳"，郑相。《史记·郑世家》云："缪公二十年，韩、赵、魏列为诸侯。二十五年，杀其相子阳。"则子阳战国初人也。后二十余年，而郑灭于韩。"好士"之"好"读去声。"遗之粟"，以粟馈列子也。"遗"亦读去声。"再拜而辞"，谢之而不受也。

"拊"，击也。"拊心"，如今云捶胸，所以表其愤惋也。"佚"同逸。"佚乐"，安乐也。"君过而遗先生食"，"君"谓子阳，如后世称相为相君也。"先生"谓列子。遗先生食而曰"过"者，可以无遗而遗，是谓之过，犹今云错与也。变粟而言"食"者，见饥者望食之急也。"岂不命邪"，《列子·说符篇》作"岂不命也哉?""岂不"犹岂非也。

"笑谓之"，解其惑，亦以慰其心，而列子之忘其饥穷亦可见矣。《淮南子·泛论训》云："郑子阳刚毅而好罚，其于罚也，执而无赦。舍人有折弓者，畏罪而恐诛，则因猘狗之惊以杀子阳。"夫舍人，子阳之家臣也。家臣而至畏罪以杀其主，则子阳平日之暴可知。故列子曰："君非自知我也，以人之言而遗我粟；至其罪我也，又且以人之言。"此非过虑也。刚暴之人，固不可与为缘也。故列子之不受，亦所谓"不以利累形"者也。曰"其卒民果作难而杀子阳"，正以见列子不受之为是，而保身必有见于几先也。"难"读去声。猘狗，狂犬也。

楚昭王失国，屠羊说走而从于昭王。昭王反国，将赏从者，及屠羊说。屠羊说曰："大王失国，说失屠羊；大王反国，说亦反屠羊。臣之爵禄已复矣，又何赏之言！"王曰："强之。"
屠羊说曰："大王失国，非臣之罪，故不敢伏其诛；大王反国，
非臣之功，故不敢当其赏。"王曰："见之。"屠羊说曰："楚国之
法，必有重赏大功，而后得见。今臣之知不足以存国，而勇不
足以死寇。吴军入郢，说畏难而避寇，非故随大王也。今大
王欲废法毁约而见说，此非臣之所以闻于天下也。"

王谓司马子綦曰："屠羊说居处卑贱，而陈义甚高，子其
为我延之以三旌之位。"屠羊说曰："夫三旌之位，吾知其贵于
屠羊之肆也；万钟之禄，吾知其富于屠羊之利也。然岂可以
贪爵禄，而使吾君有妄施之名乎！说不敢当，愿复反吾屠羊
之肆。"遂不受也。

"楚昭王"，平王子，名轸。平王听谗杀其臣伍奢及其子尚，尚弟伍
员逃之吴国，吴王阖闾用之，遂以吴师伐楚，入郢，昭王出奔随，因谓失
国也。事在春秋定四年。"屠羊说"，屠羊者名说也。"说"读如悦。
"反国"，复国也。"从者"之"从"读去声，谓楚之臣从王效忠而出力者。
"及屠羊说"，因遂及于说也。"臣之爵禄已复矣"者，屠羊其本业，比之
于仕者之有爵禄，故曰"爵禄已复"也。"又何赏之言"，倒言之，即又何
言赏也。"强"读勉强之强。"强之"，欲其勉受之也。"见"音现。"见
之"，欲其来见也。"知"读智。"存国"，保国也。"死寇"，与寇斗而死
也。"郢"，楚都，今湖北江陵县东南有故郢城，是也。"畏难"，"难"读
去声。"非故随大王"，言非有意从王，特为避寇而至。欲逃赏，故诡辞
以对也。"废法毁约"，"约"即法也。以国所制定言，谓之法。以与众
共守言，谓之约。言法又言约，见其必不可以废毁也。"非臣之所以闻
于天下"，言此不可使天下闻之。废法毁约者王，本当言王，不言王而
言臣者，事由臣起，避斥尊者，故引之归己也。

"司马子綦"，即司马子期，期、綦古通。"处"读上声。"陈义甚

高”,“高”与卑贱文对,谓所言义理足尊贵也。“三旌”犹三命。一命而士,再命而大夫,三命而卿。“三旌之位”,卿位也。“延”,引而进之也。“子其”之“其”,各本皆误作“綦”,宣颖《南华经解》作“其”,是也,兹从宣本。“万钟之禄”,卿禄万钟也。“然岂可以贪爵禄而使吾君有妄施之名乎”,“妄施”,谓行赏之不当。仍归结于不愿君之有过举,处处为君著想,实处处为国著想,真可谓陈义之高者矣。“遂不受”,卒不受也。

　　原宪居鲁,环堵之室,茨以生草,蓬户不完,桑以为枢而瓮牖,二室褐以为塞,上漏下湿,匡坐而弦歌。子贡乘大马,中绀而表素,轩车不容巷,往见原宪。原宪华冠縰履,杖藜而应门。子贡曰:“嘻! 先生何病?”原宪应之曰:“宪闻之:‘无财谓之贫,学而不能行谓之病。’今宪贫也,非病也。”子贡逡巡而有愧色。原宪笑曰:“夫希世而行,比周而友,学以为人,教以为己,仁义之慝,舆马之饰,宪不忍为也。”

　　“原宪”,孔子弟子,姓原名宪,字思,鲁人,或云宋人。《论语》第十四《宪问篇》宪问耻,子曰:“邦有道穀,邦无道穀,耻也。”《论语》记弟子问,无有称名者,此独称名,且以之冠一篇之首,当是思所自记。《史记·仲尼弟子列传》谓孔子没,思亡走草泽。即此,其人可知也。

　　“环堵之室”,已见《庚桑楚篇》。“茨”,以草盖屋也。曰茨以生草,则不及待草之干而即用之,故下云“上漏下湿”也。“蓬户”,编蓬以为户扇也。单扇曰户。“枢”,户枢。屈桑条以为之。“瓮牖”,以破瓮为牖。“二室褐以为塞”六字连读。“褐”如今之毡。“塞”,蔽也。本一室,而用毡蔽隔为二也。司马彪注解“褐以为塞”作以褐塞牖,非是。若以褐塞牖,文当在“瓮牖”下,不得在“二室”下也。“匡坐”,正坐也。“弦”下各本无“歌”字,《阙误》引张君房本有之,《艺文类聚》卷三十五、《太平御览》卷百七十三及卷三百九十三引文亦有“歌”字,因据补。

"匡坐而弦歌",所谓礼乐不斯须去身,不独贫而能乐也。

子贡已见《大宗师篇》。"乘大马",以四马驾车,马皆大也。"绀",青而含赤色。"中绀表素",绀为中衣,复加素为表也。"轩车",大夫所乘车,曲辀,且有藩以为蔽者。"不容巷",巷狭而车大,不容出入也。《仲尼弟子列传》云"子贡时相卫",当是也。

"华"同桦。"华冠",以桦皮为冠。"縰履",履无跟也。"藜"已见《徐无鬼篇》。藜草似蓬,其茎坚壮,可以为杖。"杖藜应门",见其惫也。故子贡曰:"嘻! 先生何病?""何病"者,何其病也。病谓困。"闻之",闻之夫子也。"学而不能行",学而不能实践也。"逡巡",进退不得也。"希世而行","希"同睎,谓观望世俗之好恶以为去就。"比周而友","比周"犹阿党也,谓所交友皆由阿私党同而然。"学以为人",不务本而干誉。"教以为己",不服善而自专。"仁义之慝","慝"借作忒,失也。此与车马之饰为对文,言饰车马而失仁义也。曰"宪不忍为",以讽子贡之忍于为之。于此亦可见孔子门下朋友责善之严。

曾子居卫,缊袍无表,颜色肿哙,手足胼胝;三日不举火,十年不制衣,正冠而缨绝,捉衿而肘见,纳屦而踵决;曳縰而歌《商颂》,声满天地,若出金石;天子不得臣,诸侯不得友。故养志者忘形,养形者忘利,致道者忘心矣。

"曾子"已见《骈拇》、《外物篇》。曾子,鲁人,其居卫盖寓居也。"缊袍",袍之以麻絮为褚者。古人衣裘与袍必有表,若今罩衫然。此云"无表",言单著缊袍而已。或解作袍无面子者,大误也。"哙"通瘣。"肿瘣",肿而有病色也。"胼胝",皮坚厚也,俗云生老茧,盖亲劳作使然。"不举火",无以炊也。"缨",冠缫,岁久烂腐,故正冠而遂绝也。"衿",领也。"捉衿"犹言挈领。"肘见"者,袖破也。"见"读现。"屦",麻履。"纳"犹著也。"踵决",后跟裂也。

"歌《商颂》"者,《乐记》云:"商者五帝之遗声也,商人识之,故谓之商。"又云:"明乎商之音者,临事而屡断。"临事而屡断,勇也。歌之,所以见其勇决,故曰"声满天地,若出金石"。又曰"天子不得臣,诸侯不得友"者,其志气之盛,有非天子诸侯所可得而屈者也。

"养志者忘形"三句,所以总结"子列子"以下数节之文,"忘利"谓子列子、屠羊说,"忘形"谓原宪、曾子,"致道者忘心",则又进而言之。"忘心"者,并忘利、忘形之心而无之也,如是则至于道,故曰"致道者忘心"。此言养形,犹言养生,与《达生篇》云"养形不足以存生"之养形不同,是则不可不辨。

孔子谓颜回曰:"回,来! 家贫居卑,胡不仕乎?"颜回对曰:"不愿仕。回有郭外之田五十亩,足以给飦粥;郭内之田十亩,足以为丝麻;鼓琴足以自娱;所学夫子之道者,足以自乐也。回不愿仕。"孔子欣然变容,曰:"善哉,回之意! 丘闻之:'知足者,不以利自累也;审自得者,失之而不惧;行修于内者,无位而不怍。'丘诵之久矣。今于回而后见之,是丘之得也。"

"颜回"已见《人间世篇》。"居卑",言处贱也。"胡不仕",劝之仕也。"郭",外城。"飦"音干,饭也。"丝"谓种桑饲蚕,得以为帛。"麻"谓种麻,得以为布也。"所学夫子之道,足以自乐",此句为主。《论语》云:"一箪食,一瓢饮,在陋巷,人不堪其忧,回也不改其乐。"盖为是也。再言"不愿仕"者,见其志之决也。

"欣然"各本皆作愀然,《释文》云"愀一本作欣"。以下文"善哉,回之意",及"是丘之得也"语气观之,作"欣"是也,故兹改从"欣"。"欣然"言变容者,以回之贤而贫贱,当劝其仕时,孔子固有为之不豫者。今喜其好学如此,道有传人,改而欣然,故云"变容"也。

"知足者不以利自累",对上家贫说。"行修于内者,无位而不怍",对上居卑说。"不怍"者,不慊也。"审自得者,失之而不惧",对回之言自娱、自乐说。"审"者,诚也,信也。"失之"者,失其所当有,兼利与位而言之。"不惧"者,惟有守,故无畏也。夫不怍,仁也;不以自累,智也;不惧,勇也。三言者盖具三德,故曰"丘诵之久矣"。"今于回而后见之"者,久欲见之而不得,今始得之,故曰"而后见之"也。"是丘之得",得回而道有所托也。然则为之欣然,复何疑乎!

中山公子牟谓瞻子曰:"身在江海之上,心居魏阙之下,奈何?"瞻子曰:"重生。重生则利轻。"中山公子牟曰:"虽知之,未能自胜也。"瞻子曰:"不能自胜,则从之。神无恶乎?不能自胜,而强不从者,此之谓重伤。重伤之人,无寿类矣。"魏牟,万乘之公子也,其隐岩穴也,难为于布衣之士;虽未至乎道,可谓有其意矣。

"中山公子牟",即魏牟,已见《秋水篇》,以其为魏之公子,故曰魏公子牟,省称则曰魏牟,牟又封于中山,故又曰中山公子牟也。"瞻"与詹通,《吕氏春秋·审为篇》、《淮南子·道应训》皆作詹子,其名不可考。"魏阙","阙",门也,以其巍然高大,故谓之魏阙,即《马蹄篇》之所云仪台。"心居魏阙之下",言念念不忘朝廷。"居"犹止也。"未能自胜","胜",克也,读去声。"不能自胜则从之",各本"从"下无"之"字,《吕氏春秋》、《淮南子》皆有"之",有"之"字意较完足。且"从之"与上"知之"文正一例相应,疑传写脱之,故据《吕览》、《淮南》增补。"从之"者,任之也。"神无恶乎"当连下"不能自胜而强不从者"为句,意谓既不能自克,又勉强不从,则神将恶之也。"恶"读去声。"恶之",言神所不能受也,故曰"此之谓重伤"。"重伤"者,甚伤也。"重伤之人无寿类"者,言非寿考者之俦类也。

"万乘之公子",万乘之国之公子也。"其隐岩穴也",所谓"身在江海之上"。江海言其大,岩穴言其幽,皆谓高蹈而远引也。"难为于布衣之士",较布衣之士为难能也。"虽未至乎道,可谓有其意"者,有为道之意,今虽未至,终可渐望其至也。

  孔子穷于陈、蔡之间,七日不火食,藜羹不糁,颜色甚惫,而弦歌于室。颜回择菜,子路子贡相与言曰:"夫子再逐于鲁,削迹于卫,伐树于宋,穷于商、周,围于陈、蔡,杀夫子者无罪,藉夫子者无禁。弦歌鼓琴,未尝绝音,君子之无耻也,若此乎!"颜回无以应,入告孔子。孔子推琴,喟然而叹曰:"由与赐,细人也。召而来,吾语之。"子路、子贡入。子路曰:"如此者可谓穷矣!"孔子曰:"是何言也! 君子通于道之谓通,穷于道之谓穷。今丘抱仁义之道,以遭乱世之患,其何穷之为! 故内省而不穷于道,临难而不失其德。大寒既至,霜雪既降,吾是以知松柏之茂也。陈、蔡之隘,于丘其幸乎!"孔子削然反琴而弦歌,子路扢然执干而舞。子贡曰:"吾不知天之高也,地之下也。古之得道者,穷亦乐,通亦乐,所乐非穷通也。道德于此,则穷通为寒暑风雨之序矣。故许由娱于颍阳,而共伯得乎共首。"

  "穷于陈、蔡之间,七日不火食",已见《天运》及《山木》两篇。彼作"围",此作"穷"者,承上数节而言之,皆穷之事,故先云"穷"而后云"围"也。"藜羹",以藜为羹。"糁",米屑。"不糁",绝无米也。"惫",困而病也。

  "菜"即指藜言。藜与蓬近似。藜可食,蓬则不可食,故须择之。"再逐于鲁",见《山木篇》。"削迹于卫"以下三事,见《天运》及《山木》两篇。"杀",伤害也。"藉",陵藉,犹今云凌辱也。"无罪"、"无禁",盖互文。"弦歌鼓琴,未尝绝音",对上弦歌于室言。"君子之无耻也若此乎",盖怪孔子不抵抗而忍受,故以无耻为言。此愤辞,非疑辞也。"颜回无以应"者,回闻其语,欲应之而不知何以应,故曰"无以应"。或因此乃谓上文子路、子贡相与言为与回言,非也。"由与赐,细人也",犹《论语》称"小人哉,樊须也",见《子路篇》言其所见之细小,非谓其人品之卑也。"由",子路名。子路姓仲,名由,鲁人。"召而来",召之来也。"入",入室也。

"如此者可谓穷矣","如此",指七日不火食以至颜色甚惫言。"是何言也!""也"读如邪,不然子路之言也。"通于道之谓通,穷于道之谓穷",穷与通对。"穷于道"者,不通于道也。道即下云仁义之道。"遭乱世之患",遭乱世之害也。"何穷之为",倒文,犹云何为之穷。何为之穷,何谓之穷也。"内省而不穷于道"二句,乃串文,非对文,言惟内省而不穷于道,斯能临难而不失其德也。"难",患难,读去声。"大寒",各本皆作天寒,俞樾《诸子平议》以天为"大"之误,引《吕氏春秋·慎人篇》为证,是也,兹据改。《论语》云:"岁寒,然后知松柏之后凋也。"见《子罕篇》与此文义同。"陈、蔡之隘","隘",迫隘,犹穷也。"于丘其幸乎"者,幸遇穷而有以自考验也。

"削然",宋本一作俏然。案:削、俏皆悄之借,悄然犹安然也。"扢"与仡通,勇壮貌。"干",楯也。"执干而舞",乐所谓武舞也。旧以削然为反琴声,误。扢然非干声,则削然非琴声明矣。"不知天之高",天之高不可知也。"不知地之下",地之下亦不可知也。以喻"得道者穷亦乐,通亦乐",为不可测也。"所乐非穷通"者,所乐不关乎穷通也。"道德于此","德"与得通,谓于是而得道,与上"古之得道者"句相应,《吕氏春秋·慎人篇》作"道得于此"可证也。"则穷通为寒暑风雨之序"者,人事之有穷通,犹天时之有寒暑风雨,节序使然,不足为之动也。"许由"已见上。"娱",自娱。"颍阳",颍水之阳,由之所隐居也。"共伯",共伯和也。共国在今河南共县,音恭。司马彪注云:"共伯修其行,诸侯皆以为贤。周厉王之难,天子旷绝,诸侯请以为天子,共伯不听,即干王位。_{案:干如《诗》言"干城"之干,与"扞"同,谓保王位而摄行王事也。解作干犯者误。}十四年,召公立宣王。共伯复归于宗,消摇得意共山之首。"言复归于宗,不言复归于国者,共伯既入周摄行王事,国别立君,归则无位,故不得言归国,特归于宗子之所耳。"得"即得意。得意者,得遂其初志也。共山今为共丘山,在共县西。"首",山根也。

舜以天下让其友北人无择,北人无择曰:"异哉,后之为人也! 居于畎亩之中,而游尧之门,不若是而已,又欲以其辱行漫我。吾羞见之!"因自投清泠之渊。

"北人无择",姓北人,名无择也。"畎"古文作甽,田间水道。广尺深尺曰甽。古者井田,一亩之地,必有甽贯其中,故"畎亩"恒连言。"游尧之门",讥其游于天子之门,下文所谓"辱行"也。"不若是而已",不如是而止也。"以辱行漫我","漫"犹污也。"清泠之渊",江中渊名,《释文》引一云"在南阳郡西崿山下",不知何据。

汤将伐桀,因卞随而谋,卞随曰:"非吾事也。"汤曰:"孰可?"曰:"吾不知也。"汤又因瞀光而谋,瞀光曰:"非吾事也。"汤曰:"孰可?"曰:"吾不知也。"汤曰:"伊尹何如?"曰:"强力忍垢,吾不知其他也。"汤遂与伊尹谋。伐桀,剋之,以让卞随,卞随辞,曰:"后之伐桀也,谋乎我,必以我为贼也;胜桀而让我,必以我为贪也。吾生乎乱世,而无道之人,再来漫我以其辱行,吾不忍数闻也。"乃自投椆水而死。汤又让瞀光,曰:"知者谋之,武者遂之,仁者居之,古之道也。吾子胡不立乎?"瞀光辞,曰:"废上,非义也;杀民,非仁也;人犯其难,我享其利,非廉也。吾闻之曰:'非其义者,不受其禄;无道之世,不践其土。'况尊我乎! 吾不忍久见也。"乃负石而自沈于庐水。

"桀",夏王桀也。"卞随",姓卞名随,当时之贤而隐者。"因",就也,就之谋伐桀之事也。"孰可"者,问孰可与谋也。"瞀光"即务光,已见《大宗师》及《外物篇》。"伊尹"见《庚桑楚篇》。"强力","强"当读去声,谓能自勉强也。"忍垢",谓能受污。孟子曰:"何事非君,何使非民,治亦进,乱亦进,伊尹也。"见《公孙丑》及《万章篇》又曰:"五就汤,五就桀者,伊尹也。"见《告子篇》即此,尹子"强力忍垢"可知,故曰"伊尹,圣之任者也"。见《万章篇》汤问伊尹,瞀光曰:"强力忍垢,吾不知其他也。"亦可谓能知伊尹者矣。

"剋",克也。"以我为贼","贼"如孟子"贼仁者谓之贼"之贼,言忍也。"数"读入声。"不忍数闻"者,不忍汤之屡以言来嬲也。"椆",本又作桐。案:古周、同一音,《小雅·车攻》之诗"弓矢既调"与"射夫既同"为韵,是其证,则椆水、桐水为一水,非有二也。

"知"读智。"知者谋之",谓伊尹。"武者遂之",汤自谓。"遂",成也。"仁者居之",谓务光。"立",古位字。胡不位者,何不就天子之位也。"废上"谓放桀。"杀民"谓用兵。用兵则不能不杀人也。"人犯其难","难"读去声,谓冒其艰险。"我享其利",谓享其成功,故曰"非廉"。"非其义",非其所为也。此"义"字虚,与上文"废上非义也"之"义"别。"不受其禄",不仕而已。"不践其土",则不欲为之民。"尊我",谓奉我为君也。"不忍久见"者,不忍久见汤之非义非仁与无道也。

汤放桀于南巢,南巢,今安徽巢县也。汤都亳,亳今河南商丘,后迁西亳,今河南偃师。则卞随、瞀光所居,当不出今河南、安徽之界,故桐水疑在今安徽桐城,庐水即庐江也。《释文》:"桐水,一云在范阳郡界。庐水,司马本作卢水,在辽东西界,一云在北平郡界。"汤时疆域,不及太行以北,遑言辽东! 其所云桐水、庐水之地,皆不足信也。

540

北人无择与卞随、瞀光其不受天下,与许由、子州支父、善卷、石户之农同,而不与数人者并列,乃于篇末说之,推作者之意,亦以其轻生为过,如《刻意篇》所云"枯槁赴渊者,特为亢而已矣",不足语于圣人之道也。其间高下予夺,亦自有微意存,不可忽视之也。

昔周之兴,有士二人,处于孤竹,曰伯夷、叔齐。二人相谓曰:"吾闻西方有人,似有道者,试往观焉。"至于岐阳,武王闻之,使叔旦往见之,与之盟,曰:"加富二等,就官一列。"血牲而埋之,二人相视而笑曰:"嘻!异哉!此非吾所谓道也。昔者神农之有天下也,时祀尽敬,而不祈喜;其于人也,忠信尽治,而无求焉。乐与政为政,乐与治为治,不以人之坏自成也,不以人之卑自高也,不以遭时自利也。今周见殷之乱,而遽为政,上谋而行货,阻兵而保威,割牲而盟以为信,扬行以说众,杀伐以要利,是推乱以易暴也。吾闻古之士,遭治世不避其任,遇乱世不为苟存。今天下暗,周德衰,其并乎周以辱吾身也,不如避之以絜吾行。"二子北至于首阳之山,遂饿而死焉。若伯夷、叔齐者,其于富贵也,苟可得已,则必不赖。高节戾行,独乐其志,不事于世,此二士之节也。

伯夷、叔齐,已见《大宗师》及《骈拇》诸篇。夷、齐为孤竹君之子,而此云"有士二人"者,古者世子齿于学,与士齐,故《小戴礼记·郊特牲篇》云:"天子之元子,士也。天下无生而贵者也。"语本《士礼·冠礼》。《士礼》即《仪礼》。天子之元子犹士,则以"士"称孤竹君之子何疑!"西方有人似有道者",谓文王也。孤竹国在今卢龙,于方位为东,故称周为西方,孟子亦曰:"伯夷辟纣,居北海之滨,闻文王作,兴曰:'盍归乎来!'"见《离娄》、《尽心》二篇"岐阳",岐山之阳也。"叔旦",周公旦也。旦为武王弟,于伯仲为叔,故称叔旦。"加富二等",富谓禄也。"就官一列”，“一列”犹一位也。“血牲而埋之”，古者为盟，以牲血涂于盟书，而埋之所盟坛下，以表信于鬼神也。此云“血牲”，“血”为动字，义谓涂牲之血。

“嘻”，怪而叹之之辞。“神农”已见《胠箧篇》。“时祀”，四时之祭。“喜”与禧通。“不祈喜”，不求福也。“尽治”，尽其治理也。“无求焉”，不责报于人也。“与政为政”，两“政”字皆正之借。《吕氏春秋·诚廉篇》有此文，并作“正”，是也。“乐正与为正、乐治与为治”，谓有乐乎正者则与之为正，有乐乎治者则与之为治，即“善与人同”之意，故下文云“不以人之坏自成也，不以人之卑自高也，不以遭时自利也”。

“今周见殷之乱而遽为政”，“遽”之为言急也，急于为政，盖有取殷而代之之心焉，则与前之三言者异矣，是以“上谋而行货”。“上谋”之“上”与尚同。尚谋者，重谋也。“行货”，谓以爵禄诱天下，如曰“加富二等，就官一列”是。“行货”上旧有“下”字，王念孙曰：“下字后人误加。”案：“上谋而行货”，与“阻兵而保威”文相对，则不得有“下”字甚明，故据王说删。“阻兵”，恃兵也。春秋隐四年《左氏传》“阻兵无众”，杜预注曰：“恃兵则民残，民残则众畔。”是阻兵为恃兵也。“保威”，保其武威也。“割牲而盟以为信”，即指上与盟之事。“扬行以说众”，“行”读去声，“说”读悦，谓播扬其行以取悦于众。“杀伐以要利”，“要”读平声。“杀伐”承“阻兵”、“保威”说。“要利”，求利也。“推乱以易暴”，即《采薇》之歌所云“以暴易暴”也。《采薇》歌见《史记·伯夷列传》。

“其并乎周以辱吾身也”，“也”当读如邪。“涂”犹污也。此为一开一合之文。谓“其并乎周以辱吾身”，此一开。则“不如避之以絜吾行”，此一合。《吕氏春秋》“其”上有“与”字而此无有，文本不尽同也。解者或据《吕览》以为此脱“与”字，当补，非也。又以为“并”字无义，当作立字，不知“并”从双立，本有立义。此夷、齐二人相商度语，以二人偕行，故特用“并”字。春秋战国之文，于六书犹颇致谨，而以后世为文之例视之，宜其不解也。“絜”与洁同。

"首阳山",即《禹贡》之雷首,在今山西永济县南。"遂饿而死"者,非以饿而死,饿以至于死也,故《论语》但云"饿于首阳之下,民到于今称之",不言死也。"不赖",不恃也,此盖指其让国而逃言,故曰"苟可得已,则必不赖"。本所有而去之,是之谓不恃。若曰不受周禄,则固其本志,何言得已不得已哉!"戾行","戾"与厉通。《吕览》作厉行,一也。

盗跖第二十九

此篇三节,惟末节可取,首节则至为浅陋,三十三篇中最下乘也。

孔子与柳下季为友。柳下季之弟,名曰盗跖。盗跖从卒九千人,横行天下,侵暴诸侯,穴室枢户,驱人牛马,取人妇女,贪得忘亲,不顾父母兄弟,不祭先祖;所过之邑,大国守城,小国入保,万民苦之。孔子谓柳下季曰:"夫为人父者,必能诏其子;为人兄者,必能教其弟。若父不能诏其子,兄不能教其弟,则无贵父子兄弟之亲矣。今先生,世之才士也,弟为盗跖,为天下害,而弗能教也,丘窃为先生羞之。丘请为先生往说之。"柳下季曰:"先生言:'为人父者必能诏其子,为人兄者必能教其弟。'若子不听父之诏,弟不受兄之教,虽今先生之辩,将奈之何哉?且跖之为人也,心如涌泉,意如飘风,强足以拒敌,辩足以饰非,顺其心则喜,逆其心则怒,易辱人以言。先生必无往。"孔子不听,颜回为驭,子贡为右,往见盗跖。

盗跖乃方休卒徒大山之阳,脍人肝而铺之。孔子下车而前,见谒者,曰:"鲁人孔丘,闻将军高义,敬再拜谒者。"谒者入通。盗跖闻之,大怒,目如明星,发上指冠,曰:"此夫鲁国之巧伪人孔丘,非邪? 为我告之:'尔作言造语,妄称文、武,冠枝木之冠,带死牛之胁,多辞缪说,不耕而食,不织而衣,摇唇鼓舌,擅生是非,以迷天下之主,使天下学士,不反其本,妄作孝弟,而侥幸于封侯富贵者也。子之罪大极重,疾走归! 不然,我将以子肝益昼铺之膳!'"

孔子复通曰:"丘得幸于季,愿望履幕下。"谒者复通。盗跖曰:"使来前!"孔子趋而进,避席反走,再拜盗跖。盗跖大怒,两展其足,案剑瞋目,声如乳虎,曰:"丘,来前! 若所言,顺吾意则生,逆吾心则死!"孔子曰:"丘闻之:'凡天下人有三德:生而长大,美好无双,少长贵贱,见而皆说之,此上德也;知维天地,能辩诸物,此中德也;勇悍果敢,聚众率兵,此下德也。'凡人有此一德者,足以南面称孤矣。今将军兼此三者,身长八尺二寸,面目有光,唇如激丹,齿如齐贝,音中黄钟,而名曰盗跖,丘窃为将军耻不取焉。将军有意听臣,臣请南使吴、越,北使齐、鲁,东使宋、卫,西使晋、楚,使为将军造大城数百里,立数十万户之邑,尊将军为诸侯,与天下更始,罢兵休卒,收养昆弟,共祭先祖。此圣人才士之行,而天下之愿也。"

盗跖大怒曰:"丘,来前! 夫可规以利,而可谏以言者,皆愚陋恒民之谓耳。今长大美好,人见而说之者,此吾父母之遗德也。丘虽不吾誉,吾独不自知邪? 且吾闻之:'好面誉人者,亦好背而毁之。'今丘告我以大城众民,是欲规我以利,而恒民畜我也,安可久长也! 城之大者,莫大乎天下矣。尧、舜

有天下,子孙无置锥之地;汤、武立为天子,而后世绝灭;非以
其利大故邪?且吾闻之:'古者禽兽多而人民少,于是民皆巢
居以避之,昼拾橡栗,暮栖木上,故命之曰有巢氏之民。古者
民不知衣服,夏多积薪,冬则炀之,故命之曰知生之民。神农
之世,卧则居居,起则于于,民知其母,不知其父,与麋鹿共
处,耕而食,织而衣,无有相害之心,此至德之隆也。然而黄
帝不能致德,与蚩尤战于涿鹿之野,流血百里。尧、舜作,立
群臣,汤放其主,武王杀纣。自是之后,以强陵弱,以众暴寡。
汤、武以来,皆乱人之徒也。'

"今子修文、武之道,掌天下之辩,以教后世,缝衣浅带,
矫言伪行,以迷惑天下之主,而欲求富贵焉,盗莫大于子。天
下何故不谓子为盗丘,而乃谓我为盗跖?子以甘言说子路,
而使从之。使子路去其危冠,解其长剑,而受教于子,天下皆
曰:'孔丘能止暴禁非。'其卒之也,子路欲杀卫君,而事不成,
身菹于卫东门之上,是子教之不至也。子自谓才士圣人邪?则
再逐于鲁,削迹于卫,穷于齐,围于陈、蔡,不容身于天下。子教
子路菹,此患,上无以为身,下无以为人。子之道岂足贵邪?

"世之所高,莫若黄帝,黄帝尚不能全德,而战涿鹿之野,
流血百里。尧不慈,舜不孝,禹偏枯,汤放其主,武王伐纣,文
王拘羑里,此六子者,世之所高也。孰论之,皆以利惑其真而
强反其情性,其行乃甚可羞也。

"世之所谓贤士:伯夷、叔齐辞孤竹之君,而饿死于首阳
之山,骨肉不葬;鲍焦饰行非世,抱木而死;申徒狄谏而不听,
负石自投于河,为鱼鳖所食;介子推至忠也,自割其股,以食
文公,文公后背之,子推怒而去,抱木而燔死;尾生与女子期

于梁下，女子不来，水至，不去，抱梁柱而死。此六子者，无异于磔犬流豕，操瓢而乞者，皆离名轻死，不念本养寿命者也。

“世之所谓忠臣者，莫若王子比干、伍子胥。子胥沈江，比干剖心，此二子者，世谓忠臣也，然卒为天下笑。

“自上观之，至于子胥、比干，皆不足贵也。丘之所以说我者，若告我以鬼事，则我不能知也；若告我以人事，不过此矣，皆吾所闻知也。今吾告子以人之情：目欲视色，耳欲听声，口欲察味，志气欲盈。人上寿百岁，中寿八十，下寿六十，除病瘐、死丧、忧患，其中开口而笑者，一月之中，不过四五日而已矣。天与地无穷，人死者有时，操有时之具，而托于无穷之间，忽然，无异骐骥之驰过隙也。不能说其志意，养其寿命者，皆非通道者也。丘之所言，皆吾之所弃也，亟去走归，无复言之！子之道，狂狂汲汲，诈巧虚伪事也，非可以全真也，奚足论哉！”

孔子再拜，趋走出门，上车，执辔三失，目芒然无见，色若死灰，据轼低头，不能出气。归到鲁东门外，适遇柳下季。柳下季曰：“今者阙然数日不见，车马有行色，得微往见跖邪？”孔子仰天而叹曰：“然。”柳下季曰：“跖得无逆女意若前乎？”孔子曰：“然。丘所谓无病而自灸也，疾走料虎头，编虎须，几不免虎口哉！”

“柳下季”，鲁大夫展获也，“季”其字，一字禽，食邑柳下，故称柳下季，其卒也，其妻谥之曰惠。见《列女传》《论语》、《孟子》皆曰柳下惠者，称其谥也。《释文》曰：“案：《左传》云：展禽是鲁僖公时人，至孔子生八十余年，若至子路之死百五六十岁，不得为友，是寄言也。”窃谓不独孔子与禽年岁不相及也，即跖为禽之弟亦未可信。《释文》引李奇注

《汉书》云："跖，秦之大盗也。"则跖为秦人。秦人安得为鲁大夫之弟乎！不独此也。《淮南子·说林训》曰："柳下惠见饴，曰可以养老；盗跖见饴，曰可以黏牡。见物同，而用之异。"其以惠与跖对言，犹孟子曰："鸡鸣而起，孳孳为善者，舜之徒也。鸡鸣而起，孳孳为利者，跖之徒也。"以舜与跖对言也。本书《骈拇篇》："伯夷死名于首阳之下，盗跖死利于东陵之上。"夷、跖对言，亦此类。迹其文义，惠与跖不独不同地，亦且不必同时，况云有兄弟之亲乎！且盗跖之名，见于诸子之书者多矣，若《荀子》，若《吕氏春秋》，皆未尝言其为惠之弟，而惟此篇云然。以孔子与柳下季为友之例推之，其以跖为季之弟，同为寓言可知也。顾自有是文之后，学士文人殆无不认惠、跖之为昆弟者，惠何不幸而有是弟！跖又何所爱而有是兄！文中明言"跖贪得忘亲，不顾父母兄弟，不祭先祖"，不啻告人跖无兄弟矣，而必强加跖以柳下为兄，其不善会于文意，若作者有知，亦当为之窃笑耳。故不惮费辞，一一为辩之。

"从卒"之"从"读去声。"枢户"之"枢"，谓提其枢而移之，如《淮南子》所云"以饴黏牡"牡，门橛也。之类。"穴室"，"穴"作动字用。"枢户"，"枢"亦作动字用也。《胠箧篇》云：跖之徒问于跖曰："盗亦有道乎？"跖曰："何适而无有道邪？夫妄意室中之藏，圣也；入先，勇也；出后，义也；知可否，知也；分均，仁也。五者不备，而能成大盗者，未之有也。"此云"穴室枢户，驱人牛马，取人妇女"，其行径与上说正相合。由是可知，"从卒九千人，横行天下，侵暴诸侯"，以及"所过之邑，大国守城，小国入保"诸语，皆夸大之谈，羌非事实。何以言之？天下岂有从卒数千人，其"取人财物"，乃有待于"穴室枢户"者哉？即以文字论，矛盾凿枘亦甚矣，予所以判此文为浅陋之至也。"入保"，"保"同堡，入于障塞而保聚也。

"诏"，诰戒也。"往说"，"说"音税，今所谓说服也。"心如涌泉"，言其不可抑制。"意如飘风"，言其难以测度。"强足以拒敌"，"敌"，对也，谓以言辞与之对抗者，承上"说之"与"辩"言，非战敌之敌也。"顺其心则喜,逆其心则怒",两"心"字有一为"意"之阙文,观下文"顺吾意则生,逆吾心则死",亦以"心"、"意"对举可见。"驭"同御。

"大山","大"读太,即泰山也。"脍"音侩,肉细切之曰脍。"铺"音铺,食也。"谒者",主通宾客者。"敬再拜谒者",此"者"字为语辞,犹今云的,谓再拜而求谒见也。"发上指冠","上"读上声,竖也。"此夫鲁国之巧伪人孔丘非邪",乃倒文,谓此非夫鲁国之巧伪人孔丘邪?"为我告之","为"读去声。"文、武",周文王、武王也。"冠枝木之冠",上"冠"字读去声,戴也。"枝木之冠",谓以木之枝条为冠,与下"带死牛之胁",以死牛胁上之皮为带,皆极形孔子冠带之俭陋,上所云"巧伪"是也。司马彪注谓冠多华饰,如木之枝繁者,失之。"缪说","缪"同谬,迷惑也。"不反其本","本"谓本业,指耕而食言。"疾走归",速走归也。"膳",肴馔也。

"得幸于季","幸得交于季也。"愿望履幕下",愿一望颜色而履幕下,意求必见也。"避席",让席。"反走",却行也。"两展其足",跽不坐而箕倨,故得左右伸其足也。"瞋目",努目视也。"乳虎",虎子也。"若所言",女所言也。"三德"犹三善。"少长","少"去声,"长"上声。"说之","说"同悦。"知"读智。"维天地"犹络天地。_{"络天地",见《天道篇》。}"能",才能。"辩诸物","辩"同"辨",辨别诸物也。"激丹"犹渥丹。《诗·秦风·终南》之篇曰:"颜如渥丹。""齐贝"犹列贝。"中"读去声,合也。"黄钟"为六律之首,其音宏大。"音中黄钟",言跽之声雄而亮,所谓如乳虎者也。"为将军","为"去声。"耻不取"者,耻之而不取也。"南使"四"使"字读去声。"使为将军","使"读上声。"大城数百里"、"数十万户之邑",皆夸辞过当。孟子云:"五里之城,七里之郭。"_{见《公孙丑篇》}此诸侯之制也。周公营成周,城方千七百二十丈,郭十七里,南系于洛水,北因于郏山,以为天下凑。_{见《逸周书·作洛篇》}此天子之制也。以天子之制,郭不过十七里,_{郭即郛}岂不欲广大哉! 当时人力所就,盖至是而极,则安得有数百里之大城! 苏秦以合从说齐宣王,曰"临淄之中七万户"。临淄，齐之都城也，而不过七万户。当时号大邑，辄曰万户而止，则安得有数十万户之邑！说人者，语必近情而后可入，况以圣人之言，修辞立诚，正名当物，一无所苟者，而乃为是不经之谈，欲以歆动刚很如跖者哉！亦可谓不善模拟人之辞令者已。"更始"犹更新。"共祭"，"共"读如"恭"，敬祀也。"行"读去声。

"规"，劝也。"恒民"犹言常人。"皆愚陋恒民之谓"，乃倒文，言皆谓之愚陋恒民耳。"好面誉人，好背而毁之"，两"好"字皆去声。"畜我"犹待我。"命"，名也。"炀"，向火也，已见《寓言篇》。"知生"，谓知求生道也。"居居"同倨倨，便安也。"于于"，已见《应帝王篇》。"致德"，尽德也。"蚩尤"，当时北方王者之名。黄帝与蚩尤战，详见《史记·五帝本纪》。"涿鹿"，今之涿州也。"立群臣"，谓置百官。

"缝"亦作"撻"，或作"逢"。"缝衣"，广袖之衣。"浅带"犹缓带也。"矫言"，饰言也。"以甘辞说子路"者，"说"音税。子路本好勇力，陵暴孔子，孔子设礼以诱之，乃儒服谢罪，因门人请为弟子，见《史记·仲尼弟子列传》，故此云然。"危冠"，高冠也。"卫君"谓蒯瞆。灵公逐蒯瞆，立其子辄为后。灵公卒，辄立，是为出公。蒯瞆自晋入，为乱，劫卫大夫孔悝使助己，与之登台，子路为悝邑宰，欲救拔悝，攻台，不克。瞆使人夹击之，遂死。详见《弟子列传》及《卫世家》。"菹"同"葅"，犹醢也。谓糜之以为肉酱"穷于齐"者，鲁昭公既出奔，鲁乱，孔子适齐，齐景公欲封孔子以尼谿之田，为晏婴所沮而止，孔子遂去齐，盖谓此事。"此患"上当有脱文。"患"即指"再逐于鲁"以下数事。以自罹此患，故曰"上无以为身"。以教子路而见菹，故曰"下无以为人"也。

"尧不慈"，即下节所谓尧杀长子也。"舜不孝"，当谓不告而娶，事见《孟子·万章篇》。"偏枯"，半身废也。"羑里"，殷狱名。文王为纣所囚，七年而后释。"偏枯"，积劳所致。"羑里"，无罪而见囚。而以与不慈、不孝、放主、伐纣并论，亦可见作者置辞之凌乱无序矣。"孰"读如"熟"。"孰论之",细论之也。"伯夷"、"叔齐",已见前。"骨肉不葬",谓无子嗣,因不得葬埋。"鲍焦",周人。"非世",非刺当时也。焦以子贡责之曰:"吾闻非其政者不履其地,污其君者不受其利。今子履其地,食其利,而非之,其可乎?"焦曰:"贤人易愧而轻死。"遂抱木立枯焉。见《韩诗外传》。"申徒狄",已屡见。"谏而不听",谓狄将自沈,崔嘉闻而止之,狄不从,遂沈河而死。亦见《韩诗外传》。"介子推",《春秋左氏传》作介之推,僖公二十四年传曰:"晋侯赏从亡者,介之推不言禄,禄亦弗及,遂隐而死。"此所谓"文公后背之"者。割股及抱木燔死事,见刘向《说苑》及《新序》,所谓龙蛇之歌云"龙饥无食,一蛇割股"者也。"以食文公","食"音嗣。"梁",木桥也。"磔犬",犬被磔杀。"流豕",豕被漂流。"操瓢而乞者",乞人而遭冻馁以死。"离名","离",丽也,谓为名所挂丽。"轻死",轻于死也。"本养寿命者",养生尽年为人之本务,故曰"本养寿命"。《释文》云:"本或作卒。"卒则终尽之义也。"比干"、"子胥",已屡见。

　　"自上观之,至于子胥、比干",谓自上黄帝以下至于二人也。"人之情",犹人之真也。"察味"犹辨味。"盈"谓满足也。"痍"亦病也,旧作"瘦",误,依王念孙校改。"死丧",谓遭新戚之丧亡。"人死者有时","有时",有期限也。"忽然",言速之甚也。"说其志意","说"读"悦"。"狂"读如"诳"。"狂狂",以形其诈巧。"汲"与"伋"通,故本亦作"伋"。"汲汲",以形其虚伪。"全真",即全其情。此为跖之说,觊缕至五六百言,而归根不过"说其志意,养其寿命"八字,实庄学之糟粕,文亦破碎钉饾,鲜有神采。以视《列子·杨朱篇》设为管仲、晏子之论养生,子产、公孙朝、公孙穆之辩好酒、好色,尚远不能及。而谓孔子为之"执辔三失,目芒然无见,色若死灰,据轼低头,不能出气",岂真不自知其文之丑邪?不然,则何其诬罔悖谬之至于斯极也!郭子玄以是编入三十三篇之中,亦可谓不知去取者矣。

　　"芒然"同茫然。"轼",车前横木,以备乘者凭之之用者。"微"犹无也。"若前"者,若前之所言也。"灸",以艾灼体疗病也。"料"同"撩"。"须"原"鬚"字。"不免虎口",言遭噬也。

子张问于满苟得曰:"盍不为行? 无行则不信,不信则不任,不任则不利。故观之名,计之利,而义真是也。若弃名利,反之于心,则夫士之为行,不可一日不为乎!"满苟得曰:"无耻者富,多信者显。夫名利之大者,几在无耻而信。故观之名,计之利,而信真是也。若弃名利,反之于心,则夫士之为行,拂其天乎!"

子张曰:"昔者桀、纣贵为天子,富有天下,今谓臧聚曰'汝行如桀、纣',则作色有不服之心者,小人,所贱也。仲尼墨翟,穷为匹夫,今谓宰相曰'子行如仲尼、墨翟',则变容易色,称不足者,士,诚贵也。故势为天子,未必贵也;穷为匹夫,未必贱也;贵贱之分,在行之美恶。"满苟得曰:"小盗者拘,大盗者为诸侯,诸侯之门,义士存焉。昔者桓公小白,杀兄入嫂,而管仲为臣;田成子常,杀君窃国,而孔子受币。论则贱之,行则下之,则是言行之情悖,战于胸中也,不亦拂乎!故书曰:'孰恶孰美? 成者为首,不成者为尾。'"

子张曰:"子不为行,即将疏戚无伦,贵贱无义,长幼无序,五纪六位,将何以为别乎?"满苟得曰:"尧杀长子,舜流母弟,疏戚有伦乎? 汤放桀,武王杀纣,贵贱有义乎? 王季为适,周公杀兄,长幼有序乎? 儒者伪辞,墨者兼爱,五纪六位将有别乎? 且子正为名,我正为利。名利之实,不顺于理,不监于道。吾日与子讼于无约。"

曰:"小人殉财,君子殉名。其所以变其情,易其性,则异矣;乃至于弃其所为,而殉其所不为,则一也。故曰:无为小人,反徇而天;无为君子,从天之理。若枉若直,相而天极;面观四方,与时消息。若是若非,执而圆机。独成而意,与道徘徊。无转而行,无成而义,将失而所为;无赴而富,无殉而成,将弃而天。比干剖心,子胥抉眼,忠之祸也;直躬证父,尾生溺死,信之患也;鲍子立乾,申子自埋,廉之害也;孔子不见母,匡子不见父,义之失也。此上世之所传,下世之所语。以为士者正其言,必其行,故服其殃,离其患也。”

“子张”,孔子弟子,姓颛孙,名师,陈人。以《论语》有“子张问行”之章,见《卫灵公篇》故此以为行托之于张也。“满苟得”,假名,《曲礼》曰“临财毋苟得,临难毋苟免”,以言财利,故名之曰苟得,而姓满。“满”即上节所云“志气欲盈”者也。“盍”与曷通。曷不犹何不也。“行”读去声。“为行”,犹言修行。“不信”,不见信于人也。“不任”,不为人任用也。“义”即谓行。《天地篇》曰:“跖与曾、史行义有间矣,然其失性,均也。”行、义并言,可证也。“若弃名利反之于心”者,谓即舍名利不论,但反诸本心,士亦不可一日不修行也。“无耻者富”,苟得者必无耻也。“多信者显”,此“信”当读如“伸”。多伸者,不甘屈抑而贪于进取也。“几在”,殆在也。“拂其天”,“拂”旧作“抱”,误。

“臧”即《骈拇篇》“臧穀”之臧,奴也;“聚”读如“扞掫”之掫,谓守夜者,后世之所谓更夫,亦奴之辈,皆言其贱也。“作色”,今各本皆作“有怍色”,惟张君房本“怍”作“作”,无“有”字。案:“作色”正与下“变容易色”对,则作“作色”是也。“作色”者,表其愤,故曰“有不服之心”,意相贯注。若曰“有怍色”,又曰“有不服之心”,上下意参差矣,故兹从张本改正。“小人所贱”者,小人谓桀、纣。所贱言臧聚亦知贱之。“小人”字当顿。“宰相”,宰自宰,相自相。“宰”如一邑之宰,如少宰、太宰皆是。少宰、太宰,宋国有其官。“相”如管仲相桓公与孔子摄行相事之相,非如后世以宰相连称也。宰相并言其贵。"变容易色",形其不安。"称不足者",言不足以当之也。"士诚贵","士"指孔、墨。"拘",被拘囚也。"诸侯之门义士存"者,言行义之士亦不得不出入诸侯之门,如下云管仲、孔子是也。"小白",齐桓公名。"入嫂",纳嫂也。"田成子",已见《胠箧篇》,本名恒,此作常者,汉人避文帝讳因而改之也。"孔子受币",史无其事。鲁哀公十四年,陈恒弑齐简公,孔子沐浴请讨,见于《论语》及《春秋左氏传》。十六年,孔子遂卒。中间相隔不及两年。是时孔子已老,无复用世之心,何为而受成子之币!战国时,处士横议,造作蜚语,以厚诬古先圣哲者多矣,此亦其类,固无待于繁征博引以为之辩也。"论则贱之,行则下之",此"行"字读平声。谓言论时则贱之,行事时则为之下,故曰"言行之情悖",言言与行实未免相反也。以言行相反,反之于心,终不能安,故曰:"战于胸中,不亦拂乎!""拂"即拂其心,拂其天也。"书曰"者,引古记之言。"孰恶孰美",无所谓美恶也。"成者为首,不成者为尾",成则居上,不成则居下也。"美"与"尾"为韵。

　　"疏戚",亲疏也。"伦",次也。"五纪六位",俞樾曰:"五纪即五伦。六位,即《白虎通》之六纪,谓诸父、兄弟、族人、诸舅、师长、朋友。"是也。"尧杀长子",《释文》引崔撰曰"尧杀长子考监明",不知所出。"舜流母弟",弟谓象也。《孟子》万章问曰:"象日以杀舜为事,立为天子,则放之,何也?"孟子曰:"封之也。或曰放焉。"见《万章篇》流、放一义,则当时固有是说矣。"王季为適","適"同"嫡",谓大王传位季历,而泰伯仲雍逃之吴也。《论语·泰伯篇》言泰伯"三以天下让",即此事。季本非嫡,曰为嫡者,视之如嫡也。"周公杀兄",谓管叔以殷畔,周公杀管叔,见《史记·周本纪》及《鲁世家》。"伪辞"犹巧辞。"兼爱",所谓爱无差等也。"为名"、"为利","为"字读去声。"监",本亦作"鉴",字通,谓明也,察也。"日",异日也。"讼"谓断其是非。"无约"亦假名,义取于无拘束。

"曰"以下，无约之言也。"所为"、"所不为"，与孟子言"无为其所不为，无欲其所不欲"义同。"无为"二句见《尽心篇》"所为"，本所当为。"所不为"，本所不当为也。"反殉而天"，"而"与"尔"同，反从尔天也。下诸"而"字并同。"相而天极"，"相"，视也。"天极"犹天则。"与时消息"，随时损益也。"圆机"，"圆"谓圆转自在，"机"，枢机。以天体圆而运行不息，故曰"圆机"。言"圆机"，犹言天枢也。"独成而意"，"独"谓不为物移。"成"，遂也。"与道徘徊"，与道进退也。"无转而行"，王念孙云："转读为专。专、转古通用。《山木篇》'一龙一蛇，与时俱化，而无肯专为'，即此所谓无专而行也。"王说是也。"无成而义"，此"成"与上"成"字义异，如成心、成见之成，谓一成而不变。"将失而所为"者，谓若专行成义，则将失其所为也。"无殉而成"，"成"，成功，谓利也。不言利而言成者，取其与"天"为韵，与上"义"与"为"相协对也。"义"从我声，古读如"俄"。"为"读如"讹"，故相协韵。"将弃而天"，亦谓赴富殉成，将弃其天。

"抉眼"，子胥将死，曰："抉吾目悬之东门，以观越师之入也。"因抉其目。见《吴越春秋》"直躬"，"躬"其名，以直见称，因曰"直躬"，《论语》叶公语孔子曰："吾党有直躬者，其父攘羊，而子证之。"是也。见《子路篇》"鲍子"即鲍焦，见上。"立乾"，"乾"音干，谓立而枯死也。"申子"即申徒狄。"自埋"，谓自投于河。曰"埋"者，刘熙《释名》云："葬不如礼曰埋。埋，痗也，趣使痗腐而已。"投河亦取其速腐，故谓之埋也。本有作"申子不自理"者，"理"为"埋"讹，"不"涉下文两"不"字而衍。陆氏《释文》云："申子，谓申生也。"案称某子者，皆以姓，不闻以名。且申生之行，世可谓之孝，不得谓廉。注家有用陆说者，皆失考也。"孔子不见母"，此亦诬辞。孔子合葬其母于防，见于《小戴礼记·檀弓篇》，且曰："吾闻之：古也墓而不坟。今丘也，东西南北之人也，不可以弗识也。"于是封之。夫死而犹欲识其墓，岂有生而不见其人者乎？成疏曰："孔子滞耽圣迹，历国应聘，其母临终，孔子不见。"夫母死不归，但可罪其不奔丧，不得便谓之不见母。虽曲为之说，终无解于人之惑也。若是者，直断其诬可矣，焉取回护哉！"匡子"，匡章也，齐人。"不见父"事见《孟子·离娄篇》，公都子曰："匡章，通国皆称不孝焉，夫子与之遊，又从而礼貌之，敢问何也？"孟子曰："夫章子，子父责善而不相遇也。"^不相遇"，犹言不相得。为得罪于父，不得近，出妻屏子，终身不养焉。"_{中有节文}由孟子之言观之，是匡子因事强谏其父，其父不受，遂逐匡子，不与相见。然则乃匡父不见子，非匡子不见父也。且匡子为得罪于父，至出妻屏子，独居终身，用以自责，匡子未尝以是为义，又安得曰"义之失"乎！

"上世之所传"谓远事，如申徒狄、比干是。"下世之所语"谓近事，如尾生、匡子是。"正其言"，"正"如孟子"必有事焉而勿正"之正；_{见《公孙丑篇》}"必其行"，"必"如《论语》"言必信，行必果，硜硜然小人哉"之必，_{见《子路篇》}皆谓固执而不知变化也。"服其殃"，受其祸也。"离"与罹通。"罹其患"，遭其害也。

此文"故曰无为小人"至"将弃而天"一段，颇模仿《秋水篇》之文，似若可取，而曰"忠之祸"、"信之患"、"廉之害"、"义之失"，一蔽其罪于忠信义廉，则实与庄子之学相牾。《人间世篇》引仲尼之言曰："天下有大戒二：其一命也，其一义也。子之爱亲，命也，不可解于心；臣之事君，义也，无适而非君也。无所逃于天地之间，是之谓大戒。"又曰："为人臣子者，固有所不得已。行事之情而忘其身，何暇至于悦生而恶死！"庄子之外生死，全由明于义命之分_{读去声}而然，岂有取忠信义廉而悉排之之说哉！若是文者，自是庄子之后学所为。然其失庄子之意，则亦甚矣！呜呼！学之难得传人如是，即又何怪后之说庄者之多臆解哉！

　　无足问于知和曰："人卒未有不兴名就利者。彼富则人归之，归则下之，下则贵之。夫见下贵者，所以长生安体乐意之道也。今子独无意焉。知不足邪？意知而力不能行邪？

故推正不妄邪?"知和曰:"今夫此,人以为与己同时而生,同乡而处者,以为夫绝俗过世之士焉。是专无主正,所以览古今之时,是非之分也。与俗化世,去至重,弃至尊,以为其所为也。此其所以论长生、安体、乐意之道,不亦远乎! 惨怛之疾,恬愉之安,不监于体;怵惕之恐,欣欢之喜,不监于心。知为为而不知所以为,是以贵为天子,富有天下,而不免于患也。"

无足曰:"夫富之于人,无所不利。穷美究势,至人之所不得逮,圣人之所不能及。侠人之勇力而以为威强,秉人之知谋以为明察,因人之德以为贤良,非享国而严若君父。且夫声色、滋味、权势之于人,心不待学而乐之,体不待象而安之。夫欲恶避就,固不待师,此人之性也。天下虽非我,孰能辞之!"知和曰:"知者之为故,动以百姓,不违其度,是以足而不争,无以为,故不求。不足,故求之,争四处,而不自以为贪;有余,故辞之,弃天下,而不自以为廉。廉贪之实,非以迫外也,反监之度。势为天子,而不以贵骄人;富有天下,而不以财戏人。计其患,虑其反,以为害于性,故辞而不受也,非以要名誉也。尧、舜为帝而雍,非仁天下也,不以美害生也;善卷、许由得帝而不受,非虚辞让也,不以事害己。此皆就其利,辞其害,而天下称贤焉,则可以有之,彼非以兴名誉也。"

无足曰:"必持其名,苦体绝甘,约养以持生,则亦犹久病长厄而不死者也。"知和曰:"平为福,有余为害者,物莫不然,而财其甚者也。今富人耳营于钟鼓筦籥之声,口嗛于刍豢醪醴之味,以感其意,遗忘其业,可谓乱矣;侅溺于冯气,若负重行而上坂也,可谓苦矣;贪财而取慰,贪权而取竭,静居则溺,体泽则冯,可谓疾矣;为欲富就利故,满若堵耳而不知辟,且

冯而不舍,可谓辱矣;财积而无用,服膺而不舍,满心戚醮,求
益而不止,可谓忧矣;内则疑劫请之贼,外则畏寇盗之害,内
周楼疏,外不敢独行,可谓畏矣。此六者,天下之至害也,皆
遗忘而不知察,及其患至求尽,性竭财单,以反一日之无故,
而不可得也。故观之名则不见,求之利则不得,缭意绝体而
争此,不亦惑乎!”

“无足”、“知和”,亦假名。“人卒”,人众也,已见《秋水篇》。“兴
名”,兴于名。“就利”,就乎利也。“下之”,谓降下于己。“贵之”,谓尊
贵己。“见下贵”,谓为人所降下而尊贵之也。“安体”,以身言。“乐
意”,以心言。身心安乐则可长寿,故以“长生”二字冠之。“知不足
邪”,“知”读去声。“意”同“抑”。“故”同“固”。“不妄”,各本作“不
忘”。《释文》云:“忘或作妄。”案:“妄”与“正”对,作“妄”是本字,“忘”
则假借也,兹从本字作“妄”。此文分三层,言所以无意于名利者,智不
及知乎? 抑知之而力不能行乎? 其固以正为妄,因推之而不欲从于妄
乎? 就无足言,以名利为正,故谓之正;而就知和言,则以名利为非正,
故探其意而谓之曰妄也。

“今夫此”,“此”字当顿,“此”即指上无足所言之名利与下之贵之。
“以为夫绝俗过世之士焉”,此“以”字与“已”同。“绝俗”,对“同乡而
处”言。“过世”,对“同时而生”言。意谓本同时,何足以为过世! 本同
地,何足以为绝俗! 而所以为者乃如此,其见之浅陋已甚矣。故曰“是
专无主正,所以览古今之时,是非之分也”。“是”以下十七字当作一句
读,“主”即“中无主而不止”之主,“正”即“外无正而不行”之正。“中无
主”二句见《天运篇》“专”犹一也。一无主正,斥其中既无主见,外又不知
取正。而此主与正者,固所以览古今之时,是非之分者也。今一无之,
是以“与俗化世,去至重,弃至尊,以为其所为也”。“与俗”,犹言同乎
俗。“化世”,为世所化也。“至重”、“至尊”,尊重在我而不在人者,谓

德也、和也。"为其所为",上云"兴名就利"是也。"兴名就利",非真能安体乐意而长生之道也,故曰"此其所以论长生、安体、乐意之道,不亦远乎"!"惨怛",痛楚也。"恬愉",已见《在宥篇》。"监",察也。"惨怛之疾,恬愉之安,不监于体",言其不察体之孰为安、孰为疾。"怵惕",惊悚也。"怵惕之恐,欣欢之喜,不监于心",言其不察心之孰为恐、孰为喜。故曰"知为为而不知所以为"。若是,虽"贵为天子,富有天下",而犹"不免于患"。"贵为天子",名之至也。"富有天下",利之至也。而犹"不免于患",则兴名就利之非长生安体乐意之道,彰彰明矣。

无足虽双提名利,而所重实在利,此观其名为"无足"可见也,故于此特言"富之于人,无所不利"。虽犹是富则人归之、下之、贵之之说,而曰"穷美究势,至人之所不得逮,圣人之所不能及",则视前又甚矣。"至人"、"圣人",已见《逍遥游篇》。"穷美"者,美无以复加。"究势"者,势不得更进。"穷"、"究"一义,皆尽也。"逮"亦及也。"侠人之勇力"四句,即承"究势"言。"侠"与挟同。"秉",把也。"知谋"之"知"读智。"因",用也。言人之勇皆其威,人之智皆其明,人之德皆其贤,故不必享国而尊如君父。此所以应上"贵为天子,富有天下,而不免于患"之说也。"声色、滋味、权势之于人","人"字当顿。"心不待学而乐之,体不待象而安之",心体对言,犹上体意对言也。"象"者像也,谓摹仿,与学同义,故曰"欲恶避就,固不待师,此人之性也"。"恶"读去声。"不待师",不待教也。"天下虽非我,孰能辞之"者,言此不独我,凡天下之人,孰有辞声色、滋味、权势而不欲受者哉!

"知者之为故"句。"知"读智。"故"犹事也。"故"与"度"为韵。"动以百姓",非为己也。"不违其度",非从欲也。"度"者,《易·节卦象传》所谓"节以制度,不伤财,不害民"者也。惟有度,是以"足而不争"。而争起于求,求由于须,"无以为",则不须也,故又曰"无以为,故不求。不足,故求之,争四处,而不自以为贪"。"四处"者:一声,二色,三滋味,四权势。此针对无足之所主而言。旧解"四处"为四方,非也。"有余,故辞之,弃天下而不自以为廉",此应上至重、至尊之语而言。有重于天下、尊于天下者,则无不足而有余矣,故能弃天下也。"不自以为贪",不知其贪也;"不自以为廉",亦不知其廉也。"廉贪之实,非以迫外"者,"迫",急也,切也。曰廉曰贪,不以切求于外者而定,而实定于内之有余不足,故曰"反监之度"。"反监之度"者,反而察其有度、无度而已。"戏人",侮人也。"虑其反","反"如曾子曰"出乎尔者,反乎尔者也"之反,见《孟子·梁惠王篇》谓报也。"辞而不受"者,非辞天子、天下,特去其贵骄财戏,则虽为天子,而忘其为天子,虽有天下,而一若无天下,是之谓"辞而不受"也。"要"读平声,与"邀"同。

"尧、舜为帝而雍","雍",和也,《尧典》所谓"黎民于变时雍"是也。此以尧、舜为帝而不辞,与"善卷、许由得帝而不受"对言。为而不辞,故曰"非仁天下"。得而不受,故曰"非虚辞让"。不受者固不以事害己,不辞者亦不以美害生,故曰"此皆就其利,辞其害,而天下称贤焉"。"辞其害"者,亦曰不蒙其害云尔,非谓辞之而不为也。章太炎《庄子解故》用孙诒让之说,以"雍"为"推"之误,谓推位于善卷、许由。若然,则但曰"不以美害生"足矣,何云"非仁天下"也!"非仁天下"者,有仁天下之事,而无仁天下之见存也。"仁天下"之事,于何征之?则于"黎民于变时雍"征之,故上文著一"雍"字,亦可谓言简而意赅者矣。改"雍"为"推",斯前后文俱成不可解。孙仲容特一时不察,率为之说,而太炎主之,后之注家又从而遵奉之,过矣。"可以有之",有夫贤之名也。称之自人,而后己受而有之,非本为兴于名而一仁一让也,故曰"彼非以兴名誉也"。此破无足兴名之说也。

"持其名",守其名也。"绝甘",绝甘美之味。"约养","约",节也,节耳目之养。"持生"谓保其生。"则亦"下各本无"犹"字,据江南古藏本补。"厄",困也。无足因知和"不违其度"、"反监之度"语故设此以难之,谓若是,即与久病长困而不死者何异!虽曰不害生,生亦何取乎!

"平"之为言中也,得其中则为福,过则为害。此言有余,谓过也。"物莫不然,而财其甚",特提"财"字,此破无足就利之说也。"耳营"下各本无"于"字,据下文"口嗛于刍豢醪醴之味"有"于"字,则上亦当有之,盖传写误脱也,因补。"筦"与"管"同。"嗛",快也。"刍豢",已见《齐物论篇》。"醪",醇酒。"醴",酒之带滓者,若今之甜酒。"感"与《山木篇》"异鹊感周之颡"之"感"同,为"撼"之借。撼其意,摇动其意也。或曰"感"为"惑"之讹,亦通。以意为摇惑,所以遗忘其业也。"侅溺于冯气","冯"音凭,盛也,满也。盛满之气,因上"嗛于刍豢醪醴"而言。嗜口腹者,填肠塞胃,其气充满,上则侅,下则溺,《释文》云"饮食至咽为侅",是也。"溺"者,沈也,故曰"侅溺于冯气,若负重行而上坂也"。各本无"坂"字,张君房本有之,成疏云:"犹如负重上坂而行。"是成本亦有"坂"字,故补。"贪财而取慰","慰"与《外物篇》"慰暋沈屯"之"慰"同,读若"郁"。贪财取郁,贪权取竭,郁、竭皆切本身言。郁者郁其气,竭者竭其精,故下曰"可谓疾矣"。章太炎《解故》云:"《诗·小雅传》:'慰,怨也。'贪财而取慰,犹言放于利而行多怨。"以"怨"释"慰",似若径切,然与"疾"意不合,故不取也。"静居"言其不动,以不动故体泽。泽之为言肥也。《春秋》成六年《左传》曰:"于是乎有沈溺重腿之疾。""静居则溺"者,所谓沈溺之疾。"体泽则冯"者,所谓重腿之疾也。"为欲富就利故"句。"为"读去声。"满若"犹满然,言其志之盈也。"堵耳",塞耳也。"不知辟",不知法也。不知法,则不免取辱,故曰"可谓辱矣"。"辟",今各本作"避",辵傍盖不知者所加。"辟"改为"避",所避者何?上下无文,遂不可解,用特正之。"冯而不舍"者,"冯",恃也,仗也。仗其富而不能施舍也。富而不施,则怨讟日至,是亦辱之类也。"服膺",念兹在兹也。"不舍",此"舍"谓舍弃,谓不能忘之。以不能忘,故"满心戚醮"。"醮"读如焦,焦急也。"求益而不止",所谓无足也。"劫请","请",求也。劫而求之,是为劫请。"劫请"多出之亲戚家人,故曰"内则疑劫请之贼"。"寇盗"来之自外,故曰"外则畏

寇盗之害"。"内周楼疏",此"内"谓在家。"周",备也。"楼疏","疏",
牖也。刘熙《释名》曰:"楼谓牖户之间,有射孔娄娄然也。"然则古之为
楼,正为防盗而设,取其高可以瞭望,又可以射远也,所谓"射孔娄娄
然"者,即此"疏"也。"外"谓出外。"不敢独行",《达生篇》所云"夫畏
途者,十杀一人,则父子兄弟相戒,必盛卒徒而后敢出焉"者也。

"六者",乱、苦、疾、辱、忧、畏也。"至害"犹云大害。"患至求尽,
性竭财单",两文相对。"单"同"殚",亦尽也。"以反一日之无故",
"反",还也。"无故"犹无事。谓欲求如昔时贫居之安而不可得也。本
兴名而卒之"名则不见",本就利而卒之"利则不得",乃"缭意绝体而争
此,不亦惑乎!""缭",缠也,绕也。缠绕其意,谓苦心劳思,此对上"乐
意"说,言未尝乐。"绝体",谓残形伤生,此对上"安体"说,言何尝
安也。

说 剑 第 三 十

此文与《战国策》之文绝似，其为后出无疑。

昔赵文王喜剑，剑士夹门而客，三千余人，日夜相击于前，死伤者岁百余人，好之不厌。如是三年，国衰，诸侯谋之。

太子悝患之，募左右曰："孰能说王之意，止剑士者，赐之千金。"左右曰："庄子当能。"太子乃使人以千金奉庄子。庄子弗受，与使者俱往见太子，曰："太子何以教周，赐周千金？"太子曰："闻夫子明圣，谨奉千金，以币从，夫子弗受，悝尚何敢言！"庄子曰："闻太子所欲用周者，欲绝王之喜好也。使臣上说大王，而逆王意，下不当太子，则身刑而死，周尚安所事金乎？使臣上说大王，下当太子，赵国何求而不得也！"太子曰："然吾王所见唯剑士也。"庄子曰："诺。周善为剑。"太子曰："然吾王所见剑士，皆蓬头突鬓，垂冠曼胡之缨，短后之衣，瞋目而语难，王乃说之。今夫子必儒服而见王，事必大逆。"庄子曰："请治剑服。"治剑服三日，乃见太子。

太子乃与见王,王脱白刃待之。庄子入殿门不趋,见王不拜。王曰:"子欲何以教寡人,使太子先?"曰:"臣闻大王喜剑,故以剑见王。"王曰:"子之剑何能禁制?"曰:"臣之剑,十步一人,千里不留行。"王大说,曰:"天下无敌矣!"庄子曰:"夫为剑者,示之以虚,开之以利,后之以发,先之以至。愿得试之。"王曰:"夫子休就舍,待命令设戏待夫子。"

王乃校剑士,七日,死伤者六十余人,得五六人,使奉剑于殿下,乃召庄子。王曰:"今日试使士敦剑。"庄子曰:"望之久矣。"王曰:"夫子所御杖,长短何如?"曰:"臣之所奉皆可。然臣有三剑,唯王所用,请先言而后试。"王曰:"愿闻三剑。"曰:"有天子剑,有诸侯剑,有庶人剑。"王曰:"天子之剑何如?"曰:"天子之剑,以燕谿、石城为锋,齐、岱为锷,晋、卫为脊,周、宋为镡,韩、魏为夹;包以四夷,裹以四时,绕以渤海,带以恒山;制以五行,论以刑德,开以阴阳,持以春夏,行以秋冬。此剑直之无前,举之无上,案之无下,运之无旁,上决浮云,下绝地纪。此剑一用,匡诸侯,天下服矣。此天子之剑也。"文王芒然自失,曰:"诸侯之剑何如?"曰:"诸侯之剑,以知勇士为锋,以清廉士为锷,以贤良士为脊,以忠圣士为镡,以豪杰士为夹。此剑直之亦无前,举之亦无上,案之亦无下,运之亦无旁;上法圆天,以顺三光;下法方地,以顺四时;中和民意,以安四乡。此剑一用,如雷霆之震也,四封之内,无不宾服而听从君命者矣。此诸侯之剑也。"王曰:"庶人之剑何如?"曰:"庶人之剑,蓬头突鬓,垂冠曼胡之缨,短后之衣,瞋目而语难。相击于前,上斩颈领,下决肝肺。此庶人之剑,无异于斗鸡,一旦命已绝矣,无所用于国事。

今大王有天子之位，而好庶人之剑，臣窃为大王薄之。"王乃牵而上殿，宰人上食，王三环之。庄子曰："大王安坐定气，剑事已毕奏矣。"于是文王不出宫，三月，剑士皆服毙其处也。

"赵文王"，武灵王子惠文王也，名何。武灵王初传位于何，自号主父。越四年，而为李兑所弑，时何年十六耳。庄子当梁惠、齐宣之世，约与孟子同时。何之立，为梁襄王二十年、齐湣王十五年，时庄子即未死，亦已老矣。且庄子不受魏、楚之聘，安得以赵太子悝一言，而至"垂冠曼胡之缨，短后之衣"，见惠文而说剑哉！则其为假托之言，固不待辩也。"喜剑"，喜剑术也。"夹门而客"，客居门左右也。"好之"，"好"读去声，下"喜好"之"好"亦同。"太子悝"，太子名悝也。俞樾曰："惠文王之后为孝成王丹，则此太子盖不立。"案：战国时诸王名辄数易，丹之为悝与否，史固无稽，而寓言之文，其人有无即亦难定，阙疑可也。

"说王之意"，"说"读如字，谓能解王之意也。"止剑士者"，止剑士而不用也。"使者"，"使"读去声。"以币从"，"从"当读平声。古者馈人必有侑，老子曰"有拱璧以先驷马"是也。此奉庄子千金，当有币以为侑，故曰"以币从"。《释文》出"以币从"三字，曰："一本作以币从者。"案：其馈千金，在庄子未至之先，安得有从者之说！且"以币从"者，亦不辞，则无"者"字者是。其有"者"字者，乃后不知者妄加，陆氏因读"从"作去声，音才用反，误矣。"不当太子"，"当"读去声，谓有负太子之任也。

"然吾王所见唯剑士也"，"然"字连下读，下文"然吾王所见剑士皆蓬头突鬓"云云，"然"字亦同。或以"然"为唯诺之辞，因疑下"然"字不当有而以为衍文，皆非也。"善为剑"，善为剑术也。"蓬头突鬓"，成疏云"发乱如蓬，鬓毛突出"，是也。《释文》云："蓬头，谓著兜鍪也，有毛，故如蓬。"推陆氏之意,以为有冠则头蓬,不可得见,故易为兜鍪之说,不知冠与兜鍪不能并用,既云垂冠,安得复著兜鍪乎!此"蓬头"与"突鬓"连文,不言"蓬头",则"突鬓"无根,盖文章之序如此,不必得见蓬头而始可说之也。"垂冠","垂"同"倕",重也。见《玉篇》重冠,所以表其武。《释文》"将欲斗,故冠低倾也",此不得其解,而强为之辞,不可从也。"曼胡之缨",司马彪注云:"谓粗缨无文理。"盖斗者缨易断绝,惟粗者为牢,而粗则无文理,是以为曼胡之缨。"曼胡",音如今模糊也。"短后之衣",衣短后者,便于坐起进退也。"语难",竞以难事相夸说也,司马彪云"说相击也",意尚近之。《释文》谓:"勇士愤气积于胸中,言不流利也。"是乃语謇。语謇者岂必勇士,而谓王乃说此乎!"事必大逆","逆"者不顺,谓必不行也。"治剑服","治"读平声。

"入殿门不趋,见王不拜",故为无礼,以示勇者不必娴于礼仪也。"使太子先","先"谓先容也。"禁制"犹制服也。"十步一人,千里不留行",谓假设十步而置一人,虽行千里,无有能留碍之者,盖剑能制服之。司马彪云:"十步与一人相击,辄杀之,故千里不留于行也。"夫十步而一击,击必杀人而后行,则千里之远,处处阻碍,何得谓之不留行!古之善战者,贵乎一出而众皆披靡,又安取步步杀人乎!俞樾知司马之说之非,而谓:"行以剑言,非以人言。千里之远,所杀多矣,而剑锋不缺,是谓'十步一人,千里不留行'。极言其剑之利也。"不知此论剑术,非论剑。若剑之利,陆刉兕虎,水断鲛鼍,足以鉴之,何取于"十步一人,千里不留行"哉!俞氏之说,较之司马只益不伦耳甚矣!读书而能会古人之意之难也。

"示之以虚",欲人不能测也;"开之以利",欲人不及防也,故曰"后之以发,先之以至"。"设戏","戏"即谓试剑。以"戏"言者,晋、楚城濮之战,子玉使斗勃请战,曰:"请与君之士戏,君冯轼而观之,得臣亦寓目焉。"见《春秋》僖公二十八年《左氏传》彼实战也,尚曰与君之士戏,况此特比试于庭堂者乎!其以"戏"言固宜。注家不知古人习语如此,读"戏"

为麾,以为张设旗帜之属,凿矣。

"奉剑",捧剑也。"敦剑",对剑也。古"敦"、对一音,故字得通假,如"憝"或作"怼",可证也。司马彪注云:"敦,断也。试使用剑相击断截也。"语亦太迂曲矣。郭庆藩《庄子集释》用其世父嵩焘之说,云:"《说文》:'敦,怒也,一曰谁何也。'谁何,犹言莫我何,亦即两相比较之意。两相比较,故怒也。"其迂曲更甚于彪。又训"敦"为治,谓"敦剑"即治剑。然云治剑与此情事殊不相合,故并不从也。

"杖"与仗同。仗者兵仗,剑戟之总名。见《广韵》"所御仗",即谓所用剑也。"燕溪"、"石城",并地名,皆燕之险阻也。燕最在北,故以为剑锋。"锋",剑端也。"岱",泰山,齐之险阻。齐在东,故齐、岱连言而以为锷。"锷",剑刃也。"晋、卫","卫"各本并讹作魏,惟古钞卷子本不误,据改。"为脊","脊",剑棱也。"周、宋为镡","镡"音覃,剑镮也。"韩、魏为夹","夹"同铗,故本亦作"铗","铗",剑把。韩、魏于赵为最近,故以为把也。说不及秦与楚者,时赵之所争在东与北,楚在南,非其所及;秦在西,时闭关,又非其所敌也。"四夷",四裔也。"五行",金、木、水、火、土。"刑德",生杀之义,此阴阳家之言。《汉书·艺文志》"兵阴阳十六家",后云:"阴阳者,顺时而发,推刑德,随斗击,因五胜,假鬼神而为助者也。"《淮南子·天文训》曰:"阴阳相德,德同得则刑德合门。"又曰:"凡用太阴,左前刑,右背德。击钩陈之冲辰,以战必胜,以攻必克。"盖"刑德"之说如是,注家不察,率以通常之刑罚德赏释之,舛矣。"直"如孟子"枉尺而直寻"之"直",伸也。"无前",前无有当之者。"无上"、"无下"、"无旁",义并同。"决"通"抉",后下"决肝肺"之"决"亦然。"绝",断也。"地纪"如地维,谓地之方隅也。

"芒然"犹茫茫。"忠圣"本有作"忠胜"者,盖声讹也,兹定从"圣"。"三光",日、月、星也。"四乡","乡"读如"向",谓四方也。"四封"犹四境。"宾服",协服也。《乐记》:"暴民不作,诸侯宾服。"郑注云:"宾,协也。"

"斗鸡"已见《达生篇》。"无所用于国事","国事"谓国有战事。"窃为大王薄之","为"读去声。"薄"犹轻也。"牵",引也。"上殿"、"上食","上"皆读上声。"宰人",主王膳者。"王三环之",闻庄子之说,悔愧交心,久不自宁,故环食三周,而不能坐食也。"已毕奏",奏已毕也。"服毙","服"同"伏",忿王不用,伏剑而自杀也。

渔父第三十一

此篇文字较前二篇为胜，然终见有造作之迹，义亦肤泛。郭子玄云："此篇言无江海而閒者，能下江海之士也。夫孔子之所放任，岂直渔父而已哉！"可谓能知孔子，而惜其于文之真伪未能辨也。

孔子游乎缁帷之林，休坐乎杏坛之上。弟子读书，孔子弦歌。鼓琴奏曲未半，有渔父者，下船而来，须眉交白，被发揄袂，行原以上，距陆而止，左手据膝，右手持颐，以听。曲终，而招子贡、子路二人俱对。

客指孔子曰："彼何为者也？"子路对曰："鲁之君子也。"客问其族。子路对曰："族孔氏。"客曰："孔氏者何治也？"子路未应，子贡曰："孔氏者，性服忠信，身行仁义，饰礼乐，选人伦，上以忠于世主，下以化于齐民，将以利天下。此孔氏之所治也。"又问曰："有土之君与？"子贡曰："非也。""侯王之佐与？"子贡曰："非也。"客乃笑而还行，言曰："仁则仁矣，恐不免其身。苦心劳形，以危其真。呜呼，远哉其介于道也！"

子贡还报孔子,孔子推琴而起,曰:"其圣人与!"乃下求之。至于泽畔,方将杖拏而引其船,顾见孔子,还乡而立。孔子反走,再拜而进。客曰:"子将何求?"孔子曰:"曩者先生有绪言而去,丘不肖,未知所谓,窃待于下风,幸闻咳唾之音,以卒相丘也。"客曰:"嘻!甚矣子之好学也!"孔子再拜而起,曰:"丘少而修学,以至于今,六十九岁矣,无所得闻至教,敢不虚心!"

客曰:"同类相从,同声相应,固天之理也。吾请释吾之所有,而经子之所以。子之所以者,人事也。天子、诸侯、大夫、庶人,此四者自正,治之美也;四者离位,而乱莫大焉。官治其职,人忧其事,乃无所陵。故田荒室露,衣食不足,征赋不属,妻妾不和,长幼无序,庶人之忧也;能不胜任,官事不治,行不清白,群下荒怠,功美无有,爵禄不持,大夫之忧也;廷无忠臣,国家昏乱,工技不巧,贡职不美,春秋后伦,不顺天子,诸侯之忧也;阴阳不和,寒暑不时,以伤庶物,诸侯暴乱,擅相攘伐,以残民人,礼乐不节,财用穷匮,人伦不饬,百姓淫乱,天子有司之忧也。今子既上无君侯有司之势,而下无大臣职事之官,而擅饰礼乐,选人伦,以化齐民,不泰多事乎!

"且人有八疵,事有四患,不可不察也。非其事而事之,谓之摠;莫之顾而进之,谓之佞;希意道言,谓之谄;不择是非而言,谓之谀;好言人之恶,谓之谗;析交离亲,谓之贼;称誉诈伪,以败德人,谓之慝;不择善否,两容颊适,偷拔其所欲,谓之险。此八疵者,外以乱人,内以伤身,君子不友,明君不臣。所谓四患者:好经大事,变更易常,以挂功名,谓之叨;专知擅事,侵人自用,谓之贪;见过不更,闻谏愈甚,谓之很;人同于己则可，不同于己，虽善不善，谓之矜。此四患也。能去八疵，无行四患，而始可教已。"

孔子愀然而叹，再拜而起，曰："丘再逐于鲁，削迹于卫，伐树于宋，围于陈、蔡。丘不知所失，而离此四谤者，何也？"客凄然变容曰："甚矣子之难语也！人有畏影恶迹而去之走者，举足愈数，而迹愈多；走愈疾，而影不离；自以为尚迟，疾走不休，绝力而死。不知处阴以休影，处静以息迹，愚亦甚矣！子审仁义之间，察同异之际，观动静之变，适受与之度，理好恶之情，和喜怒之节，而几于不免矣。谨修而身，慎守其真，还以物与人，则无所累矣。今不修之身，而求之人，不亦外乎！"

孔子愀然曰："敢问何谓真？"客曰："真者，精诚之至也。不精不诚，不能动人。故强哭者，虽悲不哀；强怒者，虽严不威；强亲者，虽笑不和。真悲无声而哀，真怒未发而威，真亲未笑而和。真在内者，神动于外，是所以贵真也。其用于人理也，事亲则慈孝，事君则忠贞，饮酒则欢乐，处丧则悲哀。忠贞以功为主，饮酒以乐为主，处丧以哀为主，事亲以适为主，功成之美，无一其迹矣。事亲以适，不论其所以矣；饮酒以乐，不选其具矣；处丧以哀，无问其礼矣。礼者，世俗之所为也；真者，所以受于天也，自然，不可易也。故圣人法天贵真，不拘于俗。愚者反此，不能法天，而恤于人；不知贵真，录录而受变于俗，故不足。惜哉！子之蚤湛于人伪，而晚闻大道也。"

孔子又再拜而起，曰："今者丘得遇也，若天幸然。先生不羞而比之服役，而身教之。敢问舍所在，请因受业，而卒学大道。"客曰："吾闻之：'可与往者，与之；至于妙道，不可与往者,不知其道,慎勿与之,身乃无咎。'子勉之! 吾去子矣!"乃刺船而去,延缘苇间。

颜渊还车,子路授绥,孔子不顾,待水波定,不闻挐音,而后敢乘。子路旁车而问曰:"由得为役久矣,未尝见夫子遇人如此其威也。万乘之主、千乘之君,见夫子,未尝不分庭伉礼,夫子犹有倨傲之容。今渔父杖挐逆立,而夫子曲要磬折,言,拜而应,得无太甚乎! 门人皆怪夫子矣! 渔人何以得此乎?"孔子伏轼而叹曰:"甚矣,由之难化也! 湛于礼义有间矣,而朴鄙之心至今未去。进,吾语女! 夫遇长不敬,失礼也;见贤不尊,不仁也。彼非至人,不能下人,下人不精,不得其真,故常伤身。惜哉! 不仁之于人也,祸莫大焉,而由独擅之。且道者,万物之所由也,庶物失之者死,得之者生,为事逆之则败,顺之则成。故道之所在,圣人尊之。今渔父之于道,可谓有矣。吾敢不敬乎!"

"缁帷之林",不言其地,司马彪注云:"黑林名也。"盖因缁黑色而想像说之,然否未敢知也。"杏坛",在鲁东门外。宋孔传《东家杂记》曰:"孔子出鲁东门,过故杏坛,曰:'兹臧文仲誓盟之坛也。'睹物思人,命琴而歌。"若《杂记》之说而信,则缁帷之林亦当是鲁东门外地。至今圣庙内杏坛,乃宋真宗乾兴间,孔道辅增修祖庙,移大殿于后,因以旧基甃石为坛,环植杏树,以杏坛之名名之,非杏坛旧址也。"孔子弦歌",与上"弟子读书",皆四字为句。"鼓琴奏曲",承上"弦歌"而言。"鼓琴",弦也。"奏曲",歌也。旧以"鼓琴"连上"弦歌"读之,非也。"须",古"鬚"字。"揄袂",摇袖也。《小戴礼记·玉藻篇》"夫人揄狄",疏云:"揄读如摇。狄读如翟。谓画摇翟之雉于衣也。"是"揄"与"摇"同。《释文》音遥,是也。"以上","上"读上声。陆高于原,故曰"距陆而止"。《尔雅·释地》:"广平曰原,高平曰陆。"是陆高于原也。"持颐",犹拄颐也。至"以听"句绝。"曲

终"二字别为句。"招子贡、子路二人俱对"者,招二人而问之,与相酬
对也。称渔父为客者,主二人之辞也。

"孔氏何治",问孔子所治何业。"饰礼乐",《论语》所谓"文之以礼
乐"也。见《宪问篇》"选人伦","选"与撰通,撰定人伦之则也。"齐民"犹
平民。"笑而还行","还"读旋,反行也,与下"还乡而立","还乡"文一
例。或读"行"字连下"言曰"为句,以为且行且言,亦非也。"危其真",
危害其真也。"介"与界同。界,隔也。"远哉其介于道",言其与道相
隔之远也。

"其圣人与","与"读欤。"杖",拄也。"挐",桡也。"引其船",引
去其船也。"乡"同向。"反走",却行也。"绪",端绪。言发其端而未
竟,故曰"绪言"。"下风",已见《在宥篇》。"咳唾之音",与《徐无鬼篇》
言"謦咳"同。"卒相丘"者,"相"读去声,助也,望其终有以裨于己也。

庄子曰:"孔子行年六十而六十化。"且曰:"使人乃以心服而不敢
蘁,立定天下之定。已乎已乎! 吾且不得及彼乎!"见《寓言篇》今此则
云:"六十九岁矣,无所得闻至教。"其非庄子之言甚明。太史公曰:"庄
子作《渔父》、《盗跖》、《胠箧》以诋訾孔子之徒,以明老子之术。"夫庄子
何尝诋訾孔子之徒哉!《渔父》、《盗跖》诸篇之非庄作,史公且不能辨,
却又何怪于郭子玄辈乎! 抑岂徒郭子玄而已,苏子瞻自诩能知《盗
跖》、《渔父》诸篇之剿入,而乃谓"庄子之于孔子,皆实予而文不予,阳
挤而阴助之"。见《东坡集·庄子祠堂记》今通观《庄子》全书,其予孔子而助
之者则有之矣,若挤孔子而不予之者盖未之见。然则子瞻亦牵率而漫
为之辞尔,又岂真能知庄子者! 是故欲知庄子,必于三十三篇之文孰
为庄作、孰非庄作,其非庄作者孰为合于庄旨、孰则悖于庄旨,能一一
区别之。不然,我以为庄子诬孔子者,实非庄子诬孔子,而乃我之诬庄
子也。乌乎可哉!

"经子之所以","以"犹用也。"经",司马彪云"理也",是也。"治
之美",治之盛也。"离位",出其位也。"人忧其事",人与官对,言

"人",犹民也。"无所陵",不相陵犯也。"室露","露"犹败也。"征赋",赋税也。"属"音烛,逮也。"不属",谓不及其时。"长幼"各本作长少,兹从古钞卷子本。"长"上声。"不胜任",不堪其任也。"胜"平声。"行"去声。"群下",谓下属。"美",善也。"无有"各本作不有,兹从古钞卷子本。"爵禄不持",爵禄不保也。"贡职不美",不精美也。诸侯各以其方物贡,贡之精美与否,视其工技之何若,故此先言工技不巧也。"春秋后伦"者,朝觐后于人也。春见天子曰朝,秋见曰觐。"伦",类也。"以伤庶物",耕稼之所出,畜牧之所育,皆庶物也。"不饬",不正也。"天子有司",言"天子"又言"有司"者,谓天子有司牧之责也。传曰:"天生民而立之君,使司牧之。"盖谓是也。注家区"天子"、"有司"而二之,以"有司"为"天子"之公卿,殊失之。下文云"上无君侯有司之势,下无大臣职事之官"。"大臣职事之官"与"君侯有司之势"分说,则"大臣职事之官"之非有司,明矣。天子诸侯皆民之司牧,故曰"君侯有司","君"谓天子,"侯"谓诸侯,"势"谓势位。注家但知有司之为百官,而不知此之所云非其比也。"泰多事","泰"与太同,本又作"大","大"亦读"太"也。

　　"疵",病也。"摠",总也,犹今云揽事也。"进之",谓进言。不当言而言,故谓之"佞","佞",口给也。"希意",迎合人意。"道"同导,"导言",顺之言也,故谓之"谄"。"不择是非而言",不辨是非而附和之,故谓之"谀"。"恶"读入声。好言人恶,则人未必恶,而亦以恶诬之,故谓之"谗"。因谗而使人交析亲离者多矣,故接言"析交离亲谓之贼"。"贼",贼害人也。"德人"各本作"恶人",惟张君房作"德人"。案:"德"字古从直心作"悳",与"恶"字相似,故讹作"恶"。"称誉诈伪以败悳人"者,于诈伪者称之誉之,则德人自不免遭其诬蔑,故曰"以败德人"也。今"德"误"恶",为其败恶人不可通,故《释文》音乌路反,读去声,然"败"、"恶"两字终难连属,故兹断从张君房本作"德"也。"谓之慝"者,"慝"者隐恶。入声称"誉诈伪",其恶不易见,故曰"慝"也。

"两容"犹兼容。"頰"借作夹。夹适者,各合也,与"两容"一义。"拔",擢取也,此盖依违两可之间,以图遂其私者。故曰"不择善否",又曰"偷拔其所欲"而"谓之险"也。

"好经大事",好经营大事也。"变更易常","易",平易,谓于平易庸常之法而好变更之。"以挂功名",以网取功名也。"叨",叨窃。得非其分谓之叨。"专知","知"读智,专逞其智。"侵人",陵驾人也。"贪",贪冒。夺人之有谓之贪。"不更","更"与上"变更"同,改也。"很",愎拗也;俗书从犬作"狠",非是。"矜",矜夸,其在释典谓之"贡高我慢"是也。

案:八疵四患,惟摠、佞、叨、贪根上"离位"而言,以此箴孔子,尚或近之;若其余,则君子之所不为,况于孔子! 但知繁文以为富,而不知其不切也,余所以谓其肤泛也。

"离此四谤","四谤"即上"再逐于鲁"以下四事。谓之"谤"者,己本无失,而人毁伤之,是之谓"谤"也。"难语",难与言也。"语"本或作悟,亦通。"影不离"下各本有"身"字,古钞卷子本无之,盖传写者误重"自"字,"自"与"身"形近,不知者疑为"身"误,因又改为"身"耳,兹据古钞卷子本删。"绝力",力尽也。"休影",止影也。"受与"犹取与。"好"、"恶"并读去声。

"审仁义之间"六句,极言修己处事事,精密如此,而犹不免,推其意,特将以抬高己之所欲言者耳。然其所言,不过曰"谨修尔身,慎守其真,还以物与人"三言而止。试问"以物与人",有出"察同异"、"观动静"、适取与之外者乎?"修身",有出仁义之外者乎? 又有好恶不理、喜怒不和而能以"守其真"者乎? 若是则无累,而若彼则不免,是则百思而不能详其区别之所在也。若曰"今不修之身而求之人,不亦外乎",岂"审仁义"、"察同异"以至"理好恶"、"和喜怒",皆求之人,而非修之身者邪? 其亦浅之乎论仁义与和理者矣。

"人理"犹人伦。"事亲则慈孝","慈",爱也。爱之义可通于上下,故以"慈孝"连言。《国语·齐语》曰:"慈孝于父母。"又曰:"不慈孝于父母。"《管子·小匡篇》文同则当时谓孝为"慈孝",固习语也。"忠贞","贞",正而固也。"欢乐","乐"音洛,下仿此。"事亲以适为主","适",安也。"无一其迹"者,成功之道不必尽同也。"不论其所以","以",用也,谓所用之方也。各本"所以"上无"其"字,古钞卷子本有之,与上下三句一例,因据补。"不选其具",不择供具也。"自然不可易"者,自然而然,是以不可改易也。"不拘于俗",不为俗情拘束也。"恤于人","恤",忧也。惟忧不合于世人,是以"录录而受变于俗"也。"录录"同碌碌,一作禄禄,凡庸之称。"不足",不足于己也。"蚤"通早,故本亦作早。"湛"与耽同。《小雅·常棣》之诗:"和乐且湛。"《中庸》引作"和乐且耽"。"湛于人伪",谓耽溺于人伪也。此段言真者精诚之至、天人真伪之分,颇见精湛。若言节取,则亦不可废也。

"不羞",言不以为辱。"比之服役","役"如《庚桑楚篇》"老聃之役"之"役",犹云置之弟子之列也。"身教",亲教也。"舍",居舍。"可与往者","往"犹适也。《论语》曰:"可与共学,未可与适道。"见《子罕篇》此云"往",与彼言"适"略同矣。顾此云"至于妙道不可与往者"何?道而曰妙,则《易·系传》所谓"神无方而易无体"。此已到"化"与"权"之境地,惟有自证自悟,非教者之所可与为力,故《论语》于"适道"犹言"可与适道",而于"权"则极其至亦只曰"未可与权",不能有所加也。"与之"、"慎勿与之",两"与"字皆训许,与"与往"之"与"不同。旧读"与之至于妙道"为句,"不可与往者"连下"不知其道"为句,并非。"与之"、"勿与之",文正相对,不能有两样读法也。"刺船","刺"音戚,撑也。

"旁",车旁,读去声,与傍同。"如此其威","威",敬畏也。万乘、千乘,"乘"皆读去声。"分庭伉礼","伉"与抗同。古者宾主之礼,主迎宾于门,宾由庭之西蹑西阶而升堂,主由庭之东蹑阼阶而升堂。其入门及升阶皆相揖,是之谓"分庭"。升堂之后,宾让主亦让,宾拜主亦拜,是之谓"伉礼"。盖言以宾主之礼相接,而非以君臣之礼见也。"夫子犹有倨傲之容",此亦过言也。子曰:"君子泰而不骄。"又曰:"君子无众寡,无小大,无敢慢。"见《论语·尧曰篇》至子贡之说"夫子至于是邦,必闻其政",则曰:"夫子温良恭俭让以得之。"见《学而篇》由是言之,夫子安得有倨傲之容乎!"逆立",对立也。"要",腰之本字。"磬折",如磬之折曲腰貌也。"言拜而应","言"字当略顿,谓渔父有言,则必拜而后应也。"怪",以为异也。

"湛于礼义有间矣","湛",渐渍之义。"有间",谓久也。"朴鄙",犹鄙野也。"遇长","长"上声。渔父须眉交白,视孔子为长也。"彼非至人,不能下人","彼"谓渔父。此"下人"犹言服人。盖使人为之降下,即所以服人也。"下人不精,不得其真",此"下人"谓下于人,承上"尊贤"言。"不精",不专精也。"不得其真",不得其诚也。不诚则失己,故长伤身。"擅之"犹据之也。"今渔父之于道可谓有矣","有"与"在"同义,谓即道之所在,故曰"吾敢不敬乎"!

列御寇第三十二

此篇多记庄子之言，且及庄子之死，自是庄子门下所作，然大义则与庄子无悖也。

列御寇之齐，中道而反，遇伯昏瞀人。伯昏瞀人曰："奚方而反？"曰："吾惊焉。"曰："恶乎惊？"曰："吾尝食于十餐，而五餐先馈。"伯昏瞀人曰："若是，则女何为惊已？"曰："夫内诚不解，形谍成光，以外镇人心，使人轻乎贵老，而齑其所患。夫餐人，特为食羹之货，多余之赢，其为利也薄，其为权也轻，而犹若是，而况于万乘之主乎！身劳于国，而知尽于事，彼将任我以事，而效我以功，吾是以惊。"伯昏瞀人曰："善哉观乎！女处已，人将保女矣。"无几何而往，则户外之屦满矣。伯昏瞀人北面而立，敦杖蹙之乎颐。立有间，不言而出。宾者以告列子，列子提屦，跣而走，暨乎门，曰："先生既来，曾不发药乎？"曰："已矣。吾固告女曰：'人将保女。'果保女矣。非女能使人保女，而女不能使人无保女也，而焉用之感豫出异也！

必且有感,摇而本才,又无谓也。与女游者,又莫女告也,彼所小言,尽人毒也。莫觉莫悟,何相孰也!巧者劳而知者忧,无能者无所求,饱食而敖游,泛若不系之舟,虚而敖游者也。”

“伯昏瞀人”,即伯昏无人,已见内篇《德充符》及外篇《田子方》,其于列子,盖在师友之间者也。“方”,事也。“奚方而反”,问何事中道而反也。《易·复卦·大象》“后不省方”,王弼注云:“方,事也。”“饮”亦作浆,字同。《周官·天官·酒正》辨四饮之物,三曰浆,四曰酏。郑注:“浆,今之䤖浆也。酏,今之粥。”䤖音代《玉篇》:“䤖,释米汁也。”然则浆若今米汤矣,故《周官》与“酏”并列。《说文》云“浆,酢浆”者,盖其味微酸,故曰酢浆也。此云“饮”,则指卖饮家言。“五饮先馈”者,十家之中,见己而先进饷者过半,郭注云“言其敬己”,是也。

“内诚不解”,“解”如《庚桑楚篇》言“冰解冻释”之“解”,盖诚而自矜其诚,中有症结未化,故曰“内诚不解”。“形谍成光”,“谍”与渫同义,已见《人间世篇》“法而不谍”注。“形谍”者,其未化之诚,由形而外渫。渫即泄也所谓“以阳为充,孔阳者,是之谓成光”,非“宇泰定者,发乎天光”之“光”也,故以“外镇人心,使人轻乎贵老”,“镇”之为言镇服也。“贵老”犹言爵齿。孟子曰:“天下有达尊三:爵一,齿一,德一。”见《公孙丑篇》列子爵齿并非尊,徒以仪容之盛使人敬而畏之,反驾于齿爵之上,而视贵者、老者为轻。若是,则与“人见其人,人舍天助”者迥乎异矣。“人见其人,人舍天助”,与“宇泰定者,发乎天光”,语并见《庚桑楚篇》。此学道者之大患也。故曰“而鳌其所患”,“而”犹乃也。“鳌”通赍。《说文》:“赍,持遗也。”赍与馈对言。谓饮之先馈,实即持其所患而以见遗也。“食羹之货”,所货者食羹也。“食”读去声。“多余之赢”,所赢者多余也。“多余”犹残余。“多”非众多之多也。“为利也薄”,承“多余之赢”言。“为权也轻”,承“食羹之货”言。“而犹若是”,犹敬我若是也,而况万乘之主。“身劳于国”,其权重也。“知尽于事”,其利大也。“知”读智。

使其敬我,则"将任我以事,而效我以功"。"效",责效也。夫当乱世,事未可任,而功难为效也,乌能无惊!是所以之齐而中道遂反也。

"善哉观乎",嘉其观身之密也。"女处已","已",语辞。令其止舍也。旧读"已"为人、己之"己"者,误。"人将保女"者,司马彪云:"保,附也。"是也。言人将归附于女也。

"无几何而往","往"者,伯昏瞀人往之御寇所止之舍也。"户外之屦满矣"者,言来谒者之众也。"北面而立",面户而立也。"敦杖",以杖顿地也。古矛戟下铜鐏平底者,谓之镦。《礼记・曲礼》"进矛戟者前其镦",郑注:"平底曰镦,取其镦也。"取其镦云者,即取其顿也。观此,知"敦"之为顿,音同而义亦同矣。"蹙",迫也。"蹙之乎颐",拄其颐也。"宾"读去声,字亦作"傧"。"宾者",谓通宾客者。"提屦趹走",迫不及著屦也。"暨乎门",至门而后相及也。"曾不发药"者,望瞀人有药石之言以规己也。

"非女能使人保女,而女不能使人无保女也",此意极细极密,注者鲜能发之。盖御寇惊于五饔之先馈,已知"形谍成光"之非,固已极力敛退,而不敢少有炫露于人,所以瞀人云:"非女能使人保女。"此犹前"善哉观乎"之意,许之之辞,非责之也。若曰"女不能使人无保女",此则所以进之,所谓发药也。"使人无保女"云者,即庚桑楚"藏身不厌深眇"之意,非特不欲人知,亦且令人无得而知之。其道奈何?曰:虚而已矣。虚则无迹,无迹则虽以神巫季咸之神将莫得而相之,况常人哉!故末云"虚而敖游者也"。"虚而敖游",即"虚而与之委蛇"之谓。见《应帝王篇》此极关紧要文字。晚出《列子・黄帝篇》采用此文,乃截至"何相孰也"为止,而将末段略去,遂使瞀人发药之言失其肯綮。而注《庄子》者,以此至疑"巧者劳而知者忧"以下为《庄子》所增,如王先谦《集解》即如此贻误读者,莫此为甚。吁,可叹也!

"而焉用之感豫出异也"九字为句,"而"犹尔也,"之"犹此也。至人藏身之固,大抵主应不主感,故《应帝王》以"应"名篇,而曰:"至人之用心若镜,不将不迎,应而不藏。"又曰:"女又何㴀以治天下感予之心为!"夫治天下大事也,尚且不可以感其心,而况与人酬酢之间乎! 而况感不待时而又豫发乎! 故曰"感豫出异"。即此"感豫",便是"出异"。"出异",则《庚桑楚篇》所谓"杓之人"者,与"和光同尘"之道适相背驰,故曰而焉用此也。

"必且有感"句。"必且",必将也。若必以为感不可无,则亦只有"摇而本才"而已。"本才"者,性性也。故一本"才"作性。而于人则未始有益,故曰"又无谓也"。"谓"与为通。"无谓"者,无所为于人也。为,去声。不能为人,斯人亦无以益女,故曰"与女游者,又莫女告也,彼所小言,尽人毒也"。"告"如忠告善道之告,音谷。忠告善道,见《论语·颜渊篇》。"毒"对发药言,意谓女但知求药,而不知日中人之毒,则药又何用也! 谓之"小言"者,《齐物论》所谓"小言詹詹",多言而枝,反害于大道者也。"莫觉莫悟,何相孰也",曰"相孰"者,兼人己而言。己无以为人,是己莫觉悟人;人无以告我,是人莫觉悟我,故曰"何相孰也"。"孰",古"熟"字。熟者成也。言不能相与有成也。盖当时户外屦满,多为问学讲习而来,而列子亦必有以是自任之意,故詈人之言如此。

"无能",非实无能也,犹《消摇游》之言"无所可用"、《人间世》之言"无用之用"。郭象注云:"无其能者,惟圣人耳。"可谓能得其意矣。"无所求",即是无感。"饱食而敖游","敖"与遨同。此不得作饱食而嬉会。"饱食"者,内足于己。"敖游"者,外不滞于物。内足于己,所以成己;外不滞于物,所以成物也。"泛若不系之舟,虚而敖游者也",归结一"虚"字。虚则无应无不应,更何言感与不感哉!

郑人缓也,呻吟裘氏之地,只三年,而缓为儒,河润九里,泽及三族。使其弟墨。儒墨相与辩,其父助翟。十年,而缓自杀。其父梦之,曰:"使而子为墨者,予也。阖胡尝视其良,既为秋柏之实矣?"夫造物者之报人也,不报其人,而报其人之天。彼故使彼。夫人以己为有以异于人,以贱其亲,齐人之井饮者相捽也。故曰:"今之世皆缓也自是。"有德者,以不知也,而况有道者乎! 古者谓之遁天之刑。圣人安其所安,不安其所不安;众人安其所不安,不安其所安。

"郑人缓",郑人而名缓也,取名曰缓者,儒之为名本有濡缓之义,故名之为缓,此自寓言,未必实有其人也。"呻吟"犹诵读。《礼·学记》云"今之教者,呻其占毕"是也。"裘氏",郑地名。"只三年",适三年也。"而缓为儒",谓学儒而儒名成也。"河润九里",乃比况之辞。"泽及三族",儒成而三族蒙其泽也。缓既获为儒之利,复欲兼收为墨之利,因使其弟学墨。而儒墨之术不同,弟学墨成,遂与兄辩。不曰弟兄相与辩,而曰"儒墨相与辩"者,以见是非之争起于所习。敌对既成,则无复有友于之好。"其父助翟","翟"本墨子之名,今以名其弟,益知其为寓言矣。"十年而缓自杀",盖辩而不胜,悔不当使弟习墨以自树敌,遂自杀也。故其父梦之曰:"使而子为墨者,予也。"观此一言,其悔恨之意显然。旧注以为自杀出于怨父助弟,殆不然也。不曰弟而曰"而子"者,儒之教在人伦,至是而人伦荡灭已尽,缓亦自背其儒,则是非之争,为祸之烈,不难于文外见之。

"阖胡尝视其良,既为秋柏之实矣","阖"与盍同。"胡"亦盍也。"阖胡"叠言,犹"尝试"叠言,"庸讵"叠言也。见《齐物论篇》"秋"借作楸。《人间世篇》云:"宜楸柏桑。"彼言"楸柏",此言"秋柏",一也。楸、柏皆材之良者,故曰"何不试视其良"。"良"以自谓。秋柏云"实",以喻学术之成。盖死而胜心犹在,故以夸示于父,忿其不识己而反助翟也。《释文》读"良"为埌,以秋柏为墓上之木,且缓自杀便见梦于父,坟土未干,安得墓木已实! 以比况为实语,谬误之至。旧注多从之,非也。

"夫造物者之报人也"以下,为作者之辞。"不报其人而报其人之天"者,泽及三族,以至自杀,皆所以报其人,此非报也。父子兄弟无复亲亲之谊,至死而犹怨恨不解,斯所以"报其人之天",是乃真报也。然所以若是者,非造物之为之,而实自取之,故曰"彼故使彼"。上"彼","彼"是人;下"彼","彼"是事。谓有是人所以有是事,是所谓报也。"夫人以己为有以异于人",儒以为胜于墨,墨以为胜于儒,皆是也。其卒也,虽以亲之尊而不免于贱之。若是,则一身之外无往而非敌,亦无往而不争,与常人之无知,恒以细故而忿斗何异!故以齐人之井饮相捽为喻。"齐人"犹齐民也。"井饮",饮于井也。"相捽"者,争水之故,持人发而互殴也。"故曰今之世皆缓也自是"十字为句,谓今之世人其自是皆与缓同,盖倒文。旧以"自是"属下"有德者"读,失之。"有德者以不知也","不知"正对"自是"说。"不知"者,不知其有德也。不知其有德,所以为有德。老子曰:"上德不德,是以有德。"谓此也。有德如是,"而况有道者乎!"若夫缓之自是,动与天倍,"古者谓之遁天之刑"。"遁天之刑",已见《养生主篇》。与天倍,即与养生倍也。"圣人安其所安",安其生之所安也。"不安其所不安",不安其生之所不安也。生之所安,天之所安也;生之所不安,天之所不安也。而众人反是,所以曰造物者之报人,不报其人而报其人之天也。

庄子曰:"知道易,勿言难。知而不言,所以之天也;知而言之,所以之人也。古之人天而不人。朱泙漫学屠龙于支离益,单千金之家,三年技成,而无所用其巧。圣人以必不必,故无兵;众人以不必必之,故多兵。慎于兵,故行有求兵,恃之则亡。小夫之知,不离苞苴竿牍,敝精神乎蹇浅,而欲兼济道物,大一形虚。若是者,迷惑于宇宙,形累,不知太初。彼至人者,归精神乎无始,而甘冥乎无何有之乡。水流乎无形,发泄乎太清。悲哉乎女为! 知在毫毛,而不知大宁!"

"勿言",谓默也。子曰:"默而识之。"见《论语·述而篇》又曰:"默而成之。"见《易·系辞传》学未有不以默而成者,故曰"知道易,勿言难"也。"之",往也,向也。"之天",谓与天合也。"之人",谓与人合也。诚者天之道,与天合则诚;人者人为,与人合则伪,故曰"古之人天而不人"。

"朱泙漫"、"支离益",皆假托之名。"泙漫"犹汗漫。汗漫、支离,皆不人之喻。"屠龙"以喻为道。"单"同殚,尽也,竭也。殚千金之家,以喻竭其才。"竭才",语见《论语·子罕篇》。"技成而无所用其巧",道本无巧可用也。有巧可用,则人而不天,即非道矣。

"必不必",承上言。必可用而不必用,是之谓"以必不必"。不必可用而必用之,是之谓"以不必必之"。"兵"者争也。"慎"借作顺,古慎、顺同音通假,《荀子·修身篇》:"术顺、墨而精杂污。""顺、墨"即"慎、墨",谓慎到、墨翟,是其证也。故此《释文》云:"慎或作顺。"顺于兵者,从于争也。从于争,故"行有求"。求者必得,所以"以不必必之"也。"兵恃之则亡",盖安其所不安而欲求安,未有能得之者。其垂戒也深矣。

"小夫之知","知"读智。"苞苴",古者馈人鱼肉之类,用茅苇之叶,或苞之,或藉之,故曰"苞苴"。"竿"与简通。《诗·小雅》"秩秩斯干",毛《传》:"干,涧也。""干"通"涧",则知"竿"通"简"矣。简牍用以问候。苞苴、简牍,皆人事之琐细者,不离乎此,极言其智之小也,故曰"敝精神乎蹇浅"。"敝",劳敝。"蹇",短也。蹇本义跛也,跛者一足短,故蹇有短义"而欲兼济道物,大一形虚"十字当一句读。"道"读如字,旧作"道"解,误。"济",成也。成道复成物,故曰"兼济"。"大一"与"兼济"文对。《徐无鬼篇》曰:"大一通之。"此"大一"作动字用,即通之之义,犹言一贯也。"形"承"物"言。"虚"承"道"言。故"大一形虚"者,谓取形与虚而一贯之,此岂小夫之知所能及!故曰"若是者,迷惑于宇宙,形累不知太初"。"宇宙",详见《庚桑楚篇》。宇宙本虚,而或视以为有形之物,则何得不迷!何得不惑!既为形所累矣,又何得而知夫太初之无有无名哉!"太初"即泰初,详见《天地篇》。

若夫至人则不然。"归精神乎无始",则与"敝精神乎蹇浅"者迥异矣。归之为言复也。复于无始,所以之天也。"甘冥乎无何有之乡",则与"迷惑于宇宙"者又异矣。"无何有之乡",见《消摇游篇》。冥之为言寂也。寂则虚,所以无形累也。若是,则不言兼济自有兼济之功,不言一贯自契大一之妙,故曰"水流乎无形"。"水流"者,以水喻道。"流乎无形",无所不到也。虽无所不到,而其发泄者,皆如太清之无染无著,故又曰"发泄乎太清"。"太清"见《知北游篇》。彼文作"泰清",有曰:"泰清卬而叹曰:弗知乃知乎!知乃不知乎!孰知不知之知?"孰知不知之知,所以"知道易,勿言难"也。

"悲哉乎女为","为"字句绝,"女"谓小夫。"女为"者,女之所为也。小夫自谓知出众人之上,而所知区区在苞苴、简牍之间,即与众人何别!知小而谋大,其不胜任必矣,是以悲之。"知在毫毛,而不知大宁"者,"在",察也。"大宁"者,大安之道。言其察细而不见大,亦归于安其所不安而已。

宋人有曹商者,为宋王使秦。其往也,得车数乘;王说之,益车百乘。反于宋,见庄子,曰:"夫处穷闾厄巷,困窘织屦,槁项黄馘者,商之所短也;一悟万乘之主,而从车百乘者,商之所长也。"庄子曰:"秦王有病,召医:'破痈溃痤者,得车一乘;舐痔者,得车五乘;所治愈下,得车愈多。'子岂治其痔邪?何得车之多也?子行矣!"

此举曹商者,亦以见小夫之知,其所为卑下,为可悲之甚也。"宋王",宋王偃也。"为"读去声。"乘",一车四马。"乘"亦读去声。"王说之","王",秦王也。"说"读悦。"益",加赐也。古者问士之富,以车数对,见《礼记·曲礼篇》今有车百乘,则富与大夫侔矣,故见庄子而骄之。

585

"处",居也,读上声。"闾",里门。"阨"通隘,狭也。"织屦",谓编屦而
售之以为生也。"槁项",颈枯瘦。"黄馘",面黄败也。"馘"音洫。"从
车","从"读去声。"召"同诏。下文得车一乘、五乘,乃诏辞也。"痤"
亦痈类。"破"、"溃",皆言抉也。"痔",隐疮。"舐",䑛之别体,音士,
今所谓舓也。"治"读平声。"治其痔",治痔而得愈,意即谓舐之。"子
行矣",斥之使去也。"秦王",旧云秦惠文王,以其时考之,当是也。

　　鲁哀公问乎颜阖曰:"吾以仲尼为贞幹,国其有瘳乎?"
曰:"殆哉,圾乎仲尼!方且饰羽而画,从事华辞,以支为旨,
忍性以视民,而不知不信,受乎心,宰乎神,夫何足以上民!
彼宜女与予颐与,误而可矣。今使民离实学伪,非所以视民
也,为后世虑,不若休之。难治也。施于人而不忘,非天布
也。商贾不齿,虽以事齿之,神者不齿。为外刑者,金与木
也;为内刑者。动与过也。宵人之离外刑者,金木讯之;离内
刑者,阴阳食之。夫免乎外内之刑者,唯真人能之。"

　　"鲁哀公",已见《德充符篇》。"颜阖",已见《人间世》、《达生》、《让
王》诸篇。据《让王篇》云"哀公使人以币聘阖,阖避而逃之",则安得有
与哀公问答之语!知此特借阖之口,以发"华辞"、"离实"非以"视民"
一段议论。言既非阖之言,事亦非哀公、孔子之事,若认以为此阖阻哀
公之用孔子,真痴人前不得说梦者矣。"贞"同桢。"幹"借作榦。桢
榦,古筑墙之具,当墙两端者为桢,夹墙两侧者为榦。以仲尼为桢榦,
喻言以仲尼为辅相也。"国其有瘳乎",问国将可治不也。

　　"殆哉圾乎仲尼"句,"圾"与岌同。殆、岌皆危,已见《天地篇》。
"饰羽而画",喻下"从事华辞",如画羽而饰之,反失其自然之好,故曰
"以支为旨"。"支"如《礼·表记》"辞有枝叶"、《易·系传》"其辞枝"之
枝。"旨",美也。以支为美,极形其不当也。旧解"旨"作意旨,误。

"忍性"犹言矫情。"视"同示。矫情以示民,是饰伪也,故曰"不知不信"。"不信",不诚也。"受乎心,宰乎神",申言所以不知不信之故。心对性言。性本不欲矫伪,而心实使之,故曰"受乎心"。然始之不信,神犹知之。神知之,其反不难也。久之习移其性,神亦听命于习,不知其为不信,而终身无反期矣,是曰"宰乎神"。上言"殆哉圾乎",其殆圾盖在乎此,故曰"夫何足以上民"。"上民",谓居民上也。

"彼宜女与予颐与"句,"误而可矣"句。"彼"指仲尼。"女",哀公也。"予",阖自谓。"宜"犹乃也。《诗·小雅·小宛篇》:"哀我填寡,宜岸宜狱。"王念孙曰:"宜岸宜狱,即乃犴乃狱。"是其证也。上"与"读如字,下"与"为语辞,读平声。旧以上"与"字断句,亦读平声,非是。"颐",养也。"而"犹则也。意谓若仲尼以此为女与予之养,其误则犹可也。以反跌下文"使民离实学伪"之为不可。于此下"颐(养)"字者,盖所云"饰羽而画,从事华辞",皆以儒家之礼文繁缛而言。而在儒家,则视礼为寻常日用养身之所不可少,故荀子曰"礼者养也",又曰"孰知夫恭敬辞让之所以养安也,孰知夫礼义文理之所以养情也",以是推之,此颜阖之言固有所为而发,非漫为之辞也。注者不察,仅依文字为说,所以迂曲缴绕而卒莫能通也。

"离实学伪","实"谓信也,亦即性也。"伪"谓华辞、忍性,亦即谓礼,老子曰:"礼者,忠信之薄而乱之首,前识者,道之华而愚之始。"又曰:"大丈夫处其厚不处其薄,居其实不居其华。"然则此之所言,固犹是老氏之旨耳。"为后世虑,不若休之","休之",止之也。又言"难治也"者,《在宥篇》云:"闻在宥天下,不闻治天下也。"故"难治"犹云不可治。郭注"治之则伪,故圣人不治",是也。

"施于人而不忘"以下,注家多别分节,案其意,实与上相连贯,故今合之。"施于人",谓施于民也。"不忘",谓责报也。施于民而责其必报,是治也,非在宥也。在宥则循其性,治则拂其性,循其性是用天,拂其性是用人,故曰"非天布也"。"天布"犹言天行。责报者,商贾之

587

道,故曰"商贾不齿"。"不齿"者,不道诸口,所以贱之也。然为国家者,商贾亦所不废。虽所不废,而于人之性天,即未有以商贾为可贵者,故曰"虽以事齿之,神者不齿",此"神"即上"宰乎神"之"神"。以此知其文意之未始不属矣。

"为外刑者,金与木也","金"谓刀锯、斧钺,"木"谓捶楚、桎梏。"为内刑者,动与过也","动"谓得已而不已,"过"谓及时而失时。"宵人"即小人。"离"同罹。"讯之",谓案问之。"食"犹"蚀"也。"夫免乎外内之刑者,唯真人能之","真"对伪言,于此而言"免乎外内之刑者",犹《养生主》之言"无近刑"、《在宥》之言"阴阳并毗伤人之形"。盖养生为国,无有二道。所以释上"颐食"之旨,亦所以答哀公"国其有瘳"之问也。

孔子曰:"凡人心险于山川,难于知天;天犹有春秋冬夏旦暮之期,人者厚貌深情。故有貌愿而益,有长若不肖,有顺懁而达,有坚而缦,有缓而钎。故其就义若渴者,其去义若热。故君子远使之,而观其忠;近使之,而观其敬;烦使之,而观其能;卒然问焉,而观其知;急与之期,而观其信;委之以财,而观其仁;告之以危,而观其节;醉之以酒,而观其则;杂之以处,而观其色。九征至,不肖人得矣。"

继颜阖之言之后,而详记孔子"九征"之说,则知上文之诽议仲尼者,非实诽议仲尼矣。"厚貌深情","深"、"厚"皆言其难测。"愿",谨愿也。"益"从水在皿上,本满溢字,后用为损益之益,满溢乃加水傍。此言"貌愿而益",谓貌若谨愿而中实自满也。"有长若不肖","长"读平声,谓外似不肖,而其才实长也。旧读"长"为上声,解作长者,长者不得但云长,犹小人不得但云小也,故不从。"顺"与慎同。"懁"即狂狷之狷。《论语》作"狂狷",《孟子》作"狂獧",见《尽心篇》。狷者有所不为,故以

"慎狷"连言。"达"如《国风·子衿》之诗"挑兮达兮"之达,乃狷之反,故曰"有顺懁而达"。"缦",缓也。貌坚强而内濡缓,曰"坚而缦"。貌和缓而内卞急,曰"缓而钎",《释文》"钎,急也",是也。"其就义若渴者,其去义若热",始则趋义甚急,始则去义亦速。前五者言内外不如一,此则言终始不如一也,于是而有"九征"之法。"征",验也。验之以九事,故谓之"九征"。

曰"忠",谓不贰也。曰"敬",谓不怠也。《逸周书·官人篇》云:"远之以观其不贰,迩之以观其不倦。"《大戴礼记·文王官人篇》同,可参看。曰"能",谓不乱也。《周书》云"烦之以事以观其治",《大戴记》无"以事"二字。曰"知",读智谓不昏也。"卒然"同猝然。《周书》云"设之以谋以观其知",《大戴记》作"絜之以观其知","絜"者度也。曰"信",谓不背也。"期",约。"急",骤也。《周书》云"考之以观其信"。《大戴记》同。曰"仁",谓不贪也。《周书》云"淹之以利以观其不贪",《大戴记》同。淹谓久也。曰"节",谓不屈也。《周书》云"示之难以观其勇",《大戴记》同。勇、节义近。"告"犹示也。曰"则",谓不失也。《周书》云"醉之以观其恭",《大戴记》作"醉之以观其不失也"。恭则不失,不失为是有则。曰"色",谓不荒也。《周书》云"滥之以乐以观其不荒",《大戴记》:"滥"作"蓝","不荒"作"不宁","不"疑衍文。"色"与上"则"字对。"则"者仪则,就一身言。"色"者颜色,就见于面者言。或作好色之色解,非也。"处"读上声。"杂之以处",谓任其杂处,故与"滥之以乐"相当,乐,欢乐也。"九征至,不肖人得矣"者,此"不肖"与上"不肖"异,上"不肖"谓愚不肖,此"不肖"则取不似本义,指内外终始不如一言。"得"者,得其真实,谓无复可掩饰也。

正考父一命而伛,再命而偻,三命而俯,循墙而走,孰敢不轨! 如而夫者,一命而吕钜,再命而于车上儛,三命而名诸父,孰协唐、许! 贼莫大乎听有心,而心有睫,及其有睫也,而内视,内视而败矣。凶德有五,中德为首。何谓中德? 中德也者,有以自好也,而呲其所不为者也。穷有八极,达有三必,形有六府。美、髯、长、大、壮、丽、勇、敢,八者俱过人也,因以是穷。缘循、偃佚,困畏不若人。三者,俱通达。知慧外通,勇动多怨,仁义多责。达生之情者傀;达于知者肖;达大命者随,达小命者遭。

"正考父",宋卿,尝事戴、武、宣三公,于孔子为七世祖。此文即本其《鼎铭》,详见《春秋》昭公七年《左氏传》。"一命"为士。"伛",背曲也。"再命"为大夫。"偻",腰曲也。"三命"为卿。"俯",身近地也。"循墙而走",不敢当正路。皆言其恭也。"孰敢不轨","轨"犹法也,言不敢不循法。《鼎铭》本文作"亦莫予敢侮"。谓其恭如是,人亦莫敢侮之。此改作"孰敢不轨"者,意在循法为重,以见"如而夫者"之憯无法纪,非原文义也。郭注:"言人不敢以不轨之事侮之。"仍依原文义为释,失之矣。

"而夫",犹云若人,盖指当时在位者言,贱之之辞也。"吕",膂本字,《说文》云"脊骨也"。"钜"通巨,大也,强也。脊骨强大,言其不能伛偻,骄肆之状也。"僛"与舞同。大夫则有乘轩,故曰"于车上舞",骄极而忘形,近于颠狂矣。"诸父",伯父、叔父也。"名诸父",于伯叔而呼其名,无礼之至也。"唐",唐尧。"许",许由。皆视天下为轻者。"协",同也,比也。"孰协唐、许",与"孰敢不轨"文对,亦托之"而夫"之口,谓唐、许何足与比!盖极形其无状。

旧注谓其不知比同于尧、由。夫若人之非尧、由之比,更何待言?作者何取下此评语?唯出于彼口,骄昏之态乃毕见,是不评之评也,故接曰"贼莫大乎德有心,而心有睫"。"德"者得也,非道德之谓。若名若位,凡有所得,不能浮云视之,而胶著乎心,是为"德有心"。"睫",目毛也。睫所以护目,故目不可无睫。然目外视而心内视。内视而有睫,则反妨其明矣,故心之有睫,心之害也。吕惠卿《庄子义》以心有眼解之，后之注家沿用吕说，非也。睫非眼，安得谓有睫为有眼乎！且下文云"及其有睫也而内视，内视而败矣"，味"及其有睫"之文，是内视者本不得有睫也，故曰"内视而败矣"。"内视而败"，内视则败也。

《消摇游篇》庄子谓惠子曰："夫子犹有蓬之心也夫。""心有睫"，亦蓬之心之比，故下云"凶德有五，中德为首"。"中德"者，心德也。"五"者，耳、目、口、鼻、心。谓之"凶德"，所谓"贼"也。其贼奈何？则曰"有以自好也而呰其所不为者也"。"好"读去声。"自好"犹云自得，如上之"吕钜"、"而于车上儛"即其所以自得，而云"孰协唐、许"，则"呰其所不为者也"。"呰"各本作吡，《释文》亦作"吡"，然郭注云："吡，訾也。"字之从言者，或从口，如"诃"之与"呵"、"诟"之与"听"皆是，故郭云然，明"比"为"此"字之阙，故宋崇文本与道藏本皆作"呰"，兹从之。

"穷有八极"，"极"如《尚书·洪范》"五福六极"之极，福之反也。所以谓之极者，美、髯、长、大、壮、丽、勇、敢八者皆生质之美，世人固以之为福矣，故矫而称之曰"极"。昔者桀、纣长巨姣美，天下之杰也，筋力越劲，百人之敌也，见《荀子·非相篇》然而丧其天下；智伯美鬓长大，强毅果敢，射御足力，贤于人者有五，见《国语·晋语》然而覆其宗族，则谓之凶极，孰曰不宜！

"达有三必"，"必"，言其必然也。"缘循"犹因循。"偃佒"犹偃蹇。"佒"音盎。"困畏"犹畏慎。皆甘后人而不为先者也，故曰"不若人"。"不若人"，与上"过人"文对。"三者"别为句。或以与"困畏"字连读者，非也。"达"如《论语》"在邦必达，在家必达"之达。见《颜渊篇》谓可行之天下无阻，故曰"通达"，非显达之谓也。

"形有六府"，"形"借作刑，即上节内刑、外刑之刑。"府"者聚也。六者刑之所聚，故曰"六府"。"知"读智。"知慧外通"，郭注云："通外，则以无涯伤其内。"无涯者，《养生主篇》所云"生也有涯，而知也无涯，以有涯随无涯，殆已"者也。伤其内，是内刑也。"勇动多怨，仁义多责"，怨责来之自外，难非金木，亦外刑也。是刑之六府也。

成疏谓"八极、三必、穷达,犹人身有六府矣",固误之甚。若宣颖《南华经解》以知慧、勇动、仁义当六府之三,而以达生、达知、达命合为三者以足之。不知"达生之情"四句,乃总结"正考父"以下之文。其曰生、曰知、曰命,正本《达生篇》"达生之情者不务生之所以为,达命之情者不务知之所无奈何"以为说,岂为"形有六府"作注脚者哉!盖由不识"形"之为刑,故不得其解,虽宛转迁就,为之比附,而终不可通也。

"达生之情",则知一命、再命乃至三命,皆生之所无以为,即何至于吕钜、何至于车上偻、更何至于名诸父,故曰"傀"。读块,平声。"傀"者,块然独以其形立,而富贵、贫贱不能稍摇撼之也。"达于知",则知知有不可得而奈何者。不外通而内视,内免于凶德,外免于刑责,故曰"肖"。"肖"者不肖之反,而内外始终可渐至于一如也。至若达命,又分大小者,《孝经援神契》云:"有受命以任庆,有遭命以谪暴,有随命以督行。"见《小戴礼记·祭法篇》,孔颖达《正义》引或穷或达,皆曰是所以督吾行也,行读去声吾惟益修吾德而已,是之谓"随",是为"达大命"。"达大命"者,达命之本原者也。有德而人不之尊,有才而世不之用,曰吾命之所遭然也,吾惟安之而已,是之谓"遭",是为"达小命"。"达小命"者,可以安命,而非能致命者也。"致命",见《人间世篇》。知夫大命、小命之分,则于"达命之情"庶几无失已。

人有见宋王者,锡车十乘,以其十乘骄稺庄子。庄子曰:"河上有家贫,恃纬萧而食者,其子没于渊,得千金之珠。其父谓其子曰:'取石来锻之!夫千金之珠,必在九重之渊,而骊龙颔下。子能得珠者,必遭其睡也。使骊龙而寤,子尚奚微之有哉!'今宋国之深,非直九重之渊也;宋王之猛,非直骊龙也。子能得车者,必遭其睡也。使宋王而寤,子为鏖粉夫!"或聘于庄子。庄子应其使曰:"子见夫牺牛乎?衣以文绣,食以刍叔,及其牵而入于太庙,虽欲为孤犊,其可得乎!"

举此二事,见达生、达知、达命三者之不可无也。宋人则全不达者,故以庄子之事作为对照。则庄子不独言之,亦且身行之。何也?其所知者深也。"锡",赐也。"骄稗"连文,稗亦骄也。"纬",编也。"萧",蒿类,俗谓之荻蒿,可编以为畚萆之属。"恃纬萧而食者",倚此以为生也。"没",潜水也。"千金之珠",珠之值可千金者。"锻"音段,《释文》谓槌破之,是也。"九重之渊","重"读平声。渊之深至九重也。"骊",黑色。"颔下",颐下也。"奚微之有",言将被噬,无些微之余也。"鳌",碎也。"鳌粉",意谓遭其菹醢。"宋王",王偃,本暴君,故庄子言之如此。曰"宋国之深","深"谓不测。曰"宋王之猛","猛"即谓暴也。

"或聘于庄子",据《史记》为楚威王闻周贤,使使厚币迎之,许以为相。见《老庄列传》兹云"或"者,轻之,故不欲详之也。"其使","使"字读去声。"牺牛",祭祀所用。谓之"牺"者,以其色纯也。牺牛在祭前养之三月,故曰"食以刍叔"。"食"读饲。"刍",草也。"叔"同菽,大豆也。将杀以祭,则用绨绣覆之,故曰"衣以文绣"。"衣"读去声。"大庙",祖庙,"大"读太。"犊",牛子。牺牛用犊,故曰"虽欲为孤犊,其可得乎!""孤",谓无人豢养之。

庄子将死,弟子欲厚葬之。庄子曰:"吾以天地为棺椁,以日月为连璧,星辰为珠玑,万物为赍送。吾葬具岂不备邪?何以加此!"弟子曰:"吾恐乌鸢之食夫子也。"庄子曰:"在上为乌鸢食,在下为蝼蚁食,夺彼与此,何其偏也!以不平平,其平也不平;以不征征,其征也不征。明者唯为之使,神者征之。夫明之不胜神也久矣,而愚者恃其所见,入于人,其功外也,不亦悲乎!"

庄子之排厚葬,其意盖与墨同。《墨子》有《节葬篇》可参看然观"葬具岂

不备邪"之言,与杨王孙之欲裸葬者固异,杨王孙,《汉书》有传。若便谓其
主死后弃之中野以饲乌鸢,未为能明庄子之意也。"椁",外棺也。
"璧"、"珠玑",皆殉葬之物。璧曰"连璧"者,因日月继明而言。"玑",
珠之细小者也。"赍送",谓赗赙之属。《春秋公羊传》:"车马曰赗,货财曰赙。"
盖皆所以助主人送葬者也。"赍"音鏊,遗也,装也。

　　"不平"承上"偏"字言。《尚书·洪范》曰:"无党无偏,王道平平。"
明平与偏为对立也。故曰"以不平平,其平也不平",言以偏而求平,其
平不可得而终平也。又曰"以不征征,其征也不征"者,何也? 平与不
平,必当有以验之。常人验之以明,明者人知也。而人知不足据以为
验也。以人知验,是为"以不征征",故曰"其征也不征",言其征不可得
而终信也。盖人知而听命于天知,则人知亦足以效其用。若人知为
主,而天知退处于其下,即上文所谓"受乎心,宰乎神"者,则内外之刑
并至,欲善生以善死,难矣,故曰"明者唯为之使,神者征之"。"明者唯
为之使",言可为使不可为主也。"神者征之",言用为征者,唯神为可
也。"明之不胜神",即人之不胜天也。"不胜"者,不及也。"愚者恃其
所见",恃其明也。恃其明而入于人,入于人,斯远于天矣。"其功外"
者,所谓"敝精神乎蹇浅",非徒无益,而又害之者也,故曰"不亦悲乎!"
悲不在死,而在不达于生、不达于知、不达于命也。《易·说卦》曰:"穷
理尽性,以至于命。"不达于知,何以穷理! 不达于生,何以尽性! 不达
于命,更何以至于命乎!"以不平平"以下,其语虽简,然一篇之大义尽
于此,即一书之大义亦尽于此。此庄子临殁之言,所以丁宁其弟子者,犹
曾子之以"君子所贵道者三"告孟敬子也。若别作一节,即意不属矣。

天下第三十三

　　此篇历叙道术由全而裂之故,以及《诗》、《书》、六艺之用,墨翟、禽滑厘以至关尹、老聃之优劣,而后述己所以著书之意,与夫察士辩者之异同,盖与《论语·尧曰》之篇、《孟子·尽心篇》之末章,上追尧、舜授受之渊源,下陈孔子与孟子自己设施志趣之所在,大略相似。故自明陆西星《南华副墨》及王夫之《庄子解》皆以此为庄子之后序,其为庄子自作,无可疑者。以上三十二篇,多支离曼衍之辞,而此篇独为庄语,则欲窥庄子之真,尤于此不可不潜心玩索也。

　　天下之治方术者多矣,皆以其有,为不可加矣。"古之所谓道术者,果恶乎在?"曰:"无乎不在。"曰:"神何由降?明何由出?""圣有所生,王有所成,皆原于一。"不离于宗,谓之天人;不离于精,谓之神人;不离于真,谓之至人;以天为宗,以德为本,以道为门,兆于变化,谓之圣人;以仁为恩,以义为理,以礼为行,以乐为和,薰然慈仁,谓之君子;以法为分,以名为表,以参为验,以稽为决,其数一二三四是也,百官以此相齿；以事为常，以衣食为主，蕃息畜藏，老弱孤寡为意，皆有以养，民之理也。

古之人其备乎！配神明，醇天地，育万物，和天下，泽及百姓，明于本数，系于末度，六通四辟，小大精粗，其运无乎不在。其明而在数度者，旧法世传之。史尚多有之。其在于《诗》、《书》、《礼》、《乐》者，邹鲁之士、搢绅先生，多能明之。《诗》以道志，《书》以道事，《礼》以道行，《乐》以道和，《易》以道阴阳，《春秋》以道名分。其数散于天下，而设于中国者，百家之学，时或称而道之。天下大乱，贤圣不明，道德不一，天下多得一察焉以自好，譬如耳目鼻口，皆有所明，不能相通。犹百官众技也，皆有所长，时有所用，虽然，不该不遍，一曲之士也。判天地之美，析万物之理，察古人之全，寡能备于天地之美、称神明之容，是故内圣外王之道，暗而不明，郁而不发，天下之人，各为其所欲焉，以自为方。悲夫，百家往而不反，必不合矣！后世之学者，不幸不见天地之纯、古人之大体，道术将为天下裂。

此一篇之提纲，庄子著书之意已略见于此。"内圣外王之道，暗而不明，郁而不发"，三语最要。由此可知庄子之学，实为"内圣外王"之学。其所以著书，即为发明此"内圣外王"之道也。

首言"方术"、"道术"之异。全者谓之"道术"，分者谓之"方术"，故"道术"无乎不在，乃至瓦甓屎溺皆不在道外。见《知北游篇》若"方术"，则下文所谓"天下之人各为其所欲焉以自为方"者。既有方所，即不免拘执，始则"各为其所欲"，终则"以其有为不可加"。"其有"者，其所得也。所得者一偏，而执偏以为全，是以自满，以为无所复加也。此一语已道尽各家之病。若学虽一偏，而知止于其分，去声不自满溢，即方术亦何尝与道术相背哉！

又曰"神何由降？明何由出？圣有所生，王有所成，皆原于一"，何也？"无乎不在"者，一理而贯诸万事万物，充其类而言之；"原于一"者，万事万物皆原于一理，推其本而言之也。神者天，故曰降。明者地，故曰出。《天道篇》曰："天尊地卑，神明之位也。"本篇后文曰"配神明，醇天地"，又曰"天地并与，神明往与"，皆以神明与天地相配，是言神明即言天地之用也。天地之用且原于一，则天地间所生万物其原于一可知也。万物之中，最灵秀者人。人之德盛者莫如圣，人之功大者莫如王。圣之生，有其所以生；王之成，有其所以成。圣王之生成且"原于一"，则人间所有万事其"原于一"可知也。其举神明者，以表天道、地道；举圣王者，以表人道。天道、地道、人道皆"原于一"，以见人与天地无二道也。"神何由降？明何由出？"似有问而无答。"圣有所生，王有所成"，似有答而无问。此互文以见义，非实问答也。故或疑"圣有所生"上脱"问"字，与夫谓圣即神、王即明，混而同之者，皆失之。_{上篇"明者唯为之使神者征之"，神与明系天人对言。此神与明，系天与地对言。亦当分别观之，不得混淆也。}

"神人"、"至人"，皆已见《消摇游篇》。此先之以"天人"者，承上神明圣王言，特以表"天人"不二之理。故"不离"者，即不二之谓。其曰宗、曰精、曰真者，皆"原于一"之"一"。以其为主言，谓之宗；以其不杂言，谓之精；以其无妄言，谓之真也。以"圣人"继天人、神人、至人之后，而曰"以天为宗，以德为本，以道为门，兆于变化，谓之圣人"。文繁而义重若是者，以将发明"内圣外王"之道，则于圣人之辞不得不谨益加谨焉。"以天为宗"，则圣人即天人也。"以德为本"，则圣人即真人也。"以道为门，兆于变化"，则圣人即神人也。故《消摇游》之圣人别于至人、神人而言之，此之圣人则兼天人、神人、至人而言之者也。别于至人、神人而言之，故于至人、神人居其次。兼天人、神人、至人而言之，则于天人、神人、至人为集其成。此不得等量而齐观之也。

圣人之后,继之以"君子"者,"君子"者,圣王之佐。非仁无以惠民,故曰"以仁为恩"。非义无以治民,故曰"以义为理"。非礼无以教民,故曰"以礼为行"。行读去声非乐无以和民,故曰"以乐为和"。而又曰"薰然慈仁"者,仁义礼乐,仁为之本,临民为治,仁尤其要也。以不忍之心,行太和之治,如南风之化物,故曰"薰然"。

君子之后,接之以"百官"者,孟子曰:"贤者在位,能者在职。"君子所谓贤者,百官所谓能者,以贤统能,职位宜然也。荀子曰:"君子守道,官人守法。"百官所谓官人,以道御法,官守亦宜然也。"以法为分","法"者法度。"分",分守也。分,皆读去声。"以名为表","名"者形名。"表",仪表也。"以参为验","参"者三也,参合也。验不惮其详,故曰"以参为验"。"以稽为决","稽"者计也,会稽也。决必取其会,故曰"以稽为决"。稽则有等,故曰"其数一二三四是也"。"百官以此相齿"者,"此",此数也。一官之中,又有上下主属之序,故曰"以此相齿","齿"者序也。《天道篇》曰:"古之明大道者,先明天,而道德次之;道德已明,而仁义次之;仁义已明,而分守次之;分守已明,而形名次之;形名已明,而因任次之;因任已明,而原省次之;原省已明,而是非次之;是非已明,而赏罚次之。"曰参曰稽,即因任原省之事;曰验曰决,则是非赏罚之事。明道德以上为圣人,明仁义以上为君子,明分守形名以下则为百官。以彼证此,其先后厘然,盖无有不合焉。

"以事为常","事"者,耕织、工贾之事。旧有以此属上百官为文者,非也。有耕织、工贾之业,而后方有衣食可言,故先曰"以事为常",而后曰"以衣食为主"也。"蕃息畜藏"四字为句。"蕃息",所谓"生之者众,为之者疾;不众不疾,则无由蕃息"。"畜藏",所谓"食之者寡,用之者舒;不寡不舒,亦无得而畜藏"也。"生之者众"四句,见《大学》。惟"蕃息畜藏",然后老弱孤寡方有所赡,故曰"老弱孤寡为意,皆有以养"。"民之理",犹言"民之为道"也。"民之为道",见《孟子·滕文公篇》。圣人之化、君子之治与夫百官之所为,凡以为民也,故以"民之理"终焉。

"古之人其备乎","古之人",谓古之圣人也。"配神明,醇天地",言圣人之体。章太炎《庄子解故》云:"醇借为准。《周礼·地官·质人》'壹其淳制',《释文》'淳音准'是其例。《易》曰:'易与天地准。'"章氏之说是也。"育万物,和天下,泽及百姓",言圣人之用。"明于本数,系于末度,六通四辟,小大精粗,其运无乎不在",则合体与用而言之,所谓其备也。"本数"者,道德仁义是也。"末度"者,法名参稽是也。本数曰明,末度曰系者,末系于本,系之为言连类而及之,自然之势也。"六通四辟",已见《天道篇》。"小大精粗,其运无乎不在","运"即"帝道运而无所积,圣道运而无所积"之运。亦见《天道篇》惟运而无所积,所以曰"以道为门,兆于变化"。"兆"者,见端之微,非深于几者不察,极言其难测也。

"其明而在数度者,旧法世传之"句,古者官师世守其业,《周官·考工》云"知者创物,巧者述之、守之,世谓之工",是也,故曰"世传之"。"史尚多有之","史",史官。《周官·春官》:"大史大读太掌建邦之六典,以逆邦国之治。掌法,以逆官府之治。掌则,以逆都鄙之治。凡辨法者考焉。"郑注:"典则,亦法也。"是所谓"史多有之"也。旧以"旧法世传之史尚多有之"十字作一句读者,误也。"其在于《诗》、《书》、《礼》、《乐》者,邹鲁之士、搢绅先生多能明之",特提《诗》、《书》、《礼》、《乐》六经者,以别于世传之旧、史官之藏,盖经孔子删订之后,《诗》、《书》已非昔时之《诗》、《书》,《礼》、《乐》亦非昔时之《礼》、《乐》,故曰"邹鲁之士、搢绅先生多能明之"。"明之"者,明其义,非仅陈其数也。"邹"与鄹同。孔子鄹人之子。见《论语·八佾篇》言"邹鲁",举其地也。"搢绅",搢笏而垂绅,儒者之服如是。言"搢绅",著其类也。先百家而言之者,百家皆儒之支与流裔,儒本不在百家中也。《太史公书·五帝本纪》曰:"百家言黄帝,其文不雅驯,荐绅先生难言之。"亦以荐绅先生别于百家,荐绅即搢绅则知儒之列于六家、列于九流,其起盖在儒分为八之后。六家,见史公《自序》论六家要旨。九流,见《汉书·艺文志》。儒分为八,见《韩非子·显学篇》。若孔子之博学而无所成名，见《论语·子罕篇》其在当时，固不得以家称之也。

"《诗》以道志，《书》以道事，《礼》以道行，《乐》以道和，《易》以道阴阳，《春秋》以道名分"，"道"，言也。"《诗》可以兴"，见《论语·阳货篇》故曰"以道志"。"疏通知远，《书》教也"，见《礼记·经解》故曰"以道事"。"言而履之，礼也"，见《礼记·仲尼燕居》故曰"以道行"。"行而乐之，乐也"，"乐之"之"乐"，音洛，亦见《仲尼燕居》。故曰"以道和"。"一阴一阳之谓道"，见《易·系辞传》故曰"《易》以道阴阳"。"梁亡"，"郑弃其师"，"我无加损焉，正名而已矣。"见僖十九年《春秋公羊传》。"梁亡"在是年，"郑弃其师"在闵二年。自"《诗》可以兴"以下，所以引皆孔子之言。故曰"《春秋》以道名分"。于此重申六经之旨且郑重言之者，六经，"内圣外王"之道之所寄，不可不详也。

"其数散于天下而设于中国者，百家之学时或称而道之"，言"天下"又言"中国"者，"中国"，鲁、卫、齐、宋之区，先王之政、孔子之教之所施设，声明文物于是萃焉，"声明文物"，见《春秋》桓二年《左氏传》。故孟子曰"陈良，楚产也，悦周公、仲尼之道，北学于中国"，盖谓是也。"称而道之"，举而言之也。

"天下大乱，贤圣不明，道德不一，天下多得一察焉以自好"，"大乱"，谓战国。"贤圣不明，道德不一"，言圣又言贤，则不独"仲尼没而微言绝"，亦"七十子丧而大义乖"之时矣。"察"与际通，《中庸》"察乎天地"，即际乎天地，此言一际，犹下言一曲也。"好"读去声。"自好"者，自憙也。一际既非其全，自憙又不知变，故曰"譬如耳目鼻口，皆有所明，不能相通"。此"明"谓知觉也。曰"不能相通"，则非"六通四辟"者矣。

"犹百官众技也，皆有所长，时有所用。虽然，不该不遍，一曲之士也"，"百官"各本皆作"百家"。此喻言百家之偏，不当取本身以为比，明"家"为传写之误无疑，古钞卷子本正作"官"，《昭明文选》陆机《演连珠》注引此文,亦作"百官",故特改正。"该"同赅。曰"不该不遍,一曲之士",则非"小大精粗,其运无乎不在"者矣。

故总而论之曰:"判天地之美,析万物之理,察古人之全,寡能备于天地之美、称神明之容,是故内圣外王之道,暗而不明,郁而不发,天下之人,各为其所欲焉,以自为方。悲夫,百家往而不反,必不合矣!后世之学者,不幸不见天地之纯、古人之大体,道术将为天下裂。"此"察"借作粲。《说文》:"穄,粲也。从米悉声。"又:"粲,从米杀声。穄粲,散之也。"知"察"之借为粲者,《春秋》昭元年《左氏传》"周公杀管叔而蔡蔡叔",杜注:"蔡,放也。"正义曰:"《说文》:'粲,散之也。'粲为放散之义,故训为放。""蔡"、"際"字皆从"祭"得声。"際"之借为"粲",犹"蔡"之借为"粲"矣。然则"蔡古人之全",谓散古人之全,与"判天地之美,析万物之理",文同义亦同也。

"称"读去声。"容",包容也。天地之成其美,在于无所不容,古人之配神明、准天地亦然。故《中庸》曰:"万物并育而不相害,道并行而不相悖。"今古人之全既散矣,则求其如天地神明之并育并行,复何可得!故于"察古人之全"之下,又言"寡能备于天地之美、称神明之容"者,与上"判天地之美"之文,似复而非复也。于是特提"内圣外王之道暗而不明,郁而不发"之三言,以见"天下之人各为其所欲,以自为方",其故实在于此。太史公曰:"中国言六艺者,折中于夫子。"见《史记·孔子世家》扬子云曰:"群言淆乱衷诸圣。"圣人不作,无所折中。异端杂出,人见百家之盛,而不知其生心害政为蔽之大也。观其曰"百家往而不反,必不合矣",又曰"后世之学者不幸不见天地之纯、古人之大体,道术将为天下裂",致慨之深,不亦情见乎辞也夫!

不侈于后世,不靡于万物,不晖于数度,以绳墨自矫,而备世之急,古之道术,有在于是者。墨翟、禽滑厘,闻其风而说之,为之大过,已之大顺。作为非乐,命之曰节用,生不歌,死无服。墨子泛爱、兼利而非斗,其道不怒。又好学而博不异,不与先王同,毁古之礼乐。黄帝有《咸池》,尧有《大章》,舜有《大韶》,禹有《大夏》,汤有《大濩》,文王有《辟雍》之乐,武王、周公作《武》。古之丧礼,贵贱有仪,上下有等,天子棺椁七重,诸侯五重,大夫三重,士再重。今墨子独生不歌,死不服,桐棺三寸而无椁,以为法式。以此教人,恐不爱人;以此自行,固不爱己。未败墨子道,虽然,歌而非歌,哭而非哭,乐而非乐,是果类乎? 其生也勤,其死也薄,其道大觳;使人忧,使人悲,其行难为也,恐其不可以为圣人之道,反天下之心,天下不堪。墨子虽独能任,奈天下何! 离于天下,其去王也远矣。

墨子称道曰:"昔者禹之湮洪水,决江河,而通四夷九州也,名川三百,支川三千,小者无数。禹亲自操橐耜,而九杂天下之川,腓无胈,胫无毛,沐甚雨,栉疾风,置万国。禹大圣也,而形劳天下也如此。"使后世之墨者,多以裘褐为衣,以跂𫏋为服,日夜不休,以自苦为极,曰:"不能如此,非禹之道也,不足谓墨。"相里勤之弟子、五侯之徒,南方之墨者,苦获、已齿、邓陵子之属,俱诵《墨经》,而倍谲不同,相谓别墨;以坚白同异之辩相訾,以觭偶不仵之辞相应;以钜子为圣人,皆愿为之尸,冀得为其后世,至今不决。墨翟、禽滑厘之意则是,其行则非也。使后世之墨者,必自苦以腓无胈、胫无毛,相进而已矣。乱之上也,治之下也。虽然,墨子真天下之好也,将求之不得也,虽枯槁不舍也,才士也夫!

内圣外王之道,由内而外者也。墨家刻意尚行,致力于外者多,而内自得者少,自庄子视之,墨家之术去圣人之道为最远,故一则曰"其行难为也,恐其不可以为圣人之道",再则曰"离于天下,其去王也远矣"。《天下篇》叙各家之学,自墨翟、禽滑厘以至关尹、老聃,乃由粗而精,由小而大。此其意于关尹、老聃之章发之,曰"以本为精,以物为粗",又曰"关尹、老聃乎,古之博大真人哉!"知关尹、老聃之为精为大,则知墨翟、禽滑厘之为粗为小矣。是故始于墨家者,以其粗且小,而欲进之也。而或者以为尊墨,所以首墨,未为能明庄子之意也。孟子曰"逃墨必归于杨,逃杨必归于儒",其以杨为与儒近而墨为与儒远,所见盖与庄子同,是可参而观焉。

"不侈于后世",为墨家背周道而用夏政言也。_{"背周道而用夏政",语出《淮南子·要略》。观下墨子称道禹之言,亦可见之。}"不靡于万物","靡",费也,为墨家"节用"、"为天下忧不足"言也。_{"为天下忧不足",语出《荀子·富国篇》。"为"亦读去声。}"不晖于数度",为墨家"非乐"、"薄葬"、"蔽于用而不知文"言也。_{"蔽于用而不知文",语出《荀子·解蔽篇》。}"数度",所谓文也。"晖"犹华也,饰也。"以绳墨自矫",下文所谓"以自苦为极"。"备世之急",则下文所谓"真天下之好也"是也。古之道术无乎不在,故曰"有在于是者"。

"墨翟"已见前。"禽滑厘",墨子弟子。"滑"音骨,《列子·杨朱篇》即作骨。《汉书·古今人表》则作屈厘。"闻其风而说之",闻之而兴起也。《汉书·艺文志》墨家《墨子》七十一篇,今存五十三篇,分十五卷。"为之大过,已之大顺","大"读为太。"已"与"为"对。"已",止也,止而不为也。"顺"与"过"对。《小尔雅》曰:"顺,退也。"退谓不及也。《释文》:"顺或为循。""循"者"遁"之借。"遁"与"退"一也。"为之太过",谓泛爱、兼利。"已之太顺",谓"非乐"、"节用"也。故接曰"作为非乐,命之曰节用","命"犹名也,言其非乐亦以节用为名也。"生不歌",承"非乐"言。"死无服","服",服丧也。《墨子·节葬篇》言为三日之服,《公孟篇》同。服仅三日,则何异于无服!故曰"死无服"也。

"泛爱兼利",见《墨子·兼爱篇》。《兼爱篇》曰:"兼相爱,交相利。"墨子多以爱利联说。孟子曰"墨子兼爱",举爱以包利。"非斗"即非攻。《墨子》有《非攻篇》"其道不怒",推泛爱、非攻之本也。"好学而博不异","博不异",犹言大不异,谓尚同也。《墨子》有《尚同篇》墨子尝见百国《春秋》,又其南游,载书甚多,并见《墨子》本书是其好学也。好学者当兼收并蓄,乃以"不异"为大,曰"必尚同一义","上之所是,必皆是之;上之所非,必皆非之",并见《尚同篇》是强不同以为同也,故曰"好学而博不异"。"而"之为言,盖讥其不免自陷于矛盾也,是以"不与先王同,毁古之礼乐"。

"黄帝有《咸池》,尧有《大章》,舜有《大韶》,禹有《大夏》,汤有《大濩》,文王有《辟雍》之乐,武王、周公作《武》","《咸池》、《大章》、《大韶》、《大夏》、《大濩》、《辟雍》与《武》,皆乐名。《咸池》见《天运篇》。"辟"读璧,"雍"与廱同。"《辟雍》之乐",《诗·大雅·灵台》之篇所谓"于论鼓钟,于乐辟廱"者也。《武》见《诗·周颂》及《礼·乐记》。子谓"《韶》,尽美矣,又尽善也",谓"《武》,尽美矣,未尽善也"。见《论语·八佾篇》古之乐如是。今墨子犹"生不歌",是毁古之乐也。"古之丧礼,贵贱有仪,上下有等,天子棺椁七重,诸侯五重,大夫三重,士再重。""重"读平声。"有仪",有度也。古之礼如是。今墨子独"死不服,桐棺三寸而无椁,以为法式",是毁古之礼也。"三寸",桐木之厚三寸也。"以此教人,恐不爱人;以此自行,固不爱己。"言"此"者,以为与泛爱之道相悖也。

"末败墨子道","末"与莫同。"败",《释文》"或作毁"。毁、败一义。言非欲毁败墨子之道也。荀子曰:"我以墨子之非乐也,则使天下乱;墨子之节用也,则使天下贫。非将堕之也,说不免焉。"杨倞注曰:"非将堕毁墨子,论说不免如此。"堕,并读隳,见《荀子·富国篇》。然则此云"末败墨子道",犹荀子云"非将堕之"也,皆文章曲一笔法。各本"末"有作"未"者,皆误也。故曰"虽然,歌而非歌,哭而非哭,乐而非乐,是果类乎?"歌、哭者,人之性。墨子亦人也,则不能无歌、哭之时。今以歌、哭为非,则行与言相悖。"是果类乎?"甚言其不类也。又曰"乐而非乐"者,古"音乐"之"乐"与"快乐"之"乐"本同一声,至后始区而为二。故非乐,音乐之乐即是非乐。快乐之乐《庄子》首《消摇游》。消摇者,乐也。墨子之说与庄子最不相容者,莫过于非乐,故于此再三言之,观下文云"使人忧,使人悲",亦可见也。

"其生也勤","勤",劳也。"其死也薄","薄",瘠也。"其道大觳","大觳",太刻也。《史记·始皇本纪》云:"尧、舜饭土塯,啜土铏,虽监门之养,不觳于此。"言不能刻苦过此也。觳、刻一音之转,故义得相通。"使人忧,使人悲,其行难为也",并承"太觳"言。"行"读去声。惟如是,故曰"恐其不可以为圣人之道"。《中庸》曰:"道不远人。人之为道而远人,不可以为道。"墨子之道,所谓"为道而远人"者也,故曰"反天下之心,天下不堪"。"天下不堪,墨子虽独能任,奈天下何!"言天下莫之应也。莫之应,故曰"离于天下,其去王也远矣"。"离"读去声。"王",谓外王之道也。

"墨子称道曰"以下至"形劳天下也如此",墨子所以称道大禹之言也。始言"湮洪水"。"湮"同"堙",塞也。《尚书·禹贡篇》所谓"禹敷土,随山刊木,奠高山大川"也。终言"置万国",所谓"咸则三壤,成赋中邦,锡土姓"也。"四夷",即要服、荒服之地。"九州",冀、兖、青、徐、扬、荆、豫、梁、雍也。"橐",盛土器。"耜",掘土具也。"九"同鸠,聚也。"杂"同匝,合也。聚合天下之川者,沟而通之。《禹贡》所云:"夹右碣石,入于河","浮于济、漯,达于河","浮于汶,达于济","浮于淮、泗,达于河","沿于江、海,达于淮、泗","浮于江、沱、潜、汉,逾于洛,至于南河","浮于洛,达于河","浮于潜,逾于沔,入于渭,乱于河","浮于积石,至于龙门、西河,会于渭汭"。盖以河为经脉,九州之水无有不联贯通达者也。"腓",胫腨也,俗云腿肚。"无胈"、"无毛",已见《在宥篇》。"甚雨",霆雨也。面目为之沾濡,故曰"沐"。"疾风",烈风也。鬓发为之披拂,故曰"栉"。"栉",梳也。"形劳天下",以天下而劳其形也。

"使后世之墨者"以下,所以教其徒也。"裘",兽皮之带毛者。"褐",织兽毛而为布也。"跂"通作屐,木履也。"跻"通作屩,麻履也。"服",著也。行则著之,故曰"以跂跻为服"。"日夜不休",孟子所谓"摩顶放踵"。见《尽心篇》"以自苦为极","极",谓准则也。曰"不能如此,非禹之道也,不足谓墨",教其徒之言也。两"如此"字相应,禹之形劳如此,"不能如此",即不能如禹也,故曰"非禹之道"。墨之所称道而尊行者禹,不能如禹,亦即非墨之道,故曰"不足谓墨"。

"相里勤",姓相里氏,"勤",其名也。"五侯"亦氏。曰"五侯之徒"者,非一人也。"苦获"、"己齿",皆人姓名。"己"读如起。苦获、己齿与邓陵子,皆南人,故以"南方之墨者"总之,而曰"之属"。此云"南方之墨者",则相里勤之弟子、五侯之徒其为北方之墨者可知。《韩非子·显学篇》云:"墨分为三,有相里氏之墨,有相夫氏之墨,有邓陵氏之墨。"此独称相里勤与邓陵子者,以南北之地分,故举其二而已足也。《墨经》,谓墨子之书,如《兼爱》、《非攻》、《节用》、《非乐》诸篇是。"诵"者,习也。其曰"经"者,本其徒属之辞,尊之故号为"经"也。今《墨》书有《经》上下、《经说》上下,当出相里氏、邓陵氏之手。所谓"以坚白同异之辩相訾,以觭偶不仵之辞相应"者,非兹之所曰"经"也。"倍"与背同。"谲",非正也。异于师说谓之"倍"。失其正旨谓之"谲"。"倍谲",所以不同也。不同,因相谓别墨。"相谓别墨"者,以己为正传,而以人为别派也。"坚白同异之辩",已见《胠箧篇》。"相訾",相诋也。"觭偶"即奇耦。"仵"同伍。不伍,不匹敌也。"相应",相答也。

"钜子","钜"同巨。《释文》向秀云:"墨家号其道理成者为钜子,若儒家之硕儒。"案:钜子与硕儒,名虽相似而实有不同。硕儒出于下之推崇,钜子则由于上之传授。《吕氏春秋·上德篇》云:"墨者钜子孟胜善荆之阳城君。阳城君令守于国,荆收其国。孟胜曰:'受之人国,而力不能禁,不能死,不可。'其弟子徐弱谏曰:'死,无益也,而绝墨者于世。'孟胜曰:'不然。死之,所以行墨者之义而继其业者也。我将属钜子于宋之田襄子。'徐弱曰:'若夫子之言,弱请先死以除路。'因使二人传钜子于田襄子。孟胜死,弟子死之者百八十三人,二人已致令于田襄子,欲反死孟胜于荆,田襄子止之,曰:'孟子已传钜子于我矣,当听。'遂反死之。"文有删削观此,可知钜子之世世相传,其势位之尊严,虽两汉时门生故吏之于主将有所不及,况所谓硕儒者乎!窃谓此墨子"尚贤"、"尚同"之教养而成之,一受其传,即俨然教主身分,故曰"以钜子为圣人,皆愿为之尸"。"为之尸"者,"为"读去声。"尸"如《易·师卦》"六三,师或舆尸"、"六五,弟子舆尸"之尸,取离之折首为义,虞翻《易说》如此言愿为之尽死,若徐弱等辈是也。又曰"冀得为其后世,至今不决"者,墨既分三,则各奉钜子,胜负相争,莫为之下,故"不决"也。

夫墨子之意本在救世,故曰"墨翟、禽滑厘之意则是",而其行则"使后世之墨者,必自苦以腓无胈、胫无毛,相进而已矣"。"相进"犹相尚也。若是,则致治不足,而造乱反有余,故曰"乱之上"、"治之下",又曰"其行则非也"。以上极言墨家学术之弊。而若墨子之为人,则有自不可没者,故"虽然"一转,曰"墨子真天下之好也"。"好"读去声。"天下之好",天下是好也,倒之则为好天下。墨子主兼爱,好天下即爱天下也。"将求之不得也,虽枯槁不舍也","舍"读同捨。言必求有以爱利天下,不惜以身命殉之也,故曰"才士也夫!""才士也"者,谓能尽其才力者也。庄子尝曰:"周将处夫材与不材之间。""材"与"才"同。语见《山木篇》。则称墨子为"才士",虽与之,而意有微辞。故郭注曰"非有德者也",以才别于有德,可谓能窥庄子之意者矣。

《淮南子·要略》有曰:"墨子学儒者之业,受孔子之术。"《史记·儒林传》亦云:"田子方、段干木、吴起、禽滑厘之属,皆受业于子夏。"是墨尝学于儒,而卒与儒歧异。由是观之,吾谓"百家皆儒之支与流裔",固有其征已。

不累于俗,不饰于物,不苟于人,不忮于众,愿天下之安宁,以活民命,人我之养,毕足而止,以此白心,古之道术,有在于是者。宋钘、尹文,闻其风而说之,作为华山之冠以自表,接万物以别宥为始,语心之容,命之曰:"心之行,以腒合欢,以调海内。"请欲置之以为主。见侮不辱,救民之斗;禁攻寝兵,救世之战。以此周行天下,上说下教,虽天下不取,强聒而不舍者也。故曰:"上下见厌,而强见也。"

虽然,其为人太多,其自为太少,曰:"请欲固置,五升之饭足矣。"先生恐不得饱,弟子虽饥,不忘天下。日夜不休。曰:"我必得活哉!"图傲乎,救世之士哉! 曰:"君子不为苟察,不以身假物。"以为无益于天下者,明之不如已也。以禁攻寝兵为外,以情欲寡浅为内。其大小精粗,其行适至是而止。

《荀子·非十二子篇》以墨翟、宋钘并列,而此则殊宋钘、尹文于墨翟、禽滑厘者,虽其自苦而爱人正复相似,而墨子之说推本于天志,见《墨子·天志篇》宋、尹之说则置心以为主。一本天,一本心,其间有绝异者。若判其精粗,则宋、尹固较墨子为进。庄子所以区而二之,先墨、禽而后及于宋、尹也。

"不累于俗",《消摇游篇》所谓"举世誉之而不加劝,举世非之而不加沮"是。"不饰于物",所谓"定乎内外之分,辨乎荣辱之竟"是。"不苟于人",下文所谓"强聒而不舍"是。"不忮于众",所谓"以腒合欢,以调海内"是。"不苟"者,不苟从也。惟不苟从于人,所以不得不强聒也。"愿天下之安宁以活民命",是以倡"禁攻寝兵"。愿"人我之养毕足而止",是以说"情欲寡浅"。"以此白心"者,以此表其心也。荀子曰:"君子之言,正其名,当其辞,以务白其志义者也。"见《正名篇》。文有删削。此云"白心",犹荀子云"白其志义"矣。《汉书·艺文志》:《尹文子》一篇,在名家。今道藏本分《大道(上)》、《大道(下)》二篇,与《隋书·经籍志》作二卷合。然唐马总《意林》所引数条,今书皆未之载,知残缺多矣。使其书具在，则"以此白心"者，其正名、当辞，必当有可考焉。今书《大道（上）》言形名之理，首称仲尼曰："必也正名乎！名不正，则言不顺也。"则亦有闻于孔子之道者也。

"宋钘"即宋荣子，《孟子》作宋牼，已见《消摇游篇》注。《汉书·艺文志》有《宋子》十八篇，在小说家。钘著书十八篇，可谓多矣，不知刘向父子当时何以入之小说？《艺文志》本之刘歆《七略》故云。殆以其称引不免芜杂邪？惜其遂不传也。"作为华山之冠以自表"，《释文》"华山上下均平，作冠象之，表己心均平也"，是也。

"接万物以别宥为始"，"宥"同囿。"别"者，别而去之。"为始"犹为首也。《尸子》（尸佼）书云："墨子贵兼，孔子贵公，皇子贵衷，田子贵均，列子贵虚，料子贵别囿。"《吕氏春秋》有《去宥篇》，亦云："凡人必别宥然后知。别宥，则能全其天矣。"然则"别宥"者，谓去其限隔，犹本书《齐物论》之言"未始有封"、《人间世》之言"无町畦"意也。

"语心之容"，"容"，包容也。惟去宥然后无所不容。《说苑·君道篇》齐宣王谓尹文曰："人君之事何如？"尹文曰："人君之事，无为而能容下。夫事寡易从，法省易因，故民不以政获罪也。大道容众，大德容下，圣人寡为而天下理矣。《书》曰：'容作圣。'"案：文所引《书》，为《尚书·洪范篇》文。今曰"思曰睿，睿作圣"，此古文《尚书》也。作"思曰容，容作圣"者，则今文《尚书》也。伏生《尚书大传》亦云然，可以互证。故"语心之容"者，谓心之用在能容也。

"命之曰：'心之行，以脳合欢，以调海内。'"十四字当连读。"脳"各本皆从耳作"聏"，惟崔本从肉作"脳"，见《释文》。《说文》有"脳"无"聏"。郭注云："脳令合，调令和。"详"令合"之义，与《说文》"脳，烂也"义合，则作"脳"是也，故改正。"脳"与腜，义亦通。腜者，柔也。"欢"与欢同。"以脳合欢"者，刚则易忤，柔则易亲，故合人之欢者必以腜也。"以调海内"者，谓不独合少数人之欢而已，虽大至"调于海内"亦不外是。"调"者和也。凡此俱不离于一心，故曰"心之行，以脳合欢，以调海内"。"命之曰"者,名之如此,即说之如此也。"请欲置之以为主",置此所语所名以为立说之主。予前曰:"宋钘、尹文异于墨子者,宋、尹本心而墨子本天。"盖为此也。

"见侮不辱,救民之斗",今宋钘书不传,而犹有可考证者,则《荀子·正论篇》尝引其说而辩正之,曰:"子宋子曰:'明见侮之不辱,使人不斗。人皆以见侮为辱,故斗也。知见侮之为不辱,则不斗矣。'"称曰"子宋子",盖本其门弟子之辞。"见侮",谓受侮。"不辱",谓不足为辱。"民"者人也。人与人争则斗,国与国争则战,而国之战往往以人之斗肇其端,故欲禁攻寝兵、救世之战,乃先之以见侮不辱、救民之斗也。《孟子·告子篇》云:"宋牼将之楚,孟子过于石丘,曰:'先生将何之?'曰:'吾闻秦、楚构兵,我将见楚王,说而罢之。楚王不悦,我将见秦王,说而罢之。二王,我将有所遇焉。'"此又宋钘从事救世之战事实之可考者。"寝"犹息也。《尹文子》亦云:"见侮不辱,见推不矜,禁暴息兵,救世之斗,此人君之德,可以为主矣。"见《大道》上篇其与宋钘之说若一倡而一和。《荀子》杨倞注以此谓"宋子,盖尹文弟子"。然观此文,先宋钘而后尹文,以上墨翟、禽滑厘之例例之,尹文非宋钘之师明矣。颜师古《汉书》注引刘向云:"尹文与宋钘俱游稷下。"向之说必有所据。而孟子称宋牼曰"先生",计牼之年当已甚老。尹文自是宋子后辈,或有闻于宋子之道而兴起者,故庄子此篇以二人合为一谈也。

"以此周行天下,上说下教","说"读如字。"上"谓当时人主。"下"谓民众也。"虽天下不取,强聒而不舍者也","强"读上声,下"强见"之"强"亦同。"聒",多舌而扰人耳,故字从耳从舌,今俗犹云絮聒。"不舍",不止也。故曰"上下见厌而强见也"。此本宋尹戒其徒众之言,援之以证其强聒,故加"故曰"字。"上下见厌",谓见厌于上下。厌之,则必有拒之不欲见者。不欲见而固求见,是亦"见侮不辱"之一端,所以云"其为人太多,其自为太少"也。两"为"字皆读去声。

曰"请欲固置,五升之饭足矣"。此宋尹对接待之者之言。章太炎

《庄子解故》谓"固"借为姑,非是。"固置"者,谓辞之不得必欲置之也。古升比今升为小。宋尹周行天下,无只身之理,五升之饭,岂足供多人一日之食!故曰"先生恐不得饱,弟子虽饥,不忘天下"。"先生"谓宋尹,"弟子"指其从者。"恐"与"虽"为互文,言"恐"者,不欲为决定语;言"虽"者,所以转起"不忘天下"之文。饥甚于不饱,故于先生言"不得饱",于弟子则言"饥",文义本极明显,而郭子玄注云:"宋钘、尹文称天下为先生,自称为弟子。"成玄英疏因曰:"唯恐百姓之饥,不虑己身之饿。"凿空妄说,抑何可笑!

"日夜不休,曰:'我必得活哉!'""活"即前文"愿天下之安宁以活民命"之活。"我必得活"者,言其自信之坚,必欲活民之命。此正其不忘天下处。郭注云:"谓民亦当报己。"又误之甚也。

"图傲乎,救世之士哉!"此庄子称美宋钘、尹文之辞。以其"救民之斗"、"救世之战",故号之"救世之士"。"图"、"傲"皆大义。《尚书·大诰》"不可不成乃宁考图功",王引之《经传释词》曰"图功,大功也",是"图"为大。本书《德充符篇》"謷乎大哉,独成其天","傲"与"謷"同,亦大也。则"图傲乎救世之士",即大哉救世之士。章太炎读"图"为啚,以"图傲"为鄙夷,失庄子之旨矣。

曰"君子不为苛察,不以身假物",此当是宋钘之言,援之以为下"情欲寡浅"张本。"苟",各本作苟。《释文》云:"一本作苟。"案:作"苟"者是也。《荀子·不苟篇》曰:"君子行不贵苟难,说不贵苟察。""苟察"之云,自是当时习语。且此下文解之云:"以为无益于天下者,明之不如已也。"与荀子曰:"君子之所谓察者,非能遍察人之所察之谓也,有所止矣。"曰:"凡知说有益于理者,为之;无益于理者,舍之。"并见《儒效篇》意亦略同。则此作"苟"不作"苛"可知。作"苟"者,乃"苟"之讹字。或乃以为"苛"误作"苟",不免颠倒见矣。"不以身假物",谓不欲假物以为用,故郭注曰:"必自出其力也。"此则与荀子大异。荀子曰:"假舆马者,非利足也,而致千里。假舟楫者,非能水也,而绝江河。君子生非异也,善假于物也。"一主假物,一主不假物。故其言不为苟察同,而所以言不为苟察者,则相悬甚远。宋子曰:"人之情欲寡,而皆以己之情欲为多,是过也。"见《荀子·正论篇》荀子则曰:"宋子有见于少,无见于多。"见《荀子·天论篇》又曰:"宋子蔽于欲而不知得。"见《解蔽篇》又曰:"欲不待可得,而求者从所可。欲不待可得,所受乎天也。求者从所可,受乎心也。故欲过之而动不及,心止之也。心之所可中理,则欲虽多,奚伤于治!欲不及而动过之,心使之也。心之所可失理,则欲虽寡,奚止于乱!"见《正名篇》明乎荀子之所以难宋钘者,则于庄子衡量宋钘、尹文不失其高下,亦思过半矣。

结之曰"以禁攻寝兵为外,以情欲寡浅为内,其小大精粗,其行适至是而止"。内止于情欲寡浅,内固不足以圣;外止于禁攻寝兵,外亦不足以王;似大而实小,似精而实粗,故曰"其小大精粗,其行适至是而止"。盖所以深惜之也。

公而不党,易而无私,决然无主,趣物而不两,不顾于虑,不谋于知,于物无择,与之俱往,古之道术有在于是者。彭蒙、田骈、慎到,闻其风而说之,齐万物以为首,曰:"天能覆之,而不能载之;地能载之,而不能覆之;大道能包之,而不能辨之。知万物皆有所可,有所不可。"故曰:"选则不遍,教则不至,道则无遗者矣。"是故慎到弃知去己,而缘不得已,泠汰于物,以为道理,曰:"知不知。"将薄知而后邻伤之者也,謑髁无任,而笑天下之尚贤也,纵脱无行,而非天下之大圣。椎拍辖断,与物宛转;舍是与非,苟可以免。不师知虑,不知前后,魏然而已矣。推而后行,曳而后往,若飘风之还,若羽之旋,若磨石之隧,全而无非,动静无过,未尝有罪。是何故?夫无知之物,无建己之患,无用知之累,动静不离于理,是以终身无誉。故曰："至于若无知之物而已，无用贤圣，夫块不失道。"豪桀相与笑之，曰："慎到之道，非生人之行，而至死人之理，适得怪焉。"田骈亦然，学于彭蒙，得不教焉。彭蒙之师曰："古之道人，至于莫之是、莫之非而已矣。其风窢然，恶可而言！"常反人不取观，而不免于魭断。其所谓道，非道，而所言之韪，不免于非。彭蒙、田骈、慎到不知道，虽然，概乎皆尝有闻者也。

"公而不党"，"党"，偏党也。本或作当。"当"亦"党"之借字。"易而无私"，"易"，平易也。"决然无主"，"无主"犹无我也，下文云慎到"去己"者，以此。"决然"者，若水之决诸东则东流，决诸西则西流也。"趣物而不两"，"趣"，向也，方也。"趣物"者，视物以为之方。"不两"者，不贰以乱之。若有贰，则失夫公与易矣。"不顾于虑，不谋于知"，谓不用智虑，下文云慎到"弃知"者，以此。两"知"字皆读智于虑言"不顾"，于知言"不谋"，盖互文。"顾"者，顾其既往。"谋"者，谋其将来也。"于物无择，与之俱往"，"无择"对"不两"言。若有择，则失其"不党"与"无私"矣。"与之俱往"者，下文所谓"与物宛转"是也。

"彭蒙"，不详何国人。"田骈"，齐人。"慎到"，赵人。并见《史记·孟荀列传》。《汉书·艺文志》道家有《田子》二十五篇，今已佚；法家有《慎子》四十二篇，今存者五篇，曰《威德》，曰《因循》，曰《民杂》，曰《德立》，曰《君子》。然如《因循篇》总不及百字，则五篇者即已非全矣。

"齐万物以为首"，标三氏之宗旨也。田子贵均，见于《尸子》，《吕氏春秋·不二篇》亦云"陈骈贵齐"。田骈之为陈骈，犹田恒之为陈恒也。均、齐，一义。此其"齐万物"之可证者也。"以为首"者，以为首要也。

曰"天能覆之而不能载之，地能载之而不能覆之，大道能包之而不能辨之"，此疑为田骈之言。"包之"者，但举其大体。"不能辨之"者，不能详其内容也。天地与道犹有所不足，而何况于万物！是"知万物皆有所可，有所不可"。《慎子·民杂篇》云："民杂处，而各有能者不同，此民之情也。大君者大上也，"大上"之"大"读太兼畜下者也。下之所能不同，而皆上之用也。是以大君因民之能为资，尽包而畜之，无能取去焉。"取去"即去取是故必执于方以求于人，故所求者无一足也。大君不择其下，故足。不择其下，则为下易矣。易为下，则莫不容，容故多下，多下之谓大上。"此其言"各有所能不同"，即有可、有不可之说也。

"故曰"以下，又引其言以实之。"选则不遍，教则不至"，《因循篇》云"天道因则大，化则细"，又云"化而使之为我，则莫可得而用"，与此同义。即谓必执于方以求于人，则所求者无一足也。"道则无遗者矣"，即谓"大君因民之能为资，尽包而畜之，无能取去焉"。"道"者，大君之道。然"则"之三言者，当为慎到之言，故接云"是故慎到弃知去己而缘不得已，泠汰于物，以为道理"。"泠汰"，郭注云："犹听放也。"听者听从之。放者放任之。听从之者，上所云"趣物"。放任之者，上所云"于物无择"也。"以为道理"者，以为大道之理当如是也。"曰知不知"，谓知乃是不知也，此承上"弃知"言。

"将薄知而后邻伤之者"，"薄"，鄙薄。"邻"，近也。"伤"犹毁也。始但鄙薄知，而终乃近而毁伤之，故曰"将薄知而后邻伤之者也"。此与下"笑天下之尚贤"、"非天下之大圣"系三句一排，由毁知而笑贤，由笑贤而非圣，亦其序然也。"謑髁"，《释文》云"讹倪不正貌"，是也。"无任"之"任"，即《秋水篇》"任士之所劳"之任。《墨经》云："任士损己而益所为也。"为读去声然则"謑髁无任"，特反墨家之所为。墨家"尚贤"，故"笑天下之尚贤"。"纵脱"，不拘礼法也。"无行"，"行"读去声。"纵脱无行"，则反儒者之所为。儒者动称圣人，故"非天下之大圣"。荀子曰："慎子蔽于法而不知贤。"见《解蔽篇》盖谓此也。

"椎拍辁断"相对为文。"椎拍"者，以椎拍合之。"辁"，刑人所用之具。"辁断"者，以辁断截之。推其义，大致与荀子之言"檃栝誊砺"，见《性恶篇》《告子》之以杯棬比仁义相似。言其不出于性之自然,而勉强造作也。故其"与物宛转",迹类庄子之"物化",而实则迥异。此其受病之根,故特著此四字以明之,未可轻易读过也。"舍是与非,苟可以免","舍"同捨。但求免于系累,不复顾及是非,故免曰"苟免",是亦有微辞焉。

"不师知虑,不知前后",即上文"不顾于虑,不谋于知"之意。"不知"之"知"读如字。"魏然而已矣","魏"同巍。巍然,下文所谓"块"也。曰"而已矣"者,不足之辞也。"推而后行,曳而后往",所谓"决然无主",承上"去己"言也,以是常取后而不处先。荀子曰:"慎子有见于后,无见于先。"盖谓此也。"若飘风之还,若羽之旋,若磨石之隧","隧"音遂,《释文》云:"回也。"回与还、旋义同。此三句皆"决然无主"之喻。"全而无非",自全而人无非责也。"动静无过,未尝有罪",或动或静,己无过失,无从而加以罪也。"是何故",设问以起下文。

"夫无知之物,无建己之患,无用知之累,动静不离于理,是以终身无誉",此答上问也。"无知"之"知"读如字。建己则敌生。用知则争起。敌生,患也。争起,累也。"去己"则谁与敌,故曰"无建己之患"。"弃知"则争端泯,故曰"无用知之累"。"动静不离于理",动静不离于物则也。"是以终身无誉",不曰无非无罪,而曰"无誉"者,非罪多随誉至,无誉,斯所以无非罪也。《易·坤卦》六四曰:"括囊,无咎无誉。"慎子其亦有见于是欤!

"故曰"以下,又引慎子之言。"至于若无知之物而已,无用贤圣,夫块不失道。""块",土块。无知之物,至土块至矣,而曰"不失道",则贤圣何事哉!故云"无用贤圣"。"无用贤圣",此所以"笑天下之尚贤","而非天下之大圣"也。然欲齐人于土块,则生人之道穷矣。故"豪桀相与笑之曰:'慎到之道,非生人之行,而至死人之理,适得怪焉。'""桀"与杰同。"行"读去声。"适得怪焉"者,谓只以见其诡怪而已。惟怪之,是以笑之也。

"田骈亦然",田骈之说与慎到同也。"学于彭蒙,得不教焉","教"即上文"教则不至"之教。"不教"者,谓一任其自尔,而无取于化道也。"彭蒙之师",对学于彭蒙言,犹云彭蒙其师,即谓彭蒙也。曰:"古之道人,至于莫之是、莫之非而已矣。其风窢然,恶可而言!"此彭蒙之言。或以为彭蒙之师别有其人者,非也。"至于莫之是、莫之非而已",即上"舍是与非"之说,亦即无咎、无誉之说也。"其风",古之道人之风也。"窢然",《则阳篇》所云"吹剑首者映而已矣"。映、窢音正相近。风一过而不留,所以曰"恶可而言"。"恶可而言",恶可以言也。"恶"读如乌。

此篇谓田骈学于彭蒙,而《尹文子·大道下篇》云:"田子读书,曰:'尧时太平。'宋子曰:'圣人之治,以致此乎?'彭蒙在侧,越次答曰:'圣法之治以至此,非圣人之治也。'宋之曰:'圣人与圣法何以异?'彭蒙曰:'子之乱名甚矣。圣人者,自己出也。圣法者,自理出也。理出于己,己非理也。己能出理,理非己也。故圣人之治,独治者也。圣法之治,则无不治矣。此万世之利,唯圣人能该之。'宋子犹惑,质于田子,田子曰:'蒙之言然。'"其称宋钘、田骈皆曰"子",而于彭蒙则称名。不独尹文称彭蒙之名也,田子曰"蒙之言然",是田骈亦称蒙之名。且以"彭蒙在侧,越次答曰"之文推之,似彭蒙师于田骈,而非田骈师彭蒙也。岂尹文之书所记有误邪?不然,则后人搜葺而窜乱入之者也。然其曰:"圣人者自己出,圣法者自理出。"虽未免"用名以乱实","用名以乱实",语本《荀子》,见《正名篇》。而与彭蒙、田骈之说则若合符节,要当有所据依,而非出之伪托,断断然也。

"常反人不取观",自此以下皆庄子论断三人之文。"反人",与下文言"惠施以反人为实"之"反人"同,如曰"圣法之治非圣人之治",故与常人之议相违,是所谓"反人"也。"不取观"各本作"不聚观"。"聚"亦作见,见《释文》,惟古钞卷子本作"取"。案:"不取观"者,不取观效于人也。不取观效于人,是以"反人",义正相承。若作"聚"作"见",则难于索解矣。故从古钞卷子本改正。"而不免于魭断","魭断"即轵

断。作"軏"者,假借字也。反乎人者,必非性之自然,故曰"不免于轸
断"也。《骈拇篇》曰:"凫胫虽短,续之则忧;鹤胫虽长,断之则悲。故
性长非所断,性短非所续,无所去忧也。"轸断之云,其亦断鹤之胫之比
欤!"其所谓道非道,而所言之韙不免于非","其所谓道",即指"莫之
是、莫之非"之言言。"韙"音伟,是也。道而非道,是而不免于非,皆言
其近似而非真也。于是断之曰:"彭蒙、田骈、慎到不知道。"

　　案:庄子言"无己",见《消摇游篇》言"丧我",见《齐物论篇》而三子主
"去己",其似一也;庄子言"圣人不谋,恶用知",见《德充符篇》言"离形去
知",见《大宗师篇》而三子主"弃知",其似二也;庄子有《齐物论》之篇,而
三子"齐万物以为首",其似三也;庄子言"一宅而寓于不得已",言"托
不得已以养中",并见《人间世篇》又言"有为也欲当,则缘于不得已。不得
已之类,圣人之道",见《庚桑楚篇》而三子亦"缘不得已",其似四也;庄子
言"物化",见《齐物论篇》言"虚而待物",见《人间世篇》言"顺物自然",见《应
帝王篇》而三子亦"泠汰于物,与物宛转",其似五也。然而曰"彭蒙、田
骈、慎到不知道",何邪? 盖三子知执之而不知通之,知用之而不知化
之。其究也,至若土块之无知,而道非道矣,此所以断其"不知道"也。
孔子曰:"恶似而非者。"故取狂狷而恶乡原,曰:"恐其乱德也。"见《孟
子·尽心篇》庄子之于三子,意亦若是。盖于学术疑似之间,辩之有不得
不谨益加谨者焉。不然,既进三子于墨翟、禽滑厘、宋钘、尹文之后,而
关尹、老聃之前,乃抨弹之严反若有过于墨翟、禽滑厘、宋钘、尹文者,
将何以解之?《史记》云:"慎到、田骈皆学黄、老道德之术,因发明序其
指意,故慎到著十二论,而田骈皆有所论焉。"见《孟荀列传》,中有节文。由
是观之,其渊源于黄老处,殆与庄无二,则其说之近似,有由然矣。故
终以"虽然"一转,而曰"概乎皆尝有闻者也"。"概"者概略,言于道亦
尝闻其大概,特未得其精微者耳。骈之言曰:"大道能包之而不能辩
之。"夫道者,本末精粗无不备,何言不能辩之! 然则断其所闻,止于其
概,亦可谓允当矣。"辩"各本作辩。"辩"与"辨"通,作"辨"者正也。

617

以本为精，以物为粗，以有积为不足，澹然独与神明居，古之道术，有在于是者。关尹、老聃闻其风而说之，建之以常无有，主之以大一，以濡弱谦下为表，以空虚不毁万物为实。关尹曰："在己无居，形物自著。其动若水，其静若镜，其应若响。芴乎若亡，寂乎若清。同焉者和，得焉者失。"未尝先人，而尝随人。老聃曰："知其雄，守其雌，为天下溪；知其白，守其辱，为天下谷。"人皆取先，己独取后，曰"受天下之垢"。人皆取实，己独取虚，"无藏也故有余"，岿然而有余。其行身也，徐而不费，无为也，而笑巧。人皆求福，己独曲全，曰"苟免于咎"。以深为根，以约为纪，曰"坚则毁矣，锐则挫矣"。常宽容于物，不削于人。虽未至极，关尹、老聃乎！古之博大真人哉！

"以本为精"，"本"谓德也。篇首曰"以天为宗，以德为本"。德者，得之于天者也，故德曰天德。见《天地篇》然则言德犹言天矣。此以"本"与"物"对，即以"天"与"物"对。天为精，则物为粗矣。物有积，天则无积。既"以物为粗"，故"以有积为不足"。《老子》书曰："圣人不积，既以为人己愈有，既以与人己愈多。"圣人不积者，圣人法天也。法天，是以"澹然独与神明居"。"神明"者，天地之谓也。单言之，则曰天；兼言之，则曰天地。故德曰天德。又曰："通于天地者德也。"亦见《天地篇》辞若参差，而义则无二。"澹然"，谓不挂一物。不挂一物，而后能见独。"见独"，语见《大宗师篇》。见独，而后能与神明居，故曰"澹然独与神明居"也。

"关尹"之名，已见《达生篇》。《史记·老子列传》云："见周之衰乃遂去，至关，关令尹喜曰：'子将隐矣，疆为我著书。'于是老子迺著书上下篇，言道德之意，五千余言，而去。"详"子将隐矣"之言，喜与聃当是旧识。此文先关尹而后老聃，尹之年辈又长于聃可知。刘向《列仙传》乃有"喜先望气,知真人当过,候而迹之"之说,其出方士捏造,诬妄不待言,而后之人因是遂以喜为老聃弟子,则尤诬之甚也。《汉书·艺文志》有《关尹子》九篇。《吕氏春秋·不二篇》曰:"老聃贵柔,关尹贵清。"高诱注:"关尹,关正也,名喜。"是或称关令尹,或称关尹,皆举其官,后人以"尹"为姓,"喜"为名,又误也。《关尹书》久佚,今传《关尹子》九篇,宋时始出,九篇之名,曰《宇》,曰《柱》,曰《极》,曰《符》,曰《鉴》,曰《匕》,曰《釜》,曰《筹》,曰《药》,绝不似周、秦间书,明系伪托。"老聃",已屡见,《汉志》有《老子邻氏经传》四篇,又有刘向《说老子》四篇,似《老子》原分四篇,今上下二篇,则王弼注本然也。

"建之以常无有,主之以大一","常"者,《老子》书云:"道可道,非常道。名可名,非常名。"又云:"道常、无名、朴。"又云:"道常,无为而无不为。"又云:"复命曰常,知常曰明。"此"常"之说也。"无"与"有"者,《老子》书云:"无,名天地之始。有,名万物之母。"又云:"有之以为利,无之以为用。"又云:"万物生于有,有生于无。"此"无"与"有"之说也。盖由常而无,由无而有,分之则三名,合之则一名。"大"与"一"亦然,《老子》书云:"道大,天大,地大,王亦大。"又云:"万物归焉而不为主,可名为大。"此所谓"大"也。又云:"天得一以清,地得一以宁,神得一以灵,谷得一以盈,万物得一以生,侯王得一以为天下贞。"又云:"抱一以为天下式。"此所谓"一"也。旧注以"常无有"仅作无解,"大一"仅作一解,非也。

"以濡弱谦下为表,以空虚不毁万物为实","濡"所谓柔也。"表",仪表,犹言则也。《老子》书云:"柔胜刚,弱胜强。"又云:"天下之至柔,驰骋天下之至坚。"又云:"坚强者死之徒,柔弱者生之徒。"又云:"坚强处下,柔弱处上。"是以濡弱为表也。又云:"保此道者不欲盈。"又云:"夫惟不争,故天下莫能与之争。"又云:"江海所以能为百谷王者,以其善下之,故能为百谷王。"又云:"善用人者为之下。"又云:"大国以下小国,则取小国。小国以下大国,则取大国。"是以谦下为表也。又云:

"致虚极,守静笃,万物并作,吾以观其复。"又云:"道冲而用之或不盈,渊兮似万物之宗。"案:冲即虚也。又云:"万物作焉而不辞。"又云:"道者万物之奥。"是"以空虚不毁万物为实"也。实对虚言。道包万物,虚而不虚,所以为实也。

"关尹曰:在己无居,形物自著"至"同焉者和,得焉者失",引关尹之言,以明其"空虚不毁万物"也。"无居","居"如《易·系辞传》"变动不居"之居,谓不留滞也。"著",昭著也。"其动若水,其静若镜",以喻"在己无居"。"其应若响",以喻"形物自著"。"芴"同忽。"亡"读无。"芴乎若亡",实而虚也。"寂乎若清",清故昭著,虚而实也。《吕氏春秋》谓"关尹贵清",盖谓此也。"和"与"同"对,犹"失"与"得"对。《论语》曰:"君子和而不同,小人同而不和。"是也。见《子路篇》"同焉者和",谓同而未尝同。"得焉者失",谓得而未尝得。皆虚之义也。关尹之言止此。"未尝先人而常随人",起下老聃"知雄守雌"、"知白守辱"之言,与下曰"受天下之垢"而以"人皆取先,己独取后"发之,曰"无藏也故有余"而以"人皆取实,己独取虚"发之,同一笔法。伪《关尹子·极篇》以此二句合上"在己无居,形物自著"七句,并为关尹之辞,盖未细详庄子此文文义,然即此亦可断知今之《关尹子》非原书矣。

"知其白,守其辱,为天下谷",今《老子》书作"知其白,守其黑,为天下式;知其荣,守其辱,为天下谷"。"黑"与"式"韵,而对"白"言。"辱"与"谷"韵,而对"荣"言。本分为两节,此云"随人",雄者先而雌者随,荣者先而辱者随,辱荣犹贵贱也故取"知雄守雌"、"知荣守辱"为说,无为引及"知白守黑"之言也。窃疑"白"为"荣"字之误。不然,则合两节之文而节用之。古人引书,亦往往有此。而或者读"辱"为"黸",强与"黑"相比合,未见为得也。溪、谷义同,皆谓虚而能受也。

"人皆取先,己独取后","取后"与"随人"义亦有别,"随人"义主于濡弱,"取后"义主于谦下,下如江海之居下流,故引老聃之言曰"受天下之垢"。今《老子》书曰:"受国之垢,是谓社稷主。受国之不祥,是谓天下王。"文与此异,而义则同也。"人皆取实,己独取虚",此"实"与"以空虚不毁万物为实"之"实"义别,彼"实"虽与虚对,而承虚为说,是虚而不虚义;此"实"亦与虚对,而反虚为说,则仅是不虚义。《老子》书曰:"虚其心,实其腹。"彼"实"是实其腹,实其腹,不害虚其心也。此"实"是实其心,实其心,则不能受物,而腹反虚矣。"无藏也故有余"上当有"曰"字,以顺上文可知,故省。"无藏"者,《应帝王篇》所谓"不将不迎,应而不藏"。"有余"者,《外物篇》所谓"胞有重阆,心有天游"也。此文不见今《老子》书,然前引书曰"圣人不积,既以为人己愈有,既以与人己愈多",不积即"无藏",愈有、愈多即"有余",其意盖全同也。若夫"多藏厚亡"、"知足者富"之云,并见《老子》书乃为贪财嗜利而发,与此文义不相应,引之释此,则大非也。"岿然而有余",形容有余之状,庄子所加。宣颖《南华经解》云"故叠一句,甚言其有余",是也。《尔雅·释山》云"小而众,岿","岿然",正取众多之义。众多,所谓"有余"也。

　　"其行身也徐而不费","徐",安舒也。惟虚故安,惟后故舒。"不费"者,啬也。《老子》书云:"治人事天莫若啬。"韩非解之云:"圣人之用神也静,静而少费,少费之谓啬。"见《解老篇》"不费",所以见其安舒也。"不费"者无为,故又云"无为也而笑巧"。"巧"者,安舒之反。伯昏瞀人曰:"巧者劳而知者忧。"见《列御寇篇》既劳且忧,焉往而得安舒!是以笑之也。"人皆求福,己独曲全","曲全"者,《老子》书云:"曲则全,枉则直。""曲"谓委曲,故于是引其言以实之,曰"苟免于咎"。"苟免",所谓"曲"也。"以深为根","深"者藏身之密。"以约为纪","约"者检身之谨。曰"坚则毁矣,锐则挫矣",所以不得不深。"常宽容于物,不削于人",所以不可不约。"削",刻削也。自"苟免于咎"以下,其文皆今《老子》书所未有,以是推之,《庄子》书所载老子之言,要皆得之传闻,有所据依,其当在重言之列,而不得以寓言视之,亦可信也。

　　"虽未至极",各本皆作"可谓至极",而《阙误》引江南李氏本、文如海本"可谓"皆作"虽未",又古钞卷子本作"虽未至于极",多一"于"字,意则相同。案：此文自墨翟、宋钘、尹文以至彭蒙、田骈、慎到，论之皆有褒有贬，则于关尹、老聃自亦宜尔。若如今各本以"可谓至极"许之，即与"古之人其备乎"者无异，当归之道术而不在方术之列矣。此自后之道流，推尊太上，以为庄子于老聃、关尹不应有不足之辞，故从而改窜之，其迹甚显。不知有此一抑，然后曰："关尹、老聃乎，古之博大真人哉！"文势方顺，如所改窜，既曰"至极"矣，而又曰"古之博大真人"，于辞不为已赘，而反轻乎？荀子曰："老子有见于诎，无见于信。"读同伸对老子亦有褒贬，然即于老子之博大何伤也！兹故改还原本，并识其缘由如此。"真人"之称，详见《大宗师篇》，可参看。

寂漠无形，变化无常，死与生与，天地并与，神明往与，芒乎何之，忽乎何适，万物毕罗，莫足以归，古之道术，有在于是者。庄周闻其风而说之，以谬悠之说、荒唐之言、无端崖之辞，时恣纵而傥，不以觭见之也。以天下为沈浊，不可与庄语，故以卮言为曼衍，以重言为真，以寓言为广。独与天地精神往来，而不敖倪于万物，不谴是非，以与世俗处。其书虽瑰玮，而连犿无伤也；其辞虽参差，而諔诡可观；彼其充实不可以已。上与造物者游，而下与外死生、无终始者为友。其于本也，弘大而辟，深闳而肆；其于宗也，可谓调适而上遂矣。虽然，其应于化而解于物也，其理不竭，其来不蜕，芒乎昧乎，未之尽者。

"寂漠无形"，言道之体。"寂"或作宗，盖古"寂"字。一体作"家"，因讹为"宗"。"寂漠"字，《庄》书屡见，不得别有"宗漠"之名也。"变化无常"，言道之用。"死与生与"，承"变化"言。变者自无而之有，是为生；化者自有而之无，是为死。"与"读如欤。死而生，生而死，《齐物论篇》所谓"方生方死，方死方生"。生死亦暂名也，无有定相，故缀"欤"

字,以示其无常。所以特举生死而郑重言之者,《德充符篇》曰"死生亦大矣",非明夫道,无以知死生之说;亦非知死生之说,无以明夫道也。"天地并与,神明往与",两"与"字读与上同。天地以有形言,神明以无形言。以有形言,故言"并",《齐物论》所谓"天地与我并生"也。以无形言,故言"往","往"者往来,下文所谓"独与天地精神往来"也。因变化无常,死生亦无常,故曰"芒乎何之,忽乎何适","芒"与茫通。若有所之有所适,则是有常,非无常也。又曰"万物毕罗,莫足以归"者,《齐物论》曰"万物与我为一"。若有所归,则归于一物。归于一物,即无由与万物为一。且物则不化,不化者非道,故曰"万物毕罗,莫足以归"也。

"谬悠之说","谬"通缪,"缪悠"谓迂远也,而寓有悠久义。"荒唐之言","荒唐"谓虚诞也,而寓有广大义。《庚桑楚》曰:"有实而无乎处者,宇也。有长而无乎本剽者,宙也。"故谬悠者,以有长而无本剽言。荒唐者,以有实而无乎处言。无本剽,是为无端;无乎处,是为无崖。故又曰"无端崖之辞",盖隐寓包络天地、通贯古今之义焉。"时恣纵而傥,不以觭见之也","恣纵"谓无拘碍。"傥"上各本有"不"字,而《释文》无之。案:《天地篇》有云"傥乎若行而失其道也",又云"以天下非之,失其所谓,傥然不受",此"傥"与彼"傥乎"、"傥然"之"傥"同,"傥"者忽也,或也。忽或者,无依傍义。《中庸》曰"中立而不倚","傥"即谓不倚,则"傥"上不得有"不"字明矣,故兹从《释文》作"傥",删去"不"字。既无依傍,则左之右之,惟其宜之,故曰"不以觭见之也"。《尔雅》:"角一俯一仰,觭。"见《释畜》一俯一仰,所谓偏倚也。则"不以觭见之",犹曰"执其两端而用其中"云尔。语见《中庸》。

"以天下为沈浊,不可与庄语","庄语",正言也。"以卮言为曼衍,以重言为真,以寓言为广","曼衍"见《齐物论篇》。司马彪注云:"曼衍,无极也。"然彼文云:"和之以天倪,因之以曼衍。"曰和曰因,而以"曼衍"与"天倪"对,则"曼衍"亦兼有委曲随顺义。惟其委曲随顺,所以无穷也。“以不可与庄语”,故以卮言委曲随顺之。虽委曲随顺之,而要在使之得其真际,故曰“以重言为真”。又惧夫执于重言,以为道遂在是也,故曰“以寓言为广”。“广”者,广其意,使不拘于虚,笃于时,束于教也。此卮言、重言、寓言与《寓言篇》次序先后有异者,彼旨在得意忘言,故以寓言发其端,此旨在巽言善诱,故以卮言为之先也。

“独与天地精神往来,而不敖倪于万物”,前章言关尹、老聃曰“澹然独与神明居”。“与神明居”,“与天地精神往来”,语极相似,而义则殊异。盖“居”言其静,“往来”则言其动。言其静者,主不变言;言其动者,主变动言。老子、庄子其学皆出于《易》,而《易》兼不易、变易二义。《系辞传》曰:“天尊地卑,乾坤定矣。卑高以陈,贵贱位矣。动静有常,刚柔断矣。”又曰:“初率其辞而揆其方,既有典常。”此言不易义也。又曰:“方以类聚,物以群分,吉凶生矣。在天成象,在地成形,变化见矣。”又曰:“变动不居,周流六虚,上下无常,刚柔相易,不可为典要。惟变所适。”此言变易义也。老子未尝不知《易》之变易,要之著眼于不易者多,故“建之以常无有”。曰“常”,即不易也。庄子未尝不知《易》之不易,要之著眼于变易者多,故曰“变化无常”。道术有在于是者,闻其风而说之。此庄与老之大不相同处也。

老唯主不易,故静,静故“以物为粗”。庄唯主变易,故动,动故“不敖倪于万物”。“敖倪”犹傲睨,谓轻视之也。以“不敖倪于万物”,故“不谴是非,以与世俗处”。“谴”犹遣也。“不谴是非”,《齐物论》所谓“和之以是非”,《秋水篇》所谓“因其所然而然之,则万物莫不然;因其所非而非之,则万物莫不非也”。故老子卒于隐去,而庄子则消摇人间,不屑为避世之士。此又庄与老之大不相同处也。世人但见庄、老之同,而不见庄、老之异,因恒以老、庄并称。孔子曰:“不知言,无以知人也。”岂不信哉!

“其书虽瑰玮而连犿无伤也”以下论其所著书。是篇之为庄子自序,于此尤可证明。“瑰玮”犹瑰琦。宋玉对楚王问云:“夫圣人瑰意琦行,超然独处。"以今义释之,则"瑰玮"者不平凡也。"犿"与玃同字,音欢,亦音权。"连犿"与"连卷"、读拳"连娟"并一音之转,谓婉好也。婉好则近人,故曰"无伤"。"无伤",犹前云"不削于人"也。"其辞虽参差而諔诡可观","参差",不齐也;"諔诡",变幻也。知"諔诡"之为变幻者,《德充符篇》云"彼且蕲以諔诡幻怪之名闻",以諔诡与幻怪连文,可知者一。《齐物论篇》云:"恢恑憰怪,道通为一。""恑"同诡,"憰"同谲,"谲诡"、"諔诡"亦一音之转。"道通为一",非变幻奚能! 可知者二。参差而变幻,则不齐者未尝不齐,故曰"可观"也。"彼其充实不可以已","已",止也。充实于内,自然发而为文,故曰不可以止。盖情深而文明,气盛而化神,和顺积中而英华发外,语本《小戴礼记·乐记》非可以伪为,亦非可以强至也。此庄子自道其书,亦庄子自道其学处。惟其如是,故曰"上与造物者游,而下与外死生无终始者为友"。"造物者",造化也。《大宗师篇》曰:"彼方且与造物者为人,而游乎天地之一气。"是所谓"上与造物者游"也。又曰:"孰能以无为首,以生为脊,以死为尻? 孰知死生存亡之一体者? 吾与之友矣。"是所谓"下与外死生、无终始者为友"也。

"其于本也,弘大而辟,深闳而肆;其于宗也,可谓调适而上遂矣","本"谓德,"宗"谓天。篇首云"以天为宗,以德为本",是也。"弘大而辟"者,"弘"亦大也。"辟"同譬,譬之为言喻也。《大雅·抑》之诗曰:"取譬不远。"孔子曰:"能近取譬。"见《论语·雍也篇》"弘大"者,往往驰于高远而忽于切近,故曰"弘大而辟",正根"小大精粗,其运无乎不在"而言之。《中庸》所谓"夫妇之愚可以与知,夫妇之不肖可以能行",是"辟"之义也。注家率以"六通四辟"辟字释之,舛矣。"深闳而肆"亦然。"深闳"犹深邃也。"肆"有显露义,《易·系传》"其事肆而隐",正义曰:"其辞放肆显露,而所论义理深而幽隐也。"知肆而隐之以相反见义,则知"深闳而肆"与夫"弘大而辟"意旨之所在矣。"调适","调"亦作稠,"调"其本字,"稠"则借字也。"上遂"犹上达也。孔子曰:"下学

625

而上达,知我者其天乎!"《中庸》亦曰:"达天德。"此言"上达",先之以"调适"者,《刻意篇》曰"虚无恬惔,乃合天德",《德充符篇》曰"德者成和之修也",不调不适,即无由以上达也。

　　"虽然,其应于化而解于物也","化"与"物"盖互文,化者物之化,物者化之物。"应",因应。"解",通解也。就化言则曰"应",就物言则曰"解"。"其理不竭"者,化理层出而不穷,则应之也有不及。"其来不蜕"者,物变默移而不著,则解之也为甚难。"蜕"犹脱也,谓变之骤,故曰"芒乎昧乎,未之尽者"。"芒"、"昧"犹老子之言"忽恍",道之体如是,亦与"寂漠无形"相应。"未尽者",言未能尽其道也。郭注曰:"庄子通以平意,说己与说他人无异也。案其辞,明为汪汪然。禹拜昌言,亦何嫌乎此也。"郭氏知庄子之平意,说己与说他人无异,信有见矣。若庄子之于人于己,是是非非,无少加损,则惜乎其未有以发明之。而后之注家,乃以"未之尽者"为人未能尽庄子之妙,一若庄子自居诸家之上,无可贬抑然者。且不论"虽然"一转无说以解之,岂以庄子之学之粹,而乃自骄满若是哉! 是不可以不辩。

　　惠施多方,其书五车,其道踳驳,其言也不中。厤物之意,曰:"至大无外,谓之大一;至小无内,谓之小一。无厚,不可积也,其大千里。天与地卑,山与泽平。日方中方睨,物方生方死。大同而与小同异,此之谓小同异;万物毕同毕异,此之谓大同异。南方无穷而有穷。今日适越而昔来。连环可解也。我知天之中央,燕之北、越之南是也。泛爱万物,天地一体也。"惠施以此为大。观于天下而晓辩者,天下之辩者相与乐之。"卵有毛。鸡三足。郢有天下。犬可以为羊。马有卵。丁子有尾。火不热。山有口。轮不蹍地。目不见。指不至,至不绝。龟长于蛇。矩不方,规不可以为圆。凿不围枘。飞鸟之景，未尝动也。镞矢之疾，而有不行不止之时。狗非犬。黄马骊牛三。白狗黑。孤驹未尝有母。一尺之捶，日取其半，万世不竭。"辩者以此与惠施相应，终身无穷。

桓团、公孙龙，辩者之徒，饰人之心，易人之意，能服人之口，不能服人之心，辩者之囿也。惠施日以其知与之辩，特与天下之辩者为怪，此其柢也。然惠施之口谈，自以为最贤，曰："天地其壮乎！施存，雄而无术！"南方有倚人焉，曰黄缭，问天地所以不坠不陷、风雨雷霆之故。惠施不辞而应，不虑而对，遍为万物说，说而不休，多而无已，犹以为寡，益之以怪。以反人为实，而欲以胜人为名，是以与众不适也。弱于德，强于物，其涂隩矣。由天地之道观惠施之能，其犹一蚊一虻之劳者也。其于物也何庸！夫充一尚可，曰愈贵道，几矣！惠施不能以此自宁，散于万物而不厌，卒以善辩为名。惜乎！惠施之才，骀荡而不得，逐万物而不反，是穷响以声，形与影竞走也。悲夫！

"惠施"屡见前。"多方"者，其方非一，故不与墨翟、禽滑厘、宋钘、尹文等侪之方术之列，而于篇终论之。"其书五车"，所著书简编繁重，至载以五车，言其多也。《汉书·艺文志》名家有《惠子》一篇，则汉时惠子之书存者已仅矣，今一篇之书亦佚，其说惟散见于《庄子》、《荀子》、《韩非子》、《吕氏春秋》及刘向《说苑》者，略可考见。"其道踳驳"，言其杂也。此"道"字义轻，犹言理也。"踳驳"各本作"舛驳"。"舛"、"踳"字通。兹作"踳驳"者，用司马彪本也。"其言也不中"，"中"读去声。"不中"者，不当于道术也。

"厤物之意"，"厤"与历同，谓分别数说之。不曰物而曰"物之意"者，凡下所言，皆穷物之精蕴，而非就物之形体立说。形体可见，而意不可见，故曰"意"也。章太炎《庄子解故》以"意"解作大凡，失其旨矣。

"至大无外谓之大一,至小无内谓之小一。""无外",即《秋水篇》所谓"不可围"。"无内",即所谓无形。无形者,数之所不能分也。不能分,是"无内"也。

"无厚不可积也,其大千里",荀子曰:"有厚无厚之察,非不察也,然而君子不辩,止之也。"见《修身篇》有厚无厚之察,即谓此。无厚与有厚对。"无厚"者,厚之至。不可以厚薄论也,故曰"不可积"。若可积,则有厚而厚亦仅矣。"其大千里",犹云其厚千里。不曰厚而曰"大"者,既曰"无厚",则不得复以厚言,故避用厚之名,而言"大"也。

"天与地卑",天随地卑也。《列子·天瑞篇》曰"天积气耳,亡处亡气",则自地以上皆天也,天何高之有!"山与泽平",山随泽平也,《小雅·十月之交》之诗曰"高岸为谷,深谷为陵",则山泽亦何常之有!《荀子》作"山渊平,天地比",见《不苟》与《正名篇》其义亦同。

"日方中方睨,物方生方死","睨",《说文》云"衺视也",以是义与衺通。《易·丰卦象传》曰"日中则昃",言中后必昃也。此则谓当其中时,亦即是昃时。生死亦然。《列子》引鬻熊之言曰"天地密移,损盈成亏,随生随死,往来相接,间不可省",省,察也。盖谓是也。亦见《天瑞篇》。"大同而与小同异,此之谓小同异;万物毕同毕异,此之谓大同异",《荀子·正名篇》曰:"万物虽众,有时而欲遍举之,故谓之物。物也者,大共名也。推而共之,共则有共,至于无共然后止。有时而欲偏举之,故谓之鸟兽。鸟兽也者,大别名也。推而别之,别则有别,至于无别然后止。"推而共之,所谓大同也。推而别之,所谓小异也。有大同,自有其大异。有小异,亦自有其小同。要之皆从同异相对上立论,此之谓"小同异"也。若夫推之至于无共,则物之毕异睹矣。推之至于无别,则物之毕同见矣。盖物无有不同,亦无有不异。此非可于同异相对上立论。故曰"万物毕同毕异,此之谓大同异也"。

"南方无穷而有穷",《墨子·经说(下)》云:"南者有穷,则可尽;无穷,则不可尽。有穷无穷未可智,读知。下同。则可尽不可尽亦未可智。"《经说》之言,盖正对惠施此论而发。惠子言"南方无穷"者,准当时中国之恒言而去。《禹贡》曰:"东渐于海,西被于流沙,朔南暨。"东西皆穷其地之所至,而南北不然者,实见南北之无穷也。其言"有穷"者,则惠子之独见。以为既有方所,无有不极之理,故曰"南方无穷而有穷"。详玩其言,知意重在有穷,而不在无穷也。

"今日适越而昔来",已见《齐物论篇》。彼作"昔至"。"至"与"来",一也。

"连环可解也",成玄英疏云:"环之相贯,贯于空虚,不贯于环,是以两环贯空,不相涉入,各自通转,故可解也。"玄英之疏可谓尽妙。然《战国策·齐策》载秦始皇尝使使者遗君王后玉连环,"君王后"者,襄王后,王建之母也。曰:"齐多知,读智而解此环否?"而读耐,犹能也。君王后以示群臣,群臣不知解。君王后引椎椎破之,谢秦使曰:"谨以解矣。"盖言解,不言不可破,则破而解之可也。惠子之意,倘亦若是欤!

"我知天之中央,燕之北、越之南是也",今各本"天"下有"下"字,《释文》无之,元纂图互注本、世德堂本与《释文》同。成疏云"故燕北越南可为天中者也",是成本亦无"下"字,故兹从《释文》去"下"字。司马彪注云:"燕之去越有数,而南北之远无穷,由无穷观有数,则燕、越之间未始有分也。天下无方,故所在为中。"彪注是也。

"泛爱万物,天地一体也",惠子之说十余,要归于此二句,盖其宗旨所在。《吕氏春秋·爱类篇》云:"惠子之学去尊。"去尊,天地一体之旨之所发也。《韩非子·七术篇》云:"惠施欲以齐、荆偃兵。"本书《则阳篇》惠子见戴晋人于魏惠王,进蛮触之说,亦主偃兵。偃兵,泛爱万物之旨之所发也。故观惠子之说,于此二者,不可不加之意焉。

"惠施以此为大"句。"以此为大",与后"自以为最贤"一样句法。"此"指上"至大无外谓之大一"以下诸说。"为大",犹云为至也。"观于天下而晓辩者"句。"观"读去声,示也。"晓",谕也。"观"与"晓"文对,"天下"与"辩者"文对,故接曰"天下之辩者相与乐之","乐之"犹说之也。旧读为"大观于天下",以"大观"合为一名,失之。

"卵有毛"以下,皆辩者之说。卵中不见有毛,然鸡由卵变,若卵中不含有毛,则鸡之毛何自生！故曰"卵有毛"。

"鸡三足",两足者所以行,然左足行则右足随之,右足行则左足随之,未尝舛迕,是两足本一足也,此一足乃所以运两足而使之行者,合之,故曰"三足"。《公孙龙子·通变论》曰:"鸡足一。数足二。二而一,故三。"二而一者,二加一也。

"郢有天下","郢",楚之都也。楚之国,楚之天下也,而一皆听命于郢,故曰"郢有天下",犹曰郢有楚云尔,非即以郢为天下也。

"犬可以为羊",司马彪注云:"名以名物,而非物也。犬羊之名,非犬羊也。非羊可以名为羊,则犬可以名羊。"若是,则荀子所谓"用名以乱实"者。彪说是否原意,未敢信,姑录存之。

"马有卵",马虽胎生,然胎之初亦卵也,故曰"马有卵"。

"丁子有尾",成疏云"楚人呼虾蟆为丁子",是也。虾蟆之为丁子者,虾蟆初化时为蝌蚪,蝌蚪之形如丁子。沿其初称,故呼为丁子也。"丁子",今加金傍作"钉子"。蝌蚪既为虾蟆已无尾,然尝有尾矣,且尾非脱去,特变而渐没耳,其本固在也,故曰"丁子有尾"。

"火不热",火生于木石之相击,而火在木中,木不热也,火在石中,石亦不热也,是热本不在火,故曰"火不热"。

"山有口",各本作"山出口"。司马彪注云:"呼于一山,一山皆应。一山之声入于耳,形与声并行,是山犹有口也。"不曰"山出口"而曰"山有口",则本文作"山有口"甚明。其作"出"者,盖涉上"山"字而误,兹故改正。但彪以"呼于山而山应"说之,此回声之理,不必山也,何为独以山言？案:《小戴礼记·孔子闲居篇》曰:"天降时雨,山川出云。"山之出云,如人之嘘气,故曰"山有口"。其言山而不言川者,山凸起而川凹入。凹入之为有口,不待言也。此解当否,惟明识者详焉。

"轮不蹍地",轮行于地,而实不与地相切,盖若切于地,则轮为地滞而不能行矣，故曰"轮不蹑地"。

"目不见"，《公孙龙子·坚白篇》有其说，曰："白以目以火见，而火不见，则火与目不见。"意谓人之见白，须以火以目，单有目不能见，犹单有火不能见也，故曰"而火不见，则火与目不见"。火与目不见者，火之与目其不能独见同也。此盖与佛书言因缘和合者相似。

"指不至，至不绝"，《列子·仲尼篇》作"有指不至，有物不尽"。"指不至"者，谓指不及物也。"指"之义已见前《齐物论篇》"物莫非指而指非指"，及《养生主篇》"指穷于为薪"各条。"指"者，指而谓之也。指而谓之者，名也。名虽可加于物，而物实非名之所能尽，故曰"指不及物"。"至不绝"者，承上"至"字言，谓至者不绝。"至"即谓物，故"至不绝"与有物不尽一义。"绝"犹尽也。知有物不尽，则知"有指不至"矣。公子牟解此曰："无指则皆至，尽物者常有。"见《列子·仲尼篇》常有者不变也。意谓惟不变者可以尽物。名非常名，即非不变，故不尽物。即此可知二句当合看，分而释之，即不可通。《世说新语》载客问乐令名广，官尚书令，称其官，故曰乐令。"指不至"者，乐亦不复剖析文句，直以麈尾柄确几，确借作触曰："至不？"客曰："至。"乐因又举麈尾，曰："若至者，那得去！"于是客乃悟服。此自是乐之玄谈，与"指不至"原意全不相涉。但观《公孙龙子·指物论》"指"与"物"相对立论，未尝分说，可以知之。

"龟长于蛇"，从头至尾而量之，蛇自长于龟，而举龟之圆箕者以与蛇较，则龟长于蛇决矣。此似数学径一周三之理也。

"矩不方，规不可以为圆"，绝对之方，绝对之圆，非规矩所能仿也，此理今数学家多能言之。

"凿不围枘"，"枘"，凿之柄也。枘入于凿，则凿实围枘，而谓之不围者，凿孔与枘端之间终有空隙，而非密合，若果密合者，枘亦不能入于凿孔中矣，故曰"凿不围枘"。

"飞鸟之景未尝动也"，"景"与影同。影随于形，形动而影随之，影固未尝自动也。

"镞矢之疾，而有不行不止之时"，"镞"，《说文》云"利也"，《吕氏春秋·贵卒篇》卒读同猝"所为贵镞矢者，为其应声而至"，高诱注云："镞矢，轻利也。小曰镞矢，大曰篇矢。"是以其轻利，故曰"镞矢之疾"。以其疾，故曰"有不行不止之时"。司马彪注云："形分止，势分行。"分读去声区形与势言之，其解绝妙。盖其行也以势，势犹力也势不可见，可见者形。以形言，则行而未行，故有不行之时。及其止也，已止者形，而未止者势。以势言，则止而未止，故有不止之时也。

"狗非犬"，《尔雅·释畜》"犬未成毫，狗"，注云"狗子未生乾毛者"，是狗为犬之别名，狗固非犬也。此正与"白马非马"一例。

"黄马骊牛三"，马牛二，而谓之三者，黄骊者色，殊色于形，是以三也。义亦从"白马非马"来，观《公孙龙子·白马论》自明。

"白狗黑"，非曰白狗可以为黑也，亦谓白狗未必无黑，如狗白身而黑尾，仍谓之白狗，然不得曰白狗无黑也。

"孤驹未尝有母"，《释文》云"一本无此句"，疑后人因《列子·仲尼篇》"孤犊未尝有母"之文补入之，又改"犊"为"驹"耳。公子牟曰："孤犊未尝有母，非孤犊也。"细详"非孤犊也"之言，是谓孤犊之名未得成立，故曰"未尝有母"。此乃主破而非主立。盖孤驹孤犊今虽无母，而固尝有母矣。尝有母则不得谓之孤也。《释文》引李颐云："驹生有母，言孤则无母。孤称立，则母名去也。母尝为驹之母，故孤驹未尝有母也。"其曰"孤称立，则母名去"是已。然可言无母，不可言未尝有母。若曰母尝为驹之母，遂可谓孤驹未尝有母，是遁辞之穷也，愚窃不取焉。

"一尺之捶，日取其半，万世不竭"，宋洪迈《容斋随笔》于此有释，曰："但取其半，虽碎为尘埃，余半犹存，谓为无尽可也。"此说得之。"捶"，马捶，见《至乐篇》。

"辩者以此与惠施相应，终身无穷"，"此"即指"卵有毛"以下诸说。

"终身无穷"者,新义日出,以此终其身,而无有休止也。

"桓团、公孙龙,辩者之徒","公孙龙"已见《秋水篇》。《汉书·艺文志》名家有《公孙龙子》十四篇,今存者《迹府》、《白马论》、《指物论》、《通变论》、《坚白论》、《名实论》六篇,合为一卷。"桓团",《列子·仲尼篇》作韩团,桓、韩一音之转。成疏云"团亦赵人",不知何据。辩者之徒众矣,独举团与龙者,二人盖其魁率,而惜乎团之说竟无可考也。

"饰人之心,易人之意",本无,从而增饰之,曰"饰"。本有,从而变易之,曰"易"。此"人",盖指从其说者言。"能服人之口,不能服人之心",此"人",则谓与之抗辩者,如孔穿之辈是。见《吕氏春秋·淫辞篇》与《孔丛子·公孙龙篇》。"服人之口"之"服",各本皆作胜,惟《白帖》九引作"服"。案:两"服"字正相对为说,"服"与"胜"草书相近,易以致误,故兹从《白帖》定作"服"。"辩者之囿也","囿"者,囿于物而不能超然于物表也。后文言惠子"弱于德,强于物",又言"散于万物而不厌",又言"逐万物而不反",意盖相通贯也。

"惠施日以其知与之辩","知"读智。"与之辩",与上桓团、公孙龙之徒辩也。今各本"与"下有"人"字,盖涉上诸"人"字误衍,古钞卷子本无之,是其明证,故删。"特与天下之辩者为怪",此"怪"谓异也。立异不与众同,是曰为异。"此其柢也","柢",大柢。杨雄《法言·吾子篇》云:"或问:'公孙龙诡辞数万以为法,法与?'"夫诡辞至数万,则其所言者必不止"卵有毛,鸡三足"之二十余条,况龙之外,尚有桓团诸人共与惠施相应,终身无穷。若欲悉举之,将简牍所不能载,故曰"其柢",言只可见其大略而已。

"然惠施之口谈自以为最贤","最贤",最胜也。曰"口谈"者,所以别于"其书五车",言未尝见之文字者也。曰"天地其壮乎!施存,雄而无术!"此惠子之言。"壮",大也。"施"者,自称其名。言天地虽大,有我在,天地亦无术以自雄。引此者,为下"不辞而应,不虑而对,遍为万物说"发端。注家不知,率以"存雄"连读,而以"无术"为不学无术之比，视作庄子讥之之辞，其失之远矣。

"南方有倚人焉曰黄缭"，"黄缭"，人姓名。"倚人"犹畸人，故《释文》云"倚本或作畸"。"问天地所以不坠不陷、风雨雷霆之故"，"不坠"谓天，"不陷"谓地。"风雨雷霆"四者，皆发生于天地之间，故并举以问之。"故"者，所以然也。

"不辞而应，不虑而对"，不辞不虑，言其应对之无难也。"遍为万物说"，则又有在风雨雷霆之外者。"说而不休，多而无已，犹以为寡，益之以怪"，此"怪"谓不经，故曰"益"。则不在所益者，固不尽不经也。

"以反人为实，而欲以胜人为名，是以与众不适也"，"不适"，不适于用也。《荀子·非十二子篇》亦言："惠施好治怪说，玩琦辞，甚察而不惠，辩而无用，多事而寡功，不可以为治纲纪。""惠"，顺也。不顺而无用，即此"不适"之谓，故曰"弱于德，强于物，其涂隩矣"。"弱于德"，自得者少。"强于物"，逐物者多。"其涂隩"者，其道隘而难行也。

"由天地之道观惠施之能，其犹一蚊一虻之劳者也"，"一蚊一虻之劳"，极言其能之微小。"其于物也何庸"，"庸"与用同。于物何用者，言不独于天地无补，于物亦无益也。"一"即前"皆原于一"之一。"充"者，由一本而推之以至于万物也。故曰"夫充一尚可"。此屈一笔，若谓此贵过于道，则大不可，故曰"曰愈贵道，几矣"。"几"之为言"殆"也。旧注皆释"几"作近，故失其义矣。

"惠施不能以此自宁"，"此"指道言，"宁"者安也。知"此"为指道者，《德充符篇》庄子谓惠子曰："道与之貌，天与之形，无以好恶内伤其身。"又曰："天选子之形，子以坚白鸣。"此下云"散于万物而不厌，卒以善辩为名"，正所谓"子以坚白鸣"者也。合前后文观之，庄子之所以深惜于惠子者，实在其不能坐进此道。不然，尽其雄辩，一一皆从本原上发挥，则与庄子之充实不可以已者，何所悬异！岂夫辩者察士之名所可得而限哉！

"惜乎！惠施之才，骀荡而不得，逐万物而不反，是穷响以声，形与影竞走也。悲夫！""惜"之而又"悲"之者，"惜"者惜其才，"悲"者悲其术。"惜"止对惠子说，"悲"则不止对惠子说，而为天下之同于惠子而背本逐末者戒也。"驰荡"，放肆不羁也，声义并与"俶傥"、"倜傥"相近，此称其才之大。"不得"犹不中，谓不中于道也。"逐万物而不反"，与"散于万物而不厌"义别。"散"者，上所谓"多而无已，犹以为寡"也，故曰"不厌"。"逐"者，《养生主篇》所云"生也有涯，而知也无涯，以有涯随无涯，殆已。已而为知者，殆而已矣"也，故曰"不反"。然散则丧其一，逐则离其本。丧一离本，其归又未尝不同也。"穷响以声，形影竞走"，皆以譬"逐物不反"。夫声形且无常住，何况响影！捕影撮响，终何所得！是知丧一离本，未有不堕于空虚者，所以不得不为之致其悲也。

注家乐于析理者，辄议庄子非施、龙过甚；而混同大道者，又以施、龙之谈比于道听涂说，甚且谓惠子不得跻于方术之列，庄子之叙之，特以为己作衬尾耳。要之，皆未为能明庄子之意者。庄子于惠，有褒有贬，具在全书，岂独此篇哉！惟于道术本末之间，见得分明，故论人能持其平，而无抑扬过当之失。观于濠上之辩、郢人之喻，夫亦可以息其疑矣。